苦難と救済

闇の後に光あり

野村 信・吉田 新［編］

教文館

【カバー写真】
田中忠雄の原画による東北学院泉キャンパス礼拝堂 ステンドグラス
『道行き、トマスの不信、昇天』（1987 年）

田中忠雄（1903-95）は、正教会の山下りん（1857-1939）、カトリックの長谷川路可（1897-1967）と並んで、和田三造（1883-1967）、小磯良平（1903-88）とともに近代日本を代表するプロテスタントのキリスト教主題の画家のひとり。

その父の田中兎毛（ともう）（1864-1934）は、和泉国（大阪府）岸和田の出身。岸和田藩主の岡部長職（ながもと）（1855-1925）は、兵庫三田（さんだ）藩主の九鬼隆義（1837-91）とともに明治にクリスチャンとなったふたりの藩主のうちのひとりで、新島襄と澤山保羅に岸和田伝道を依頼し、岸和田には家老の山岡尹方（ただかた）（1840-1915）を筆頭に多くの信者がでた。田中兎毛もそのひとりで、同志社に学ぶが、中退して仙台の東華学校の教師となった。その後札幌の組合基督教会の初代牧師として活動中に、長男の忠雄が出生した。1914 年に兎毛は神戸女子神学校に赴任し、忠雄は 1920 年に兵庫教会で父から受洗した。神戸では三田藩が出自の小磯良平と交友する。

田中忠雄が描くキリスト教主題の作品は、中世初期の素朴で力強いロマネスクの壁画に影響を受けている。白樺派の表現主義者たちが好んだジョルジュ・ルオー流の表現力のある線を特徴とし、単純な形と強いコントラストで、東北学院泉キャンパス礼拝堂にイエスの生涯を描くステンドグラス 9 面を 1987 年に制作している。父の兎毛との繋がりもあり、東北学院とは縁が深い。

（文責：鐸木道剛）

はじめに

東北学院大学が二〇一六年度より進めている研究ブランディング事業「東北における神学・人文学の研究拠点の整備事業」では、建学の精神をより深く考察する研究を進めてきた。東北学院の建学の精神は、「宗教改革の〈福音主義キリスト教〉の信仰に基づく〈個人の尊厳の重視と人格の完成〉の教育」にある。二〇一七年度は「福音とは何か」、及び「福音主義キリスト教とは何か」を考える複数の講演会、シンポジウムを開催し、その成果を『福音とは何か――聖書の福音から福音主義へ』（佐藤司郎・吉田新編）としてまとめ、上梓した。

二〇一八年度、及び二〇一九年度は、「苦難と救済」をテーマに据え、前年度と同様に複数の講演会とシンポジウムを開催した。ここで発表され、また討議を通して深められた内容を、先の書に続いて、成果物として出版することを計画した。

「苦難と救済」は聖書の主要なテーマであると同時に、キリスト教神学の中心的な課題である。旧約聖書の詩編やヨブ記等において、苦しみの意義が繰り返し問われ、苦難の中で逆説的に救済の根拠が見出される。この視点は新約聖書、とりわけイエスの受難物語やパウロ書簡においてさらに明瞭になり、新たな展開を見せる。

本書の第Ⅰ部と第Ⅱ部では、以上のような考察を踏まえ、旧約、新約の観点から「苦難と救済」の負の歴史を検討する。さらに、福音主義キリスト教の信仰を建学の精神として掲げている東北学院において、宗教改革者らが先の問題をいかに捉え、深めたかを明らかにする必要がある。第Ⅰ部と第Ⅱ部の内容を踏まえつつ、宗教改革の時代に、スローガンとして掲げられた「闇の後に光あり（post tenebras lux）」を糸口に、ジャン・カルヴァンらが先の問題をどのように受け止めたかを第Ⅲ部において探究する。第Ⅳ部ではその歴史的過程の中で、宗教を巡る戦争や殺戮といった、いわば宗教改革の負の歴史を検討する。

「苦難と救済」は神学に携わる者にとって極めて重要な課題であると共に、戦争、虐殺、テロリズム、政治・経済的混乱、大規模な自然災害が頻発する現代を生きる者として、決して無視できない切実なテーマである。とりわけ、未曾有の災害を経験し、今もなおその回復に向けて労する東北の地で生きる者らにとっては、自身の存在の深い次元で絶えず問い続ける問題でもある。過酷な現実に打ちのめされながらも、苦難の意義を真摯に問い、また問われ、救済の希望を語ることは机上の営みではなく、生活の場で常に求められ、そして求め続けなければならない事柄である。

本書の構成は次のようになっている。まず、第Ⅰ部第一章「詩編二二編における苦難と救済」では、「苦難のテキスト」である詩編二二編に目を向ける。細部にわたるテキスト読解を通して、その編集作業の全体像を明らかにし、この詩編に託されたメッセージを読み取る。そこでは、神と人から見捨てられたという孤独の苦しみからの救済を見出そうとする詩人の姿を知る。第二章「ヨブ記における苦難と問い」では、旧約文書の中で最も難解な文書といわれる「ヨブ記」を取り上げる。ここでは現在まで問われ続けてきた問い、すなわち同文書において、苦難にいかなる意義があるのか、とりわけ「理由なき」不条理な苦しみに意義があるのかという問いと正面から向き合う。

第Ⅱ部では新約文書が対象となる。第一章「福音書における苦難の義人」では、イエスの受難物語を読み込む。まず、マルコ福音書の記述を基にして、杭殺刑（十字架刑）へと至るイエスの死への道のりを再構成する。この考察を踏まえて、受難伝承の形成過程を辿り、マルコ福音書の受難物語の編集意図を探求する。ここではイエスの受難物語における「苦難の義人」の解釈カテゴリーが明示され、「受難するメシア」というそれまでのユダヤ教にはない表象の現れが確認される。続いてパウロにおける苦難の意味論をめぐる二つの論考へと続く。第二章「パウロにおける苦しみとその克服」では、パウロの苦難の理解に目を向ける。パウロが自身に降りかかる苦しみをどのように捉え、それを克服する道を見出したのかを検討する。それを神学の伝統的な枠組みを用いて詳細に説明する。第三章「パウロの『十字架の神学』から見た苦難の問題」では、イエスの「死」と「十字架」の区別を確かめつつ、キリスト教徒の間で広く共有されている十字架の贖罪論的理解の問題点を炙り出す。さらに、イエスの贖罪死を抜きにするなら、一体何が人間の救済にとって重要になるのかという問いを考究する。第四章「模範としてのキリストの苦しみ」では、パウロ書簡に影響されていると思われる第一ペトロ書を取り上げる。この書簡では受難のキリストを「模範」とするように教え、諭す。苦しむキリストの姿が、手紙の受け取り手らの生活上の手本となる。さらに、この苦難のキリストについての言説と勧告句が合わせて語られていく。

第Ⅲ部では、カルヴァンとキルケゴールにおける苦難の意義を巡って議論が展開する。第一章「私を見捨てた神を呼ぶ」では、カルヴァンの『詩編注解』を通して、苦難に対して彼がいかなる見解を抱いたかを検討する。人は苦しみの中で神に見捨てられたと自覚すると、それまでの神の善意、慈悲、好意の経験が揺れ動く。その時、祈ることにためらいを覚える。しかし、苦難と苦痛に対する唯一の解決策もまた祈りであることを、詩編の解読を通してカルヴァンは訴える。続いて、第二章「苦難の学舎で神の愛を習う」において、宗教改革者、とりわけルターの苦難理解を批判的に捉えたキルケゴールの思想と対する。キルケゴールは生活上の享楽を妨げない日常的な苦難と、本質的に人を苦しめる、最も厳密な意味での苦難とを区別し、後者を巡る考察を深める。彼が捉える福音とは、この最も厳密な意味で苦しむ人々に慰めを与えるものであり、苦難こそむしろ神の愛の印であると教える。第三章「闇の後に光あり（post tenebras lux）」において、本章の題にも用いられている聖書に由来する言葉が、宗教改革時代にどのような経緯を経て用いられたのか、そして今もなおいかなる意味を持ちうるのかを考える。聖書テキストの考察を踏まえ、宗教改革の中心地の一つであるジュネーヴの歴史と共にカルヴァンの苦難の生涯を振り返る。

　第Ⅳ部ではカルヴァン以後の歴史へと視点を移す。第一章「カルヴァンにおける戦争と平和」では、これまであまり語られることがなかった戦争と平和の問題についてカルヴァンの見解を吟味する。ここでは従来の伝統的、形式的な正戦論だけではなく、その説教や聖書注解を検証すると、カルヴァンが抱いていた別な平和観、戦争観が浮かび上がる。本書の結びである第二章「『殺戮時代』の後期カベナンター（契約派）に見る《苦難と救済》」において、考察の対象は一七世紀スコットランドへと移る。日本においてほとんど顧みられることがなかった後期カベナンター（契約派）を襲った悲劇を歴史的に検証し、その苦難の意味を明らかにする。その中で抵抗運動の指導的存在であったリチャード・キャメロンの言動に光をあてる。

闇の後に光あり。私たちはしばしば、闇の深さに怯え、それに囚われる。しかし、聖書の使信を聴く者は光が訪れることを知っており、喜びを持って、それを伝えなければならない。東北学院大学は大学設置五〇周年を機に、その教育理念を示す標語として「LIFE, LIGHT AND LOVE FOR THE WORLD」を掲げた。これは、同学院の生みの親である米国ドイツ改革派教会の月刊誌*The Missionary Guardian*の表紙中央に記されていた言葉でもある。この世のためにキリストの命（いのち）、光（ひかり）、愛（あい）をもって生き、人々に仕え、福音を普く伝え、平和な社会が実現するように心から祈る。またそのような志を抱く若者を育てる教育に資することが私たちの教育機関の使命であり、本書が少しでもこの使命に応えられるように願ってやまない。

二〇一九年一二月

野村　信
吉田　新

目次

第二章　苦難の学舎で神の愛を習う
――キルケゴール、苦難を通して神と親しむ

ランダル・C・ザッカマン

第Ⅳ部　カルヴァンと苦難の歴史——戦争と平和を見据えて

第Ⅰ部　旧約聖書における苦難の意義

――詩編、ヨブ記

第一章　詩編二二編における苦難と救済

石川　立

1　テクストへの問い

人生には、多かれ少なかれ〈苦しみ〉はつきものである。人は〈苦しみ〉をできるだけ避けようとするが、〈苦しみ〉は手を替え品を替え人間を襲ってくる。人類の歴史も、〈苦難〉を抜きにして語ることはできない。人類にとって〈苦しみ〉や〈苦難〉[1]は普遍的な事柄であり、たとえそれが偶発に見えるときでも、実は必然の網の目の中に位置づけられていると思われるときがある。

人類に〈苦しみ〉や〈苦難〉が避けられない事態だとすれば、この事態からの〈救済〉もまた、人類にとって普遍的な最大の関心事であると言うことができる。

聖書においても苦難と救済は最大のテーマである。ヘブライ語聖書では、イスラエルの歴史を通して苦難が描き出され、一貫して苦難の意味が問われている。新約聖書においても、民族性を超えたより根源的な苦難が意識され、そこからの解放が書き記されている。

ヘブライ語聖書には多様な苦難が描かれているが、本稿では、そのうち、詩編という人々の声を反映した作品のなかの苦難について考察する。苦難を様々に表現する多くの詩編のなかで、ここでは、「エリ、エリ、ラマー、アザブターニ（わが神、わが神、なぜ私を見捨てたのか）」の苦しみの叫びで始まる詩編二二編を取り上げ、そこに表出される苦難を検討したい。さらに、そこで展開される苦難からの救済のヴィジョンを明らかにしていきたい。

各詩編は一挙に成立したものではなく、どれも幾度かの編集を経ている。詩編二二編も例外ではない。本稿では編集の層も重んじ、主だった編集の声を集約したうえで、現行テクストの意味合いを浮き出させるようにしたい。さらに、後代に与えた影響も作品の力に属すると考えるので、詩編二二編の受容と解釈の例を考察に含める。詩編を成立時の意味にとどめず、編集の視点や後代の受容・解釈の観点も包み込んだ、重層的で多音声的な作品として受け取りたい。

まずは詩編二二編の私訳を挙げておきたい。以下、詩編二二編を〈苦難のテクスト〉の一つとして考察していくが、その前に、ヘブライ語聖書における代表的な〈苦難のテクスト〉である第二イザヤの〈主の僕の歌〉の苦難の意味について概観し、その後に、詩編二二編の苦難について考えていくことにする。

詩編二二（私訳）

凡例　できるだけ直訳にしてある。強意を示したり、理由の文を導いたりする小辞キーは、意味合いにかかわらず、機械的に「実に」と訳している。
（……）補足　［……］直訳、別訳、原語
pl. 複数形　du. 双数形　sg. 単数形　pt. 分詞形　pass. 受動態
太字の代名詞は神を指す。神聖四文字は**太字**で「**ヤハウェ**」と表記している。

詩編二二

1 指揮者によって。曙の雌鹿による。賛歌。ダビデの詩。
2 わが神、わが神、なぜ私を見捨てたのか。
私の呻き［咆哮］の言葉（pl.）は私の救いから遠い。
3 わが神よ、昼に私は呼びかける。**あなた**は答えない。
夜も、私には沈黙はない。

4（しかし、）**あなた**は聖なる方、
イスラエルの賛美（pl.）（の上）に座す方（pt.）。
5**あなた**に私たちの先祖（pl.）は信頼した。
彼らは信頼した。**あなた**は彼らを救い出した。
6**あなた**に彼らは叫んだ。彼らは逃れ出た。
あなたに彼らは信頼した。彼らは恥を受けることはなかった。

7（だが）私は虫けら。人ではない。

人のそしりの的。私は民に蔑まれる（pass. pt.）。

8私を見る者たちは皆、私を嘲る。

彼らは唇を大きく開ける。頭を振る。

9「**ヤハウェ**のほうに（こいつを）ころがしてやれ。**彼**は彼を救い出してくれるだろう。

彼は彼を助け出すだろう。実に、彼は**彼**に気に入られた」。

10実に、**あなた**こそ、私を胎から取り出す方、
私の母の乳房の上に私を預ける［信頼する］方。
11子宮の中（にいるとき）から、私は**あなた**に託さ［投げら］れた。
私の母の胎（にいるとき）から、**あなた**はわが神。

12 **あなた**は私から遠ざからないでください。実に苦悩は近い。
実に、助ける人はいない。

13 多くの牡牛たちが私を取り囲んだ。
バシャンの強い牛たちが私を取り巻いた。
14 私に向かって彼らは彼らの口を開けた。
獅子が引き裂く（pt.）。咆えたける（pt.）。
15 水のように私は注ぎ出された。
私の骨（pl.）は皆、外れた。
私の心臓は蠟のようになった。
腹の中で溶けた。
16 私の力は陶片のように乾いた。
私の舌は顎（du.）に張り付く（pt.）。
あなたは私を死の塵に捨て置く。
17 実に、犬どもが私を取り囲んだ。
悪をなす者たちの群れが私を囲んだ、
獅子のように、私の両手両足を。
18 私は私の骨（pl.）を皆、数える。

彼らはじっと見る。私を見る。
19 彼らは私の服（pl.）を自分たちのために分け合う。
私の衣をめぐって彼らはくじを投げる。

20 **あなた、ヤハウェ**よ、遠ざからないでください。
私の力の源よ、私の助けのために、急いでください。
21 助け出してください、剣から私の魂［命］を、
犬の手から私の唯一のものを。
22 私を救ってください、獅子の口から、
野牛どもの角（du.）から。（すると、）**あなた**は私に答えた。

23 私は**あなた**の名を私の兄弟たちに語ろう。
集会の中で私は**あなた**を賛美しよう。
24 **ヤハウェ**を畏れる人々よ、彼を賛美せよ。
ヤコブのすべての子孫（sg.）よ、彼を崇めよ。
彼を恐れよ、イスラエルのすべての子孫よ。
25 実に、**彼**は蔑まなかった、いとわなかった、貧しい人［苦しむ人］（sg.）の苦難を。
彼は彼の顔を彼から隠さなかった。

彼が**彼**に向かって叫ぶ時、**彼**は聞いた。
26 **あなた**から、私の賛美は大いなる集会で（出る）。
私は私の誓いを果たそう、**彼**を畏れる人々の前で。
27 打ち砕かれた［苦しむ］人々は食べる。満ち足りる。
彼を尋ね求める人々（pt.）は**ヤハウェ**を賛美する。
あなたがたの心がいつまでも生きるように。
28 思い起こすように、**ヤハウェ**に立ち帰るように、地の果て（pl.）すべてが。
あなたの前にひれ伏すように、国々のすべての氏族（pl.）が。
29 実に、王権は**ヤハウェ**に（ある）。
（彼は）国々を治める方（pt.）。
30 地の富める者たちは皆、食べた、ひれ伏した。
塵に下る者たちは皆、**彼**の前に（身を）かがめる
――**彼**は彼の魂［命］を生かさなかった――。
31 子孫（sg.）は**彼**に仕え、
わが主について、その世代に語り伝えられる。

32 彼らは来て**彼**の義［ツェダカー］を告げ知らせる、
生まれ来る民に、「［実に］**彼**はなした」と。

2　第二イザヤ〈主の僕〉における苦難と救済

いわゆる〈第二イザヤ〉の〈主の僕〉のテクストは[2]、キリスト者にとっては、イエスの受難の預言、ないしはその予型である〈苦難のテクスト〉として受け入れられている。

第二イザヤの預言者としての活動の時期については、捕囚時代末期（五五〇―五三八年頃）とする説がある[3]。他方で、第二イザヤは新バビロン帝国がペルシアのキュロス二世に滅ぼされた頃（五三九年頃）から活動を開始し、イスラエル民のエルサレム帰還の先頭に立った人物の一人であるとする研究者もいる[4]。K・シュミートは「第二イザヤ基層文書」の成立をさらに遅い時代に推定する。彼はイザヤ四〇―四八章を第二イザヤ預言の最古の形（「第二イザヤ基層文書」）と把握し、その文書が無条件に救いを述べていることを指摘する。そこから、この文書が、「遅くともダレイオス一世の治世には感じられるものとなっていたペルシアの支配の堅固化に反応するものと思われる」としている。他方で、「［バビロンからの］大規模な帰還運動をまだ前提にしていない」と見る。なぜなら、そこでは「まだ、神自身のシオン＝エルサレムへの帰還のみを救いの出来事として寿（ことほ）いでいる」と読めるからである[5]。

〈主の僕の歌〉のテクストを含めて第二イザヤ書の最終的な編集は、一般に、第二イザヤの後継者たちによって六世紀に行われたと考えられている。ただし、より遅い時代を想定する者もいる。[6]

第二イザヤ書に登場する〈主の僕〉（四二・一[7]、四九・三[8]、六[9]、五二・一三[10]、五三・一一[11]）とは誰なのかについては、第二イザヤ自身であるのか、他にモデルがいるのか、仮構の人物であるのか、多くの説が提案されていて不明である。〈僕の歌〉については、伝統的には、まず独立して成立したものと理解されていたが、最近は、発展的加筆テクストとして考えられるようになっている。[12]

第二イザヤ書及びそのなかの〈主の僕の歌〉は、様々な議論はあるが、バビロン捕囚とそこからの解放がテクストの背景にあることは間違いがない。捕囚とは苦しみであり、その終了とそこからの解放は救済である。解放の先には、エルサレムへの帰還の希望がある。〈主の僕〉は、それが誰であれ、捕囚を経験したイスラエルの苦しみを一身に担った人物であり、その意味で、イスラエルを代表する者であると言える（イザ四九・三[13]）。

第二イザヤ書及び〈主の僕の歌〉についてこれ以上詳述することはできない。ここでは、〈主の僕の歌〉のテクストに関して、〈苦難〉の観点で次の通り整理するにとどめたい。

1　〈主の僕の歌〉の中心的なテーマは〈義人の苦しみ〉である。バビロン捕囚の期間は、イスラエルにとって史上最悪の苦難と屈辱の時であったので、バビロン捕囚の前後に成立した伝承やテクストで、〈苦難〉や〈屈辱〉が第一のテーマになるのは当然である。〈主の僕の歌〉においては、〈主の僕〉は本来、苦しみに遭遇する必然性のない者である。それにもかかわらず、苦しみを担うことになってしまった。したがって、このテクストの苦しみは〈義人〉の苦しみに他ならない（イザ四二・六[14]、五〇・八[15]、五三・一二[16]）。

2　イスラエルの苦しみは後に起こる事態の何らかの契機なのであり、そこには〈意味〉があると一般に考えられた。バビロン捕囚ののち、イスラエルの人々は改めて捕囚という苦しみの〈意味〉を探ろうとした。事態を解釈してその〈意味〉を探り公言することは〈預言〉と言われるが、〈主の僕の歌〉は〈主の僕〉である〈義人〉をイスラエルの代表者と見なし、〈義人である主の僕の苦しみ〉の意味を示すという形で預言を行っている。

3　第二イザヤの〈苦難の僕〉の苦しみはイスラエルによる代理苦を表している。捕囚において、〈苦難の僕〉はイスラエルの代表者として、イスラエル（イザ五三・八[17]）のみならず他の国民の罪（イザ四二・一[18]）をも代わりに担い（イザ五三・四[19]、五[20]、八[21]、一一[22]、一二[23]）、人間の姿を失うほどに苦しみ（イザ五二・一四[24]）、地上から断たれた（イザ五三・八[25]）。しかし、それは無駄なことではなかった。この苦難を通して神はイスラエル及び諸国民を救済するのである（イザ四二・六[26]、四九・六[27]）。

4　苦難からの解放について、テクストは、義人の苦しみを通し（イザ五三・五[28]）、神によって救いがもたらされる（イザ四九・三[29]、六[30]）と考えている。

以上のように、〈苦難の僕の歌〉の苦しみの背景はバビロン捕囚におけるイスラエルの苦しみである。そのテクストでは、〈主の僕〉はイスラエルを代表する者であり、〈僕〉の苦しみの原因は本人にはなく、かえってイスラエルと諸国民の罪にある。〈主の僕〉は彼らの代わりに彼らの罪を一身に担い、屈辱に耐え心身ともに苦しむ。罪のない者の苦しみの意味は、その代理苦によって、神がイスラエルと諸国民を救済することにあるのである。

3　詩編二二編における苦難と救済

ヘブライ語聖書のなかに、苦難を扱った作品は数多くあるが、[31]第二イザヤの〈主の僕の歌〉と共に広く知られているのが詩編二二編である。福音書では、イエスが十字架上で当詩編冒頭の詩句を叫んだとされている（マタ二七・四六、マコ一五・三四）。

〈苦難〉のテクストを代表する両者であるが、第二イザヤの〈主の僕の歌〉と詩編二二編のあいだの直接的な関係は確かめることができない。とは言うものの、様々な古い伝承を用いている詩編二二編が現行の形にほぼ整えられたのは、バビロン捕囚から解放された直後のことと考えられるので（詳細は後述）、第二イザヤと詩編二二編の背景には捕囚という、史上最大の困難と解放をもたらした共通の歴史的事件があるであろう。

両者の歴史的背景がほぼ共通することを念頭に置き、右に記した〈主の僕の歌〉の苦しみの四特徴と比べてみると、詩編二二編の苦しみは次のように概観することができる（詩編二二編の私訳を参照。以降、詩編二二編からの引用は私訳に依る）。

1　詩編二二編も、〈主の僕の歌〉と同様、〈義人の苦しみ〉をテーマにしている。詩編二二編が現行の形にほぼ整えられたのが捕囚直後のことだとすれば、そこで表現されている苦しみは個人の苦しみではなく、捕囚の苦しみである。〈主の僕の歌〉では、義人の苦難の理由は民や諸国民の罪であることがはっきりしている。ところが、当詩編の場合、「私」は自分なり国民なりの罪を悔いていないので、理由が判らずに苦しんでいると見られる。二三節以降は様子が変わるが、二二節までは、「私」は捕囚の苦しみを訳も知らずに苦しんでいる。

2　〈主の僕の歌〉と同様、詩編二二編も、苦しみは後に起こる事態の何らかの契機になると考えている。その事態は二三節以降で歌われている。苦しみは無意味ではないのである。

3　詩編二二編における苦しみは、祈れど、叫べど、神の返答はなく（二、三節）、神に見放されたと感じる者の苦しみであり、敵に囲まれて（一三―一九節）蔑まれ嘲られる（七、八節）孤立者の苦しみである。この苦しみは代償ではない。苦しみの、いわば報償として「私」は救われるわけではない。理由も記されず、突如として神からの返答があり（二二節）、「私」は「集会」での神賛美を宣言し（二三節）、祭儀のうちに神を賛美し（二五節）、希望を語る（二七節）ことになる。

4　詩編二二編において、二三節以降の〈救い〉の状況に対して、苦しみが条件になっているわけではない。苦難の叫びに対する神の回答によって事態は一転する。神の一方的な介入・係わりによって救いが実現する。

以上のように、詩編二二編の苦しみの意味は〈主の僕の歌〉のそれとは異なっている。〈主の僕の歌〉では、イスラエルを代表する〈主の僕〉が苦しむことを通して、神の救いが民および諸国民にもたらされるというヴィジョンが提供された。人々の罪を代理して担う〈主の僕〉は、姿はみすぼらしいが、その精神は高貴であり崇高である。

他方、詩編二二編の〈苦しみ〉は代理苦ではない。むしろ、神との関係を確認できない苦しみである。救いも、「私」の嘆きに対する神の一方的な返答によって突如もたらされる。救いは、同胞の集う祭儀の場で「私」が共に賛美に参加する形で表現される。

以下、詩編二二編について全般的に考察し、そこに表現される苦難の意味と救済の姿を明らかにしていきたい。

3・1　詩編二二編の考察

詩編二二編の類型は古くから〈個人の嘆きの歌〉に分類される。[32] しかしながら、典型的な〈個人の嘆きの歌〉とは言えない。典型的な〈個人の嘆きの歌〉は、〈個人の嘆き〉のあとで個人による神への信頼が表明されて終わるのだが、この詩編はそのような構造にはなっていない。二三節以降は、感謝、賛美の約束などが続き、個人の枠を超え、共同体に向けての賛美の促しが歌われている。さらに、二八節以降は、視野が全世界、子孫、死者にまで及んでいる。現行のテクスト（二―三二節）のうち二八―三二節は、全世界そして子孫、死者までもがヤハウェにひれ伏すというような終末論的な内容が含まれるので、二七節までのまとまりに対する、一時代あとの付加ではないかと考えられる。[33]

今回は、捕囚の苦しみが背景にあると見られる――つまり、二八―三二節の付加がまだなされていない――二―二七節のテクストの段階について考察を進めたい（以下、「詩編二二編」、「当詩編」、「この詩編」と言うときは「詩編二二編二―二七節」の部分を指す）。

3・1・1　詩編二二編二―二七節の概観

まず二―三節において「私」は深刻な嘆きを表出している。神の救いの遠さ、神の沈黙が歌われる。苦しみの内容は言われていない。苦しみの原因は神との関係が切れていることである。四―六節では嘆きは述べられていない。四節で祭儀的な内容が表現されたのち、五―六節では、先祖が神と良好な関係を保っていたことが回顧される。「信頼する」という動詞を三度繰り返し、神と先祖の関係の親密さを想起させる。

七―九節は嘆きの部分で、周りの人々が「私」を侮蔑する、と報告する。「私」は人々から孤立している。

一〇―一二節では再び嘆きから一旦離れ、「私」が生まれたときのことが述べられる。その頃は、神との関係はきわめて良好であったと歌う。一二節で哀願と嘆きの詩句を挿入し、神の遠さ（二、三節と関連する）と苦悩の近さを強調する。

一三―一九節は苦難の報告である。「私」は獣に譬えられる敵に囲まれ、危機的な状況にある。以上の苦難の報告ののちに、二〇―二二節では、「私」は神に、苦難からの救済を嘆願する。二節に対応する形で、神に「遠ざからないでください」と願う。二二節の最後の一語（「あなたは私に答えた」）によって、この詩編は急展開を示すことになる。

二三―二七節では、嘆きの部分から一転して希望に満ちた救いの状況が歌われる。一人称、二人称、三人称が混在するので[34]、主題の共通する伝承の断片が集められているのかもしれない。実際の礼拝においては一人の歌い手がすべてを歌うのではなく、歌い手が交代するなどの演劇的な工夫がなされた可能性がある。二三節は〈個人の嘆きの歌〉の続きのように受け取ることもできる。主人公と神の人称は二二節以前を引き継ぎ、一人称（「私」）と二人称（「あなた」）で表される。ただ、この節では「兄弟たち」、「集会」という言葉が急に現れ、当詩編の新しいモティーフが提示される。

続く二四、二五、二六、二七節では祭儀の状況が歌われる。イスラエルの会衆に、救いを示した神への賛美が促される。神殿に集う者たちは、「ヤハウェを畏れる人々」（二四、二六節）、「ヤコブの子孫」（二四節）、「イスラエルの子孫」（同）、「打ち砕かれた人々」（二七節）、「彼（神）を尋ね求める人々」（同）と呼ばれ、同じヤハウェ信仰共同体の成員であることが強調される。二五節では、二二節以前で嘆き叫んでいた「私」が「貧しい人」と呼ばれ、イスラエル会衆との連帯（同一視）が表現される。

3・1・2　詩編二二編中の「私」は誰か？

詩編二二編の「私」が一体、何に苦しんでいるのかはよく判らない。嘆いているのは、病気のせいではないか[35]、あるいは裁判で訴えられているせいではないか[36]、とも考えられる。しかし、表現はあくまで比喩的なものなので、具体的な苦しみが何であるかは不明である。

苦難の内容を推測するときに、二―二七節がまとめられた編集の時代を定めておく必要がある。ホスフェルトは二―二七節の編集時に、伝来の世俗的な嘆きの歌がイスラエルの祭儀の歌に移行したと見る。[37] 彼によれば、二―三節、七―二二節の〈個人の嘆きの歌〉の伝承に、祭儀的な四―六節、二四―二七節が捕囚後に付加されたのである。[38] なぜなら、四―六節、二四―二七節には、〈貧しい者〉の模範的な姿が描かれており、捕囚後に生まれた貧者神学（後述）が見受けられるからである。

当詩編は、捕囚以前の様々な古い個人の嘆きの伝承から、苦しみの表象を受け継ぎ用いていると考えられる。引用された嘆きの古伝承が何を苦しんでいるのかは、伝承それぞれで異なっていたと思われるが、二節から二七節がまとめられた編集の時代、すなわち、イスラエルが捕囚を経験したのちの時代においては、苦しみとは、個人や家庭に限られない、捕囚によるイスラエル全体の苦しみ以外ではありえなかった。捕囚を知らない個人的な苦しみは、捕囚後の編集を経て共同体の苦しみに変化したのである。

二―二七節が捕囚後に編集されたとすれば、当詩編の「私」とは誰のことなのだろうか。すでに確認したように、この詩編の基層にある伝承（二―三節、七―九節、一三―二二節）は世俗の人物が個人の苦しみを嘆くものであったであろうが、これは捕囚後に編集され、二―二七節全体で歌われる苦難・苦しみは捕囚による苦しみに移行したのである。そうであるならば、詩編二二編は〈個人の嘆き〉の類型に分類されるとはいえ、ここでの「私」は、捕囚を受けたイスラエルを代表する人物と見なすのが妥当ではないだろうか。つまり、イスラエルの王である。捕囚に至る混乱が始まったころの、ダビデ王朝最後期の複数の王たちが念頭に置かれるべきだろう。ただし、特定の一人の王ではなく、捕囚の苦しみを味わったヴァーチャルな王が「私」として設定されているのではないだろうか[39]。言うまでもなく、詩編の作者は王自身ではない。祭儀の世話役であり、神殿の歌手である下級祭司レビ人が、詩編の古資料を保管し、整理し、編纂して、新しい祭儀用の詩を作成していたと考えられている。

テクストのなかにも、「私」が王であることを示唆するところがある。一一節には、神が「私」の養父になったかのような表現が見られる（「子宮の中（にいるとき）から、私はあなたに託さ［投げら］れた。／私の母の胎（にいるとき）から、あなたはわが神」）。イスラエルでは、神を養父と捉えるのは王の他誰もいなかったのである[40]（王の詩編と呼ばれる二・七[41]や八九・二七―二八[42]が参照されるべきである）。

二二編の嘆きの部分、とくに一三―一九節には、イザヤ書一四章にあるイメージと関連する表現が見られる。イザヤ書一四章は八世紀のものであるが、そこには旧・バビロンの王を侮辱する言葉があり、この敵の王（！）に対する侮辱のイメージを、詩編二二編で詩人は、逆に自分たちの（ヴァーチャルな）イスラエルの王である「私」に当てはめ、自虐的な表現にしているのではないかと考えられるのである。

詩編二二編（私訳）

7「私は虫けら（トレーアー）」

イザヤ一四章（新共同訳）

11「うじ（リッマー）（……）、虫（トレーアー）がお前を覆う」

18「じっと見る（ナーバト）。
私を見る（ラーアー）」
15「水のように私は注ぎ出された。
私の骨は皆、外れた。
私の心臓は蠟のようになった。
腹の中で溶けた」
16「あなたは私を死の塵に捨て置く」

16「お前を見る（ラーアー）者は、
まじまじと見つめ（シャーガハ）」
19「しかし、お前は墓の外に投げ捨てられる
忌むべきものとされた水子のように」

詩編二二編一三節と一七節の「私」が包囲されている状態も、個人の事柄ではなく、敵が攻め来たってエルサレムを包囲し、イスラエルが滅びかかっている状況を表していると見ることができる（エレ三九・一、五二・四参照）。一四節も敵軍の威嚇を想起させる。一九節は、敵がイスラエルの国土を奪い、分け合うイメージである（エレ五二・一七―二三参照）。

以上から、当詩編の苦しみは、捕囚以前の個人的な嘆きが捕囚後の編集によって二―二七編の中にまとめられた時点では、もはや、イスラエルを代表する王としての「私」――公共性をもった「私」――の苦しみとして理解されていたと推測できるのである。

3・1・3　「私」の嘆きはどのように変わるのか？

詩編二二編二節から二七節までの編集段階においては、「私」は二二節まで捕囚が始まった頃の

ヴァーチャルな王として個人の嘆きを歌っている。その嘆きは個人の嘆きではあるが、王の立場上、イスラエル全体の危機を映し出す嘆きである。

王は窮地にあった。イスラエルの没落を目の当たりにして神に叫び声をあげる。しかし、神に見放され、神の救いから遠いことを実感せざるをえない（「[2]わが神、わが神、なぜ私を見捨てたのか。／私の呻きの言葉は私の救いから遠い」）。呼びかけても叫んでも、神からの答えはない（「[3]わが神よ、昼に私は呼びかける。あなたは答えない。／夜も、私には沈黙はない」）。敵国に蔑まれ（「[7]私は虫けら。人ではない。／人のそしりの的。私は民に蔑まれる。／[8]私を見る者たちは皆、私を嘲る。／彼らは唇を大きく開ける。頭を振る」）、強大な敵軍に囲まれ（「[13]多くの牡牛たちが私を取り囲んだ。／バシャンの強い牛たちが私を取り巻いた。／（……）／[17]実に、犬どもが私を取り囲んだ。／悪をなす者たちの群れが私を囲んだ、／獅子のように、私の両手両足を」）、敵に国土を奪われる（「[19]彼らは私の服を自分たちのために分け合う。／私の衣をめぐって彼らはくじを投げる」）。国全体とまったく同じように王自らの命も危うい（王はイスラエルを具現化している）。

ところが、二二節最後の「あなたは私に答えた」の言葉を契機に状況は急展開するのである。この詩編が歌われた実際の祭儀において、二二節ののちに、何らかの〈神託〉が挿入されたのかもしれない。いずれにしても、捕囚からの解放を契機とする神の救いのヴィジョンが、祭儀のなかで確認される場面なのである。当詩編を物語と見立てたとき、沈黙を守っていた神が「私」の嘆きを聞きこれに答えたことが、事態の転機のサインとして機能している。

二三節で、王である「私」の視線は急に共同体に移り、「集会」での神への賛美を約束する。「私はあなたの名を私の兄弟たちに語ろう。／集会の中であなたを賛美しよう」（二三節）という言わば〈宣言〉を機に、二四節からは、嘆きの場面は希望にみちた、充実感あふれる祭儀の場へと変わる。二五節では、詩人は王を「彼」と三人称で呼び、「貧しい人」と表現している。神が王の叫びに答えると同時に、王は言わば「貧しい人」という底辺に移されたのである。

王であったこの「貧しい人」が、二四、二六、二七節で「ヤハウェを畏れる人々」（二四、二六節）、「ヤコブの子孫」（二四節）、「イスラエルの子孫」（同）、「打ち砕かれた人々」（二七節）、「彼（神）を尋ね求める人々」（同）と言い表される神殿に集う者たちと連帯する。王は「貧しい人」として、互いに「兄弟」（二三節）と認めあう共同体の一員となる。共々に祝う祭儀のなかで、彼は共同体と、神による苦難からの解放の喜びを分かち合い、連帯を確認し、共に神を賛美するのである。

「貧しい人」として共同体の一員となることこそが、詩編二二編の物語のなかの王の救いの結果なのである。恐るべき苦難を経験したヴァーチャルな王は、神との関係を再確認し、共同体における同胞との関係を新たに結びあうという境涯にいたったのである。

ここで、とりわけ強調したいのは「貧しい人」（二五節）と訳した語（アーニー עָנִי）についてである。この語と、同じ節の「苦難」（エヌート ענות）、二七節で「打ち砕かれた人々」と訳した語（アナーヴィーム。単数形でアーナーヴ ענו）は、いずれも〈惨めさ〉や〈貧しさ〉を意味する同類の語群に属する。イスラエル人としての自己のアイデンティティを「貧しい者」と規定する〈貧者神学〉の意識がここに姿を見せている。貧者神学とは、捕囚ののち現れた、自らを貧しく・信仰深い者と規定する党派あるいは共同体の神学思想のことである。[43]

実際、当詩編の二三―二七節の部分は、貧者神学の一端が表れているという意味で、詩編二五編、三四編、三七編、六九編の貧者神学と相応している。[44]

（以下の引用は新共同訳による。「聖書協会共同訳」では「貧しい」と訳していないからである。）

二五・九　「裁きをして貧しい人を導き／主の道を貧しい人に教えてくださいます」

二五・一六「御顔を向けて、わたしを憐れんでください。／わたしは貧しく、孤独です」

二五・一八「御覧ください、わたしの貧しさと労苦を。／どうかわたしの罪を取り除いてください」

三四・三　「わたしの魂は主を賛美する。／貧しい人よ、それを聞いて喜び祝え」

三四・七　「この貧しい人が呼び求める声を主は聞き／苦難から常に救ってくださった」

三七・一一「貧しい人は地を継ぎ／豊かな平和に自らをゆだねるであろう」

三七・一四「主に逆らう者は剣を抜き、弓を引き絞り／貧しい人、乏しい人を倒そうとし／まっすぐに歩む人を屠ろうとするが」

六九・三三「貧しい人よ、これを見て喜び祝え」

六九・三四「主は乏しい人々に耳を傾けてくださいます」

詩編二二編には貧者神学の意識が表れているので、〈貧者〉に焦点を絞れば、当詩編における苦難から救いへの変化は次のようにまとめることもできよう。捕囚の苦しみを経験したヴァーチャルな王は、神からの答えを得て自ら「貧しい人」となり、神との関係及び共同体のなかの「貧しい人々」との関係を再確認する、そして、祭儀のなかで、「貧しい人々」と共に、喜びをもって神を賛美するのである。詩編二二編は、捕囚における王個人の苦しみが、解放後、貧者神学の担い手としての貧者との連帯へと進展していく詩なのである。

3・2　詩編の配列

今日私たちは一編から一五〇編までの決まった順番の詩編を持っている。この順番は、紀元前二〇〇年ごろには、なお揺らぎを残しながらも、ほぼ定まったようである(45)。

詩編は個々の詩の単なる寄せ集めではなく、幾つかの詩集が編纂されたのち、さらに徐々に編集が重ねられ、現在の一五〇編になった。その配列も、それぞれの詩編の個性が保たれながら、一五〇編全体が大きな物語になるように編纂された結果だと言われている。したがって、個々の詩編は正典詩編の大きな文脈のなかの一詩編として解釈される必要もあるのである。

二二編の前後に配列されている詩編は、もともと二二編と関連のある詩編であったとも考えられるが、ある意図をもって改めて配置されたとすれば、その新たな配置によって新たな意味が生じたと考えることができる。そこで、一八編、一九編、二〇編、二一編、二二編、二三編の流れを簡単に考察しておきたい。

まず、これらの詩編のうち、一八編、二〇編、二一編が王の祈り、もしくは、王のための祈りであることは注目に値する。

一八・四八―五一「この神は私に報復を許す方。／もろもろの民を私に従わせた。／敵から私を救い出す方。まことに、あなたは立ち向かう者から私を引き上げ／暴虐の者から助け出す。／それゆえ、主よ／私は国々の中であなたに感謝し／御名をほめ歌おう。／王に大きな勝利をもたらす方／油注がれた者、ダビデとその子孫にとこしえまで慈しみを示す方」

二〇・一〇「主よ、王を救ってください。／私たちが呼び求める日に、答えてください」

二一・二―二八「主よ、王はあなたの力を喜び／あなたの救いにどれほど喜び躍ることか。／あなたは王の心の望みを許し／唇の願いを拒まなかった。／あなたは恵みの祝福をもって彼を迎え／その頭に黄金の冠を載せた。／彼が命を願うと／あなたは長寿を代々とこしえまでも与えた。／王の栄光はあなたの救いによって大きくなり／あなたは威厳と輝きを彼の上に置く。／あなたは永遠の祝福を彼に与え／御前の喜びによって彼を楽しませる。／王は主に信頼し／いと高き方の慈しみにより、揺らぐことはない」

このような内容の王の詩編に接続して二二編があることに注意したい。二二編はさらに、二三編に発展していく。二二・二三のヤハウェの名の賛美の約束は、二三・三（「主は私の魂を生き返らせ／御名にふさわしく、正しい道へと導かれる」）で実現しているように思われる。二二・二一の生命の救いの願いも二三・三（「私を苦しめる者の前で／あなたは私に食卓を整えられる。／私の頭に油を注ぎ／私の杯を満たされる」）のイメージで成就しているように見える。二二・一六にある死者として捨てられる恐怖は二三・四（「たとえ死の陰の谷を歩むとも／私は災いを恐れない。（……）」）で克服されている。二二・二七の貧しい人々の食事は、二三・五（「あなたは私に食卓を整えられる」）でさらに展開している。二二編の王と貧しい人のテーマは二三編に受け継がれていると見ることができる。[46]

以上から、二二編は、一八編から二三編の流れのなかに配置されることにより、一連の王の詩のなかの一編として確かな位置を付与されたと言うことができるのである。

4　詩編二二編の後代の解釈

詩編二二編が後代に大きな影響を与えていることは周知のとおりである。

聖書の後代の解釈については、近代聖書学では研究の対象にはならなかった。解釈史に対する関心は確かにあったが、解釈対象の作品の価値と意味は後代の解釈からは超絶しており、後代の解釈によって変わるものではないと考えられていた。したがって、聖書の後代の解釈は、聖書そのものを直に解釈する学の分野では取り扱うことはなかったのである。ところが、前世紀の後半頃から（ガダマーの『真理と方法』が出版された頃から[47]）、読者による受容と受容の積み重ねの創造的な役割が明らかになるにつれ、後代の解釈によって、過去の対象作品の価値と意味合いとが豊かになることが認識されはじめた。[48]そうだとすれば、聖書学の分野でも、後代の解釈の豊饒な意味産出の営みを無視すれば当の作品自体の豊かさを見逃すことにもなりかねないのである。

本稿では、後代の解釈を通して過去の対象作品の世界が豊かになる、という見解に従って、詩編二二編の後代の解釈の一端に触れ、当詩編の苦難と救済の問題についてまた新しいパースペクティブを得たいと考える。

詩編二二編の影響としてもっとも知られているのは、福音書における当該詩編の引用である。


二「わが神、わが神、なぜ私を見捨てたのか」→マルコ一五・三四(49)、マタイ二七・四六(50)。

八「(……)私を嘲る。／(……)頭を振る」→マルコ一五・二九(51)、マタイ二七・三九(52)。

九「ヤハウェのほうにころがしてやれ。彼は彼を救い出してくれるだろう」→マタイ二七・四三(53)

一六「私の力は陶片のように乾いた。／私の舌は顎に張り付く」→ヨハネ一九・二八(54)。

一八「彼らは私の服を自分たちのために分け合う。／私の衣をめぐって彼らはくじを投げる」→マルコ一五・二四(55)、マタイ二七・三五(56)、ルカ二三・三四(57)、ヨハネ一九・二四(58)。


福音記者は、詩編二二編を用いてイエスの受難と十字架上の死を描いている。福音書が詩編二二編の冒頭の叫び(「わが神、わが神、なぜ私を見捨てたのか」)を引用していることはよく知られているが(マルコとマタイ)、右のリストのように、引用はこの詩句にとどまらず、他のいくつかの詩句が福音書の物語の中で用いられている。

イエスの生涯において預言の言葉が成就したことを報告する場合、福音書は通常、例えば「その時、預言者……を通して言われたことが実現した」というような定型句を用いる。ところが、詩編二二編の場合、「くじを引く」場面のヨハネ一九・二四の引用の仕方を除いて、物語のなかに詩句が織り込まれているのを特徴とする。詩句はイエスの受難の物語のなかで隠された形で引用される。イエスの生涯の絶頂とも言える十字架上の絶望の叫びでも引用という形式はとられず、実際にイエスがあげた叫び声として用いられている。

先述のガダマーは解釈や理解は作品との対話であると言っているが[59]、そうだとすれば、詩編のテクストとそれを用いている福音書とを相互に見比べ、イエスの受難の物語を通して詩編二二編を理解し、また逆に、詩編の解釈によって、イエスの受難の理解を深めるということもできるであろう。受難物語でなぜ詩編二二編が引用されているか、などなど、探求すべき事柄は多いが、ここはそれらについて論じる場ではない。本稿の大きなテーマは苦難と救済であるので、その観点から次の点を述べるにとどめる。

本稿では詩編二二編の苦しむ「私」は王として読めると述べてきたが、福音書も受難物語において、イエスを侮蔑される王として描いている。この点で、当詩編とこれを引用する福音書は合致する。イエスの受難の時は、王的な存在が、神から見放されたかに思われる、希望のない孤絶の時である。福音書に引用されない詩編二二編の二三節以降の部分で、詩編の歌は希望へと向かう。神の近さと神からの応答、貧しい人々との連帯と、共にささげる神への賛美——これらが詩編の後半には準備されているのである。引用されないこの明るい神賛美の部分が、イエスの十字架と死のあとも、隠れてイエスの復活後の出来事と並走していることが、詩編をも知る読者には想像できる。

新約聖書における詩編二二編の解釈について、詳細は他稿に譲るとして、次に、キリスト教とは別の流れ、ユダヤの聖書解釈の流れから一つの例を見ておきたい。

ミドラシュ・テヒリーム[60]やタルムード[61]では、詩編二二編はエステル記と結びつけられている。[62]ユダヤの伝統によれば、この詩編はエステルのために作成され、彼女は危機的な状況のなかでこの詩編を歌ったというのである。[63]両者を結びつける主な理由は次のとおりである。[64]

1　詩編二二・一九の「くじ（ゴーラール）」がエステル三・七、九・二〇―二八のプル（ペルシア語でくじ）と重ね合わせられる。ペルシア王クセルクセスの側近ハマンは、プル（くじ）によって定めたアダルの月の一四日と一五日に、国全土にいるすべてのユダヤ人の虐殺を企んだ。しかし、王妃であるユダヤ人女性エステルとその養父となった従兄（エス二・一五参照）モルデカイによって頓挫し、最終的には王がハマンとその息子たちを処刑させた。この故事にちなんでプリム祭が行われるようになった。

2　エステル記の、危機的状況から一転して祭典のテーマへと変わる物語の展開が詩編二二編の筋と似ている。エステル九・二二には「貧しい人々」への施しの記事もあり、当詩編との近さを感じる。

3　エステル記は神の名が現れない希有な作品である。このことと、詩編二二編の神の沈黙（三節）とが結びつく。

4　一節表題の「曙の雌鹿」がエステルと見なされる。エステルは暗黒状態にあるイスラエルに救いの光をもたらしたので、光に譬えられるのである。プリム祭へとつながる最初の祝いの日には、ユダヤ人のあいだに「光と喜び」があったと言う（エス八・一六）。

以上は、後代の解釈によって、既存の二つのテクスト・詩編二二編とエステル記とが結びつけられた例である。

これによって、先ほどの詩編と福音書の場合と同様、詩編とエステル記とのあいだの対話、想像力の相互増幅が生じ、両者の理解が広がることになる。

ユダヤの伝統では、詩編はダビデが霊感によって作詩したものとされており、二二編の「私」が王であることに何ら抵抗はない。ただ、二二編の場合、ダビデはエステルの窮状を予見して作成したと言われているので、当詩編の「私」はペルシア王妃エステルということになる。もっとも、詩編をダビデが作詩したということも事実ではないし、詩編自体も幾層かの編集や付加を経たフィクションである。詩編二二編の「私」も前述のとおりヴァーチャルである。エステル記に記された出来事もフィクションと考えられるので[65]、詩編二二編とエステル記の対話とは、歴史的なレヴェルの事柄ではなく、事実とは一線を引いた言語上の遊戯[66]に似た意味生産的な出来事であると言える。

エステルが危機的な状況（エス五・一）のなかでこの詩編を歌ったとすれば、詩編二二編の「私」は女性ということになり、詩の色合いもずいぶん異なって受け止められる。当詩編の苦難と救済はエステル記の物語のなかで具体的に展開される。ここでの苦難とは、エステル記の舞台設定では、クセルクセス治世下のペルシアにおける全ユダヤ人殲滅の危機である。物語のなかのユダヤ人迫害のきっかけは、エステルの養父モルデカイ（従兄）が成り上がり者の王の側近ハマンにひざまずかなかったことである（三・一―七）。ユダヤ人が殺戮から逃れられたのは、物語によれば、とくに隠れた神の導きがあったからではない。美貌のゆえに王の寵愛を受けて妃となったエステルが、王に直訴することによってユダヤ人殺戮の策略を頓挫させたのである。エステルの存在がまさに救済をもたらす曙光であったのである。

5　まとめ

詩編二二編の構成は、一節の表題のあと、二―二二節で個人の嘆きが表出される。続く二三―二七節では、神への感謝と賛美の約束が表明され、次に、個人の枠を超えて、共同体に向けての賛美の促しが歌われている。二八―三二節では視野が全世界、子孫、死者にまで及び、それらがヤハウェにひれ伏すというような終末論的な内容が含まれているので、この箇所はかなり後代の付加だと考えられる。

本稿では、後代の付加である二八―三二節を除いた、二節から二七節までの範囲の編集段階を対象として考察した。

詩編二二編には、理由も異なる複数の個人の嘆きの伝承が入ってきており、編集後も削除されず残されていることが確認できた。まさにポリフォニーを保った詩であると言える。

まず、当詩編の苦難を第二イザヤの〈主の僕〉の苦難と比較してみると、両者の苦難は共にバビロン捕囚の「苦難」であり、この点は共通しているのだが、それぞれの「苦難」の意味は異なっていた。〈主の僕〉の苦しみは、〈主の僕〉がイスラエルや他の諸国民の病や罪を自ら担って苦しむ代理苦である。この苦しみによって、イスラエルのみならず他の諸国民も神によって救われることになる。〈主の僕〉はきわめて高貴な精神を持った人物である。

これに対して、詩編二二編では「私」は王である。捕囚を背景にしながらも、苦しみの根源は関係性の欠如である。神との関係が確認できないこと、人から孤絶していることが王を苦しめる。詩編の後半（二三―二七節）では関係の欠如が修復される。王としての「私」は「貧しい人」と呼ばれ、祭儀のなかで自らを共同体の一員であることを確認し、神を共に賛美するのである。このようにして神との関係、人との関係は回復したのである。

詩編二二編の解釈の伝統は豊かである。後代の解釈も当詩編の世界の展開と見ることができる。後代の解釈も対象である作品の意味の産出の一つであるので、本稿では、当詩編を引用した福音書やエステル記と結びつけたユダヤの伝統を一瞥した。

人間には苦しみはつきものである。それは人類にとって普遍的な事柄であると言える。しかし、苦しみは、他者との信頼関係のなかで軽減されることがある。肉体的な痛みさえも、他者による精神的な支えによって和らぐことがある。逆に、孤独によって苦しみは何倍にも増大するものである。

詩編二二編における苦難とは、神と人からの孤絶の苦しみであった。その状況からの解放と救済とは、神との和解、人との信頼関係の回復による孤絶からの脱出の謂いであった。このような形の救済もまた人類に普遍的なのであろう。

注

（1）『広辞苑』は、「苦しみ」を「苦しむこと。なやみ。難儀」と定義している。一方、「苦難」は「苦しみ。難儀」と説明されている。本稿でも、この二語に特別な区別を設けずに使用する。

（2）イザヤ書四二・一―四（―九）、四九・一―六（―一二）、五〇・四―九（―一一）、五二・一三―五三・一二。カッコ内の節は、「主の僕の歌」の原型に付加された部分である。

（3）例えば、ハンソン、二二頁、ワイブレイ、二〇頁。

（4）例えば、木田、六五頁参照。

（5）シュミート、二一五―二二三頁。ちなみに、ダレイオス一世はペルシアのアケメネス朝の王であり、在位は五二二頃―四八六年である。「大規模な帰還運動」とは、これがバビロンからの第二次帰還だとすれば（実際には大規模とは言えない）、四五八年頃のエズラ帰還から四四五年頃のネヘミヤ帰還（異説あり）にかけての帰還運動を指しているのだろうか。そうだとすれば、シュミートの見解では、「第二イザヤ基層文書」の成立時期は大まかに言って、五二〇年頃から四六〇年頃までの間ということになろうか。

（6）Baltzer は四五〇年と四〇〇年の間を考えている。Baltzer, 57.

（7）「見よ、私が支える僕」。以下、聖書からの引用は、詩編二二編以外は『聖書　聖書協会共同訳』に依る（一部、新共同訳を用いているところもある）。

（8）「あなたは私の僕、イスラエル」

（9）「あなたが私の僕となって」
（10）「見よ、わが僕は栄える」
（11）「私の正しき僕は多くの人を義とし」
（12）シュミート、二二三頁。
（13）「主は私に言われた。「あなたは私の僕、イスラエル。／私はあなたの中で私の栄光を現す」」
（14）「主である私は義をもってあなたを呼び」
（15）「私を義とする方が近くにおられる」
（16）「私の正しき僕は多くの人を義とし／彼らの過ちを自ら背負う」
（17）「私の民の背きのために」
（18）「彼は諸国民に公正をもたらす」
（19）「彼が担ったのは私たちの病／彼が負ったのは私たちの痛みであった」
（20）「彼は私たちの背きのために刺し貫かれ／私たちの過ちのために打ち砕かれた。／彼が受けた懲らしめによって私たちに平安が与えられ／彼が受けた打ち傷によって私たちは癒された」
（21）「私の民の背きのために彼が打たれ」
（22）「彼らの過ちを自ら背負う」
（23）「多くの人の罪を担い／背く者のために執り成しをしたのは／この人であった」
（24）「その姿は損なわれ、人のようではなく／姿形は人の子らとは違っていた」
（25）「彼は取り去られた／（……）／生ける者の地から絶たれたのだと」
（26）「あなたを民の契約とし、諸国民の光とした」
（27）「あなたが私の僕となって／ヤコブの諸部族を立たせ／イスラエルの生き残った者を連れ帰らせるのはたやすいこと。／私はあなたを諸国民の光とし／地の果てにまで、私の救いをもたらす者とする」
（28）「彼が受けた懲らしめによって私たちに平安が与えられ／彼が受けた打ち傷によって私たちは癒された」
（29）「私はあなたの中で私の栄光を現す」

(30)「私はあなたを諸国民の光とし／地の果てにまで、私の救いをもたらす者とする」
(31) ゲルステンベルガー／シュラーゲ参照。
(32) Gunkel, 90.
(33) Hossfeld/Zenger, 145. 二八―三二節の編集についてホスフェルトはヘレニズムの特徴が見られるとする。三一節bに「アドーナイ」の語があるが、前四世紀終わり頃から神聖四文字の読み方が「アドーナイ」に変わってくるので、二八―三二節はこの頃以降の編集の可能性があるとする。
(34) 二四節では詩人は会衆に呼びかけ、神は三人称で表される。二五節は第三者からの報告になっており、神も「私」も三人称で表される。二六節では二二節以前の人称に戻る。二七節では、客観的なヴィジョンの提示から、二四節と同じ人称の使い方に移行する（会衆への呼びかけ。神は賛美の対象として三人称で表される）。
(35) Gunkel, 90, Kraus, 327-329など。
(36) 詩編一七編参照。
(37) Hossfeld/Zenger, 145.
(38) 筆者は一〇―一一節も、王的な要素が含まれているので、捕囚後の編集による付加と見る。
(39) Beauchamp, 233-235参照。
(40) Beauchamp, 233. また、Kraus, 327参照。
(41)「主は私に言われた。「あなたは私の子。／私は今日、あなたを生んだ。（……）」」
(42)「（……）彼は私に『あなたはわが父／わが神、わが救いの岩』と呼びかけるだろう。／私もまた、彼を長子とし／地の王の中で最も高き者とする（……）」
(43) 貧者神学について魯の研究書に沿って簡単に解説しておく。貧者に関する言葉は詩編に非常に多く登場する。エブヨーン関係（二三回）、アニー関係（三八回）、ダル（五回）。多くの研究者によれば、詩編における貧者を指す用語は貧しく、信仰深い人々の党派、あるいは共同体のことである（魯、二二三―二二四頁）。アルベルツ（R.Albertz）によれば、「貧者の神学は、経済的な苦境の中で、真に信仰深くあろうと決意した捕囚期以降のある下層階級の人々の自己像を表現している。これは貧困の宗教的な美化ではなく、むしろ社会経済的な欠如に対する宗教的な埋め合わせのようなものである。貧困化は、神に見捨てられたしるしではなく、神と特別な仕方で結びついていることを意味するとこれらの貧しい人々は考えた」（魯、二二七頁）。彼らは「経済的苦境の中にありながらも、真に信仰深い態度を堅持することによって、物質的貧しさという社会経済的概念が、貧者の神学の中で宗教的な意味合いを得るようになった」（魯、二二七頁）。ツェンガー（E.Zenger）も「貧者の詩編における貧しさに関する言葉は、ある宗教グループを指すという仮説を支持する。ツェンガーはアルベルツと同様、貧者の神学は、主に社会経済的な要素によって生まれたとするが、貧者の神学の精神化が紀元前五—四世紀に現れてきたと想定している」（魯、二二七頁）。

(44) Hossfeld/Zenger, 145.

(45) Hossfeld/Zenger, 8.

(46) Hossfeld/Zenger, 146.

(47) H.-G.Gadamer, *Wahrheit und Methode* の初版は一九六〇年である。

(48) この認識のためにはガダマーとヤウスの仕事の貢献が大きい（参考文献を参照）。

(49) 「『エロイ、エロイ、レマ、サバクタニ』。これは、『わが神、わが神、なぜ私をお見捨てになったのですか』という意味である」

(50) 「『エリ、エリ、レマ、サバクタニ』。これは『わが神、わが神、なぜ私をお見捨てになったのですか』という意味である」

(51) 「頭を振りながらイエスを罵って言った」

(52) 「頭を振りながらイエスを罵って」

(53) 「彼は神に頼ってきた。お望みならば、神が今、救ってくださるように」

(54) 「『乾く』と言われた」

(55) 「それから、兵士たちはイエスを十字架につけて、／誰が何を取るか、くじを引いて／その衣を分け合った」
（56）「彼らはイエスを十字架につけると、くじを引いてその衣を分け合い」
（57）「彼らはくじを引いて、イエスの衣を分け合った」
（58）「そこで、「これは裂かないで、誰のものになるか、くじを引こう」と話し合った。それは、／「彼らは私の服を分け合い／衣をめぐってくじを引いた」／という聖書の言葉が実現するためであった。兵士たちはこのとおりにしたのである」
（59）Gadamer, 368-393.
（60）ミドラシュ・テヒリームとはラビたちによる詩編のコメンタリーであるが、その名の初出は、一一世紀、ローマでNatan ben Jechielによって書かれたタルムード事典"Arukh"においてである（Wellmann, 15）。
（61）ヘレニズム時代のディアスポラで成立したらしい（シュミート、三一六頁）。前三世紀の作と考えられる（山我、歴史年表一二頁）。
（62）*Tehillim PSALMS 1-72*, 269-285.
（63）エステルが詩編を歌ったのは五章一節の場面だと言われる。その場面でエステルは、ハマンのユダヤ人虐殺の計画を王に知らせ、王の憐れみを得るために、入ることを禁じられていた王宮の内庭に（四・一一）、死を覚悟で進み入るのである。Wellmann, 42.
（64）Wellmann, 34-46参照。
（65）シュミート、三一六頁。
（66）解釈における遊びの意義についてはGadamer, 107-116参照。

参考文献

『聖書　新共同訳』日本聖書協会、一九八七年。
『聖書　聖書協会共同訳』日本聖書協会、二〇一八年。
『詩篇　旧約聖書XI』（松田伊作訳）、岩波書店、一九九八年。

新村出編『広辞苑　第七版』岩波書店、二〇一七年。

Tehillim PSALMS 1-72 / A New Translation with a Commentary Anthologized from Talmudic, Midrashic and Rabbinic Sources. Translated by Rabbi Avrohom Chaim Feuer, Mesorah Publications, Ltd., New York 1985.

麻生建『解釈学』世界書院、一九八五年。

麻生建『ドイツ言語哲学の諸相』東京大学出版会、一九八九年。

加藤行夫「文学史への〈挑発〉　ハンス・ローベルト・ヤウス」、岡本靖正・川口喬一・外山滋比古編『現代の批評理論　第一巻　物語と受容の理論』所収、研究社出版、一九八八年、一五〇—一六九頁。

河本仲聖「読書過程の倫理学　ヴォルフガング・イーザー」、岡本靖正・川口喬一・外山滋比古編『現代の批評理論　第一巻　物語と受容の理論』所収、研究社出版、一九八八年、一二五—一四七頁。

木田献一「第二イザヤと苦難の僕」、『オリエント』第二一巻第一号（一九七六年）、六一—八三頁。

ゲルステンベルガー、E・S／シュラーゲ、W『苦しみ』（吉田泰・鵜殿博喜訳）、ヨルダン社、一九八五年［Gerstenberger, E.S. u. Schlage, W., *Leiden*, Kohlhammer, Stuttgart/ Berlin/ Köln/ Mainz 1977］

シュミート、K『旧約聖書文学史入門』（山我哲雄訳）、教文館、二〇一三年［Schmid, K., *Literaturgeschichte des Alten Testaments: Eine Einführung*, Wissenschaftliche Buchgesellschaft, Darmstadt 2008］

竹治進「ハンス＝ローベルト・ヤウス『挑発としての文学史』」、川上勉編『現代文学理論を学ぶ人のために』所収、世界思想社、一九九四年、一九七—二一二頁。

ハンソン、P・D『現代聖書注解　イザヤ書40—66章』（北博訳）、日本基督教団出版局、一九九八年［Hanson, Paul D., *Isaiah 40-66*, Interpretation. A Bible Commentary for Teaching and Preaching, Westminster/ John Knox Press, Louisville, 1995］

ヤウス『挑発としての文学史』（轡田収訳）、岩波書店、二〇〇一年［Jauß, H.R., *Literaturgeschichte als Provokation*, Suhrkamp, Frankfurt a. M. 1970］

山我哲雄『旧約時代史　旧約篇』岩波書店、二〇〇三年。

魯恩碩『旧約文書の成立背景を問う――共存を求めるユダヤ共同体』日本キリスト教団出版局、二〇一七年。

ワイブレイ、R・N『ニューセンチュリー聖書注解　イザヤ書40―66章』（高柳富夫訳）、日本キリスト教団出版局、二〇一二年［Whybray, R.N., *Isaiah 40-66*, The New Century Bible Commentary, Wm B. Erdmans Publ., Grand Rapids : Marshall, Morgan & Scott Publ. Ltd., London, 1975, Reprinted 1996］

Baltzer, K., *Deutro-Jesaja*, KAT X2, Gütersloher Verlagshaus, Gütersloh 1999.

Beauchamp, P., *Psaumes Nuit et Jour*, Seul, Paris 1980.

Gadamer, H.-G., *Wahrheit und Methode*, Mohr Siebeck, Tübingen (7.Aufl.) 2010［ガダマー、H・G『真理と方法Ⅰ』『真理と方法Ⅱ』『真理と方法Ⅲ』（轡田収他訳）、法政大学出版局、一九八六―二〇一二年］

Gunkel, H., *Die Psalmen*, Vandenhoeck & Ruprecht, Göttingen (5.Aufl.) 1968.

Hossfeld, F.-L./ Zenger, E., Die Psalmen I. *Die Psalmen 1-150* (Die Neue Echter Bibel), Echter Verlag, Würzburg, 1993.

Ishikawa, R., *Der Hymnus im Alten Testament und seine kritische Funktion*, Dissertations-Druck, München 1995.

Kraus, H.-J., *Psalmen. I.Teilband Psalmen 1-59* (BKAT XV/1), Neukircher Verlag, Neukirchen-Vluyn (6.Aufl.) 1989.

Oeming, M., *Das Buch der Psalmen, Psalm 1-41*, Verlag Katholisches Bibelwerk, Stuttgart 2000.

Seybold, Klaus, *Die Psalmen* (HAT 1/15), J.C.B.Mohr, Tübingen 1996.

Weber, Beat, *Werkbuch Psalmen I. Die Psalmen 1 bis 72*, Verlag W. Kohlhammer, Stuttgart (2.Aufl.) 2016.

Wellmann, Bettina, *Von David, Königin Ester und Christus, Psalm 22 im Midrasch Tehillim und bei Augustinus*, Herder, Freiburg im Breisgau 2007.

第二章　ヨブ記における苦難と問い

田島　卓

不当な苦難、「罪のない」人間が受ける不条理な苦難について考えざるを得なくなるとき、ヨブについて語ろうとすることは、その試み自体がもはや一つの形式美のようなものになっているとさえ言えるかもしれない。しかし、それにもかかわらず、ヨブ記を語ることのそのような定型的な作法が擦り切れず、消費し尽くされないことは、あらゆるヨブ記読解の試みをヨブ記自体が挫こうとしているかにさえ思われる。そのことは、端的に、ヨブ記が語り出している。「これは何者か、経綸を暗くするこの者は、知識もなく言葉を連ねて」（ヨブ三八・二）[1]。ヨブ記についてなにごとかを読み、語ろうとするとき、この言葉に砕かれない者はいないだろう。だが、この厳しい恵みのゆえにこそ、数多の歴史の重みにもかかわらず擦り切れないヨブ記というテクストが我々に手渡されている。

1　問題設定

旧約聖書中一度しか登場しないヘブライ語の多さもさることながら、一見馴染みのある表現であっても豊かなアイロニーの深みを持ち、またアンティフラシスが多用されるヨブ記は、旧約諸書のなかでもとりわけて難解であり、細部の厳密な論証を行うことは本稿で取り扱うことはできない。本稿で取り扱おうとすることは、粗雑ながら一つのスケッチを描き、問題の見通しを示すことにとどまる。こうして本稿が問おうとする問いは、次のようなものになる。ヨブ記において苦難にどのような意義があると考えられているのか。この問いが挫折するとすればそれはなぜか。もし苦難に意味がないとすれば、それは何か積極的な意義を持ちうるのか。

2　ヨブ記における二つの苦難

ヨブ記を繙こうとする読者を惹きつける、最も主要な問題意識が「義人の苦難」というテーマであろうことは想像に難くない。しかし、このとき、ヨブ記における「苦難」とは何かという問いが主だって提起されることはほとんど無いように思われる。というのも、一―二章の序曲ですでにヨブに降りかかった苦難がどのようなものであるかについて、客観的・即物的な描写がなされるからである。だが、ヨブにおける苦難はそのような客観的・即物的に描写されるものに尽きるのだろうか。ヨブに与えられた苦難には、少なくとも二つの位相が想定される。素描しておくなら、ヨブ自身の身に覚えのない、すなわち理由なき苦難それ自体という一次的・直接的に経験される苦難と、ヨブの友人たちの無理解によって与えられる二次的な苦難である。

ヨブに与えられた苦難の二つの位相は、序曲（一―二章）と討論（四―三一章）の二つの部分に対応している。苦難の第一の位相は、序曲で語られる苦難である。すなわち完全な義人であるにもかかわらず、「理由なき」災厄が与えられるという苦難である。そして苦難の第二の位相は、友人たちとの討論において、ヨブが苦難を受けているという結果から遡及的に想定される原因としての「理由」を探求しようとした結果、ヨブを罪ありと定めようとする友人たちに由来するものである。

苦難の第一の位相に比して、第二の位相は、ヨブの不穏な嘆きであるヨブ記三章に対する反応として出てきたものであるし、もしこのヨブの嘆きをヨブの罪と認めてしまうならばなおのこと、その存在を認めがたいかもしれない。しかし、ヨブにとって友人たちとの討論が苦難として現象していることはヨブの答弁全体のトーンからも窺え、いくつかの箇所では明言されている（例えば、六・一四、二七―二八、一六・二、一九・一―三、二一―二二など）。

友人たちとの討論のなかで示される苦難は、「苦しむ者にこそ苦難の理由がある」という応報思想に基づく断定であり、苦しむ者の断罪である。枠物語において、ヨブの苦難がいわれなきものであるということは明らかだが、天上の会議の成り行きは地上のヨブと友人たちには知らされていない。それゆえ、友人たちはヨブが隠れた罪を犯したという想定のもとで、（序曲の想定においては明らかである）理由なき苦しみを被るヨブは実は罪を犯していたのだと断じ、その罪の告白や型に嵌まった敬虔さ、苦しむ者にふさわしいと彼らには思われるような無力さと惨めさを表明する振る舞いをヨブに求め、いわば自白を強いるのである。

つまり、第一の苦難は、苦難が「理由なき」ものであるという不条理さそのものであり、第二の苦難は、「理由なき」不条理な苦難であったはずのものについて何らかの理由を探求した結果、苦しむ者にこそ原因があったのだという理由を捏造し、そのことによって苦しむ者の人格を虐げる、追加的な苦難である。

ヨブの苦難を、このように二つの位相において考察しようとするとき、そこにはしかしやはり一つの結節点となるべき事柄がある。苦難の「理由」を巡る問いである。そしてこの「理由」について、序曲の中で、一つのヘブライ語が象徴的に用いられていることが注目される。

最初の打撃の際、サタンは次のように言っていた。「ヨブが、理由なしに（ヒンナーム）神を畏れるでしょうか」（ヨブ一・九、強調引用者）。ヒンナームという語は、神とサタンの二回目の会話にも次のように登場する。

> ヤハウェはサタンに言われた。「あなたはわたしの僕ヨブに心を留めたか。地上に彼ほど完全で、まっすぐであり[2]、神を畏れ、悪を避けて、いまだ完全であり続けている。お前は、わたしを唆し、彼を呑み込ませようとした。理由もなく（ヒンナーム）」[3]（ヨブ二・三、強調引用者）

新共同訳では「利益もないのに」（一・九）、「理由もなく」（二・三）と訳し分けられていた「ヒンナーム」は、最近の翻訳が採用するとおりどちらも「理由もなく」と理解しておいたほうが、ヨブ記全体の見通しのためにはよいと思われる[4]。たしかに、民数記一一・五やサムエル記下二四・二四など、「ヒンナーム」を「無料で」などと経済的な意味で訳すべき箇所がある。しかし、例えば新共同訳や聖書協会共同訳が「無償で」と訳す出エジプト記二一・二や二一・一一のような用例でさえ、「理由なく」と訳せる可能性がある。

討論の進行にともなって、前の話者によって発話された単語が次の話者の発言のなかで反復されるときに、当該の単語のニュアンスが変化することがしばしば起こるヨブ記にあって、枠物語のなかで「ヒンナーム」は鍵語の一つとなっている。実際、サタンが一・九で「ヒンナーム」の語を用いるときと、ヤハウェが二・三で「ヒンナーム」の語を語るときでは、両者のニュアンスは鋭く対立している。

サタンの場合は、ヨブが「理由なく」神を恐れることはないと疑う。サタンは、ヨブにとって何らかの利益、経済的利益（ヨブは富んでいた男であった）、社会的名声などの、「服従の対価としての『祝福[5]』」がなければ、ヨブは神に服従するはずがないと考える。つまり、ここではサタンはいわば「理由もなく」という言葉をあくまでエコノミーの圏内で考えている。徳の対価としての幸い、あるいはその裏面として、悪の対価としての罰といった交換経済の世界のなかで、サタンは「ヒンナーム」という言葉を用いている。

これに対して、ヤハウェが「ヒンナーム」を用いる際には、サタンがこの語に込めた経済的合理性の意味が転覆される。ヤハウェにしてみれば、ヨブを試みる「理由がない」。言い換えれば、ヤハウェにとって義人であることがすでに明らかなヨブを試みる動機がないのである。

その上、もし、ここで全知全能の神という概念を導入してよいなら、ヨブに加えられる二度目の試みにおいてもヨブが耐え抜くということは神の目には明らかだということになろう。そうであれば、ヤハウェにしてみれば、サタンの唆しが無意味なものとなること、すなわち、ヨブ自身の身を撃つべき二度目の試練も、サタンが望む効果を上げることはなく、結局のところ一度目の試練と同じ結末になり、ヨブの信仰を確証するにすぎないことになる。つまり、二度目の試練を行うこと自体が「無益なこと」であり、その意味で「理由がない」ものとなる。実際、「このすべてにおいて、ヨブはその唇によって罪を犯さなかった」（二・一〇）のであり、ヤハウェのこの認識が正しいことは、枠物語の設定においては自明なものであるとされている。

してみると、枠物語の序曲が二章で閉じられる際にすでに、「ヨブ記において苦難にどのような意義があると考えられているのか」という問い、「なぜ義人が苦難に陥るのか」という問い自体が挫折しうるような仕掛けがあるのではないだろうか。なぜなら、「なぜ」「なんのために」という問いに対して、枠物語の語りにおいては端的に「理由がない」からだ。上述したように二重の意味で理由がない。第一には、エコノミーの問題として、ヨブの苦難の理由は罪ではない。第二に、ヨブの苦難が試練だとしても、神の目には結果は明らかなのであるから、試す理由がないのである。

とはいえ、序曲における天上の会議では明らかな「理由のなさ」は、ヨブたちには未だ明らかではない。それゆえヨブと三人の友人は苦難の理由を問わざるを得ない。友人たちとの討論、およびエリフの弁論は、この「理由なき」苦難の探求を、それぞれ二つの方向で展開している。

3　苦難の「理由」の追求――苦難の応報思想的解釈

ヨブ記全体の主題について、「諸行為が、適切かつ同等な報償と罰によって報われるというモラル・エコノミーが宇宙には欠けているということ」を教えるものだったというコンセンサスは、広く受容されているように思われる。[6] 神の裁きが欠けているという結論を受容するか否か、あるいはその結論をどう解釈しどう受容するかという問いについての回答はここでは一旦措いておこう。ともあれ、ヨブ記の叙述の多くの部分が、モラル・エコノミー、あるいは応報思想に関するものであるということについては、多くの意見が一致する。

ここで応報思想に触れておこう。応報という観念自体はとりわけて宗教的だというわけではなく、また文化的に特殊なものでもない。むしろ、同等性や等価交換の経済原理に似て、正義や道徳、倫理を構築する上での基本的な直観に属するものである。

このとき、気をつけておきたいのは応報というこの基本的な直観が信念に過ぎないものであるのか、それとも現実に何らかの実体を持つようなものなのかということである。並木にしたがってこの二つの態度を、それぞれ応報原理と応報思想の二つに区別しておくことが有益だと思われる。「応報原理」とは「正義を問うためには必須の論理的基盤であり、これはヨブとの議論のための当然の前提である」[7]。これに対し、「応報思想」とは、応報原理を「基礎として発展した宗教的な信念、イデオロギー」であり、ヨブ記においては「友人たちにおける善人繁栄・悪人必滅の確信」であり、つまるところ「応報思想は共同幻想」であるにすぎない[8]。

なぜこの区別を行うことが必要かといえば、不正義や不条理など応報原理が崩れている現実があるとき、この現実を変革するために応報原理をいわば実現されるべき（しかし未だ実現されてはいない）理念として掲げ、発問と議論を起こそうとするのか、それともすでに応報原理が現実化しているという認識のもとで、現実に働きかけることをせず、むしろ拱手傍観し、あるいは応報思想に基づいて現実の認識を歪めてしまうのか、この二つの態度の向かう先が全く異なる結果になりうるからである。

では、応報思想についてヨブ記はどのように語るのか。

ヨブの三人の友人、テマン人エリファズ、シュア人ビルダド、ナアマ人ツォファルは、いずれも応報思想にもとづいてヨブの苦難を説明しようとする。

エリファズは「思い起こしてみよ。罪がないのに滅びた者があったか。正しい人で絶ち滅ぼされた者がどこにいたか」（ヨブ四・七）と一般論で語り出す。エリファズの目には応報原理から外れるような現実は映ってはいない。

ビルダドは「神は公正を曲げるだろうか。全能者は正義を曲げるだろうか。もし、あなたの子どもたちが神に罪を犯したならば神は彼らをその背きの手に引き渡される」（ヨブ八・三―四）と、ヨブの息子たちが死んだ理由をヨブの息子たちが犯した罪のゆえであると断罪する。そこでは、ヨブが子供達のために捧げたはずの全焼の供儀（ヨブ一・四）も意味をなさない。

ツォファルは「もし、あなたが心を定め神に向かって両手を広げるとき／手に不義があれば、それを遠ざけよ。あなたの天幕に不正を住まわせるな。／そうすれば、あなたは汚れのない顔を上げ揺るぎなく立って、恐れるものはない」（ヨブ一一・一三―一五）と、ひとまずは応報思想のポジティヴな側面を語り出すが、弁論が進むにつれて「悪しき者の喜びは短く神を敬わない者の楽しみはつかの間にすぎないのだ」（ヨブ二〇・五）と断定的な口調に移ってゆく。

やはり、多くの研究者とともに、三人の友人は応報思想を超えてはいないと見るべきだろう。三人の友人たちとは異なって、ヨブは応報思想を退ける。ヨブ自身にとっても、応報思想の存在が実証されうるのであれば、その方が望ましいようである。例えば、六・二四、一〇・一四、一三・二三、一九・四、何より三一章の「潔白の誓い」などをみる限り、ヨブは彼の苦難に相当する罪や過失が立証されるならば、応報的な罰を受けることを厭わない姿勢を見せている。そういった、半ば自棄に堕ちた探求にもかかわらず、ヨブは彼の苦難を罰と看做すに値する過失や罪を見出すことができない。(9)もちろん、キリスト教的な原罪の観念に照らしたような厳密・純粋な意味でヨブが全く罪を犯さなかったというわけではない。ハッピーエンドを迎えたヨブも永遠に生きるわけではないし、何より、彼は「若い日々の過ち」、自覚的に犯したのではない過失についても知っている（一三・二三―二六）。ヨブは傲慢に落ちているというよりも、むしろ、自身がいかに他愛ない存在であるかを自覚している（七・七、九・二―四）。そうであればこそヨブは人間の卑小さについて歌った詩編八・五を引用する（七・一七）。

ヨブが応報思想を退ける根拠は、自分の正しさだけではない。邪悪な者たちが安穏と暮らし、この世の幸せを享受することができるという現実も、彼の視野には入っている（二一・六―一三、二三―二四）。また、社会的弱者が抑圧され、住処を追われ、寒さと飢えを強いられている現実を認めている。

つまり、ヨブ自身は原理的には応報という観念を受容するが、冷静な現実認識において、その現実を歪めるような共同幻想、応報思想に参与することができないのである。

そうであれば、ヨブが嘆くのは、彼が応報思想に絡め取られているからではない。自らの身に覚えのない苦難の経験に直面し、それが応報思想で割り切れないために不平を漏らしているわけではない。ヨブが嘆き、訴えることができるのは、むしろ彼が応報思想という共同幻想に参与することを退け、己の現実の認識に立った上で、応報原理が実現されるべきだという信念を抱いているからである。

もし、ヨブが応報思想に絡め取られていたならば、ヨブは苦難の原因を友人たちと同様に、自らの隠れた罪に帰してしまったであろうし、また、もしヨブが応報原理を受容していなければ、彼は問いを発することができない。こうして、応報原理と応報思想の区別を導入することによって、ヨブと友人たちの態度の違いは明確になる。

4　苦難の応報思想的解釈の問題点

では、ヨブ記において応報原理および応報思想は肯定されるのか、それとも否定されるのか。次の神の言葉が注目される。

ヤハウェはこれらの言葉をヨブに語ったのち、ヤハウェはテマン人エリファズに言った。「わたしの怒りがあなたとあなたの二人の友に向かって燃え上がる。なぜなら、あなたがたはわたしに

対して、わが僕ヨブのように確かなことを語らなかったからだ」。（ヨブ四二・七）

多くの研究者とともに、ここでの神の怒りの矛先は、ヨブの友人たちが語る応報思想にあると考えることができる。友人たちは、所詮は自分たちの願望にすぎないはずの応報のドグマを「神の論理」として語り出し、神の代弁者へと成り代わっている。とはいえ、もし神が実際に応報の裁きを行いうるのだとしたら、友人たちが神の代弁者として応報思想を語り出すことの何が問題となるのだろうか。あるいはまた、神が正義を果たすというイデオロギーの何が問題なのだろうか。

これもまたすでに周知のものではあるが、応報原理を神よりも上位に置くことによって、神の超越性を毀損してしまうからである。エリファズをはじめとした三人の友人たちにとって、神は単に応報原理の保証人にすぎず、神とは善に対して善を、悪に対して悪を与える自動販売機の修理担当者以上のものにはならない。そのような神はもはや絶対者ではありえず、自由な存在でもありえない。友人たちは、絶対者の論理、「神の論理」を語っているように見えて、その実、神について正しく語っていなかったことになる。

そして実は、友人たちが奉じているような絶対者理解は、それ自体が一つの矛盾を含むものではないだろうか。

ヨブの友人たちが語ったことは、並木にならって「弁証の神義論」と特徴づけることができるだろう。「友人たちの応報思想はそのまま彼らの神義論の展開である。友人たちも、人間が生きる限り災いを避けがたいと認識している。その災いは悪と苦難であり、友人たちはこの二つについて、神の正しさを弁護しなければならないと考え、議論を展開した。その意味で友人たちの神義論は『弁証の神義論』であると特徴づけることができる[10]」。そのような「弁証の神義論」においては、「この世に悪が存在している事実の問題よりも、神が悪人自滅の装置を働かせるということ、言い換えれば、神が応報原理の保証人であるということの方が重要である。結局、神の行為責任は応報原理が存在するはずであるという信念に吸収される。この信念が保持される限り、神はこの世の悪の存在から免責される[11]」。

しかし、そうして悪から免責され、一見超越者であるかに振る舞う神は、実のところ超越者ではあり得ない。そのような神は依然として応報原理の下に置かれ、束縛されるばかりか、理性による釈明を要求され、それに答えることができなければもはや神ではなくなるような存在となってしまう。応報思想に基づく絶対者理解は矛盾を抱え込まざるを得ず、そのような語りは、神の姿を誤認してしまう。四二章七節の神の怒りは、以上のように考えていくことができる。

誤認されるのは、神の姿ばかりではない。すでに触れたことだが、ヨブ記における苦難の第二の位相は、苦難の理由を探求しようとした友人たちの応報思想がヨブに強いる強迫観念でもある。そしてそのような強迫観念が苦難の現実を誤認させてしまう。ヨブ記において、三人の友人たちとの討論が導入される構造が、暗にそのことを示している。

ヨブの見舞いに来たはずの友人たちが態度を翻してヨブに非難の言葉を投げつけ、ヨブの隠れた罪を暴こうとするのは、ヨブが我が身と神を呪うかのような衝撃的な嘆きを三章で発するからである。すると、あたかもヨブ自身が神を呪うという隠れた罪を犯していたかのように誤認する仕掛けが仕組まれていることに気づく。ヨブの苦難は、第二の位相を除去してみれば、枠物語で語られているとおり「理由のない」ものであった。そしてヨブはこの「理由のない」苦難の、暫定的な結果として三章の嘆きを発している。ところが、三章の嘆きを経由することによって、友人たちは（そしてエリフも）、ヨブの不遜な嘆きが苦難の原因であるかのように捉えてしまうことになる。

あたかも応報思想という共同幻想が現実を歪めてしまうかのように、テクストの読解そのものにおいても歪みが生じるような、構造上の仕掛けがあるのである。つまり、ここではテクスト自体が、応報思想による現実認識の歪みという問題をパフォーマティヴに示しているようですらある。

簡単にまとめよう。応報思想に基づく苦難の理解には、少なくとも三つの点で、問題が生じている。第一に、絶対者としての神理解に矛盾が孕まれる。第二に、現実の認識を歪めてしまう。その結果、第三に、苦難の中に置かれた者を慰めるどころか、かえって苦しむ者こそが罪人なのだという認識のもとで、定型化された悔い改めを強いるという追加的な苦難を与えてしまう。

5　苦難の「理由」の追求二――不条理さの転回と超越性への還元

ヨブの三人の友人たちは、応報思想に基づく世界観の強制によってヨブに第二の苦しみを与えることとなったが、それでは、応報思想を放棄し、ヨブの苦しみが不条理なものであるということを洞察することが、ヨブの苦しみを解放することになるのだろうか。エリフの弁論はそのような探求の道行きを示すように思われる。

序曲にも終曲にも登場せず、エリファズ、ビルダド、ツォファルという三人の友人に含まれないエリフの弁論は後代の挿入であるという見方が強いが、枠物語に登場しないことが、同時に、エリフの特権的性格の理由にもなりうる。神の怒りがエリファズとその「二人の友」（ヨブ四二・七）に燃え上がるとき、エリフが言及されないのは、エリフが正しく語っているからだ、とも解されうるからである。

エリフ弁論がヨブ記の元来の構成に含まれ、エリフを肯定的に評価する立場をとるR・アンデルセンがまとめるところでは、エリフ弁論を後代の加筆とする論者たちの論拠は主に三つに分けられる。第一に、ヨブ記全体との関わりにおけるエリフ弁論の位置、第二に、エリフ弁論の形式的特徴、第三に、エリフ弁論の内容である。

エリフ弁論を後代の付加とする説に対するアンデルセンの反論は、次のようになる。(1)ヨブの最後の弁論（二七―三一章）および神の弁論（三八―四一章）は、エリフの弁論とよく適合する。さらに、エリフが枠物語に登場しないのと同様、サタンやヨブの妻といった登場人物も序曲以外の部分には登場しない。(2)文体上の差異として指摘される、アラム語の頻度、前置詞の使用法、神名、一人称単数代名詞の用法などについては有意な差がなく[12]、ヨブ記のその他の部分の著者との違いを想定する必要がない。(3)ヨブ記が論争の書であるとすれば、エリフ弁論はヨブ記全体の枠組みによく適合している。エリフはヨブとヨブの友人たちに対立しており、また彼ら四人は神と対立している[13]。

以上のような反論を通して、アンデルセンは、エリフこそが知恵の教師として神とヨブとの対面を整えているのだ、と主張する。

しかし、アンデルセンの所論に再反論する余地があるだろう。アンデルセンの区別では(1)と(3)の区別がやや曖昧ではあるにせよ、まずヨブ記全体の構成について考えれば、たしかにヨブ記それ自体が論争それ自体を喚起するような構造を持っており、多数の声部を持つポリフォニックなテクストとして成立している。だが、それゆえ、エリフ弁論が後代の付加であるとしても、ヨブ記の構造上、付加が目立ちにくいというだけだと言うこともできる。したがって、元来の構成に含まれているかどうかを構造上確定しようとするならば、枠物語における言及を手掛かりとするほかなく、そこにエリフの姿がないことは、エリフ弁論を元来の構成部分とすることはできないという、消極的な方向で考えるほうが妥当であると思われる。

アンデルセンが反論として挙げる妻とサタンについても、説明が不可能だというわけではない。確かに、妻の姿は終曲では不在だが、新しい子供が誕生するためには暗黙の前提であるのだから、テクストの背後に引いているだけであると読むことはできる。[14] また、サタンについても、彼の役目は序曲ですでに終わっているために、その後登場しないのだと説明することはできる。サタンは、ヨブの全財産を賭けた一度目の試練（一・一三―一八）で敗北し、これを挽回するために二度目の試練ではヨブ自身の命を求めていた（二・四―五）。こうしてヨブ自身が撃たれ、三章のヨブの発言においてサタンの試みが成功したように見える仕掛けがあるが、実は三章でのヨブの発言は、サタンの試みが失敗したことを証ししている。なぜなら、試練の前のサタンの主張は、ヨブが命を「守ろう」として神を呪うだろうというものだったが、三章でのヨブの嘆きは自らの命そのものの「放棄」であって、むしろサタンの主張の裏をかいたものになっている。サタンの唆しが成功したかに見えて実は失敗しているというアイロニーと緊張感を形成する構成上の意図があるとするなら、その後のドラマからサタンの姿を消去するほかない。

また、文体上の区別にしても、スネイスが検討した、アラム語の頻度、前置詞、神名、一人称単数代名詞の使用例以外にも、並木が指摘しているように、動詞「ハーヤー」の用例などの場合には顕著な差が生じている。英語の be や become に当たる動詞「ハーヤー」の用例は、ヨブ記には五〇例を数えることができるが、そのうちエリフ弁論で用いられているものはない[15]。「ハーヤー」という、より基礎的な動詞の用例は、単に語の選択という次元を超えて著者の思考方法を示唆すると考えられるならば、この違いは看過できない。

並木が、「エリフは言葉の反復に苦痛を感じないし、引用句も多用する。詩文は理知的であるが、伸びやかさがまるでない[16]」と評するような文体的特徴についてはさらに具体的に検討・実証される余地があるとはいえ、スネイスが行なった文体的分析だけに基づく議論は不十分だと言うべきだろう。

エリフ弁論が加筆であるかという議論において、構成上の視点からは、エリフが元来の構成部分かどうかは積極的に立証することがそもそも困難であり、文体上もなお検討されるべき余地があることが明らかとなった。それでは内容上の視点から、エリフ弁論とその他の部分の著者の違いを弁別することはできるだろうか。

内容上の視点についていては、しかし、解釈者がヨブ記の本質として理解するものが何か、という点に大きく左右されることになる。もし、ヨブ記の本質を、論争の書であると看做したり、あるいは神の絶対性の前での不可知論にあるとすれば、エリフ弁論にそれなりの正当性が付与されることになるだろうが、そうであればここで問いは「ヨブ記の本質は何か」というより困難な問いに変容してしまうことになる。したがって、内容上の視点についての議論は、ここでは一旦措いておくほかない。

さて、とはいえ、エリフ弁論が後代の挿入であるか、それとも元来の構成であるかはヨブ記におけるエリフ弁論の価値の決定とは別の問題である。(17) また、後代の加筆であるにしても、苦しむ義人というテーマについて、ヨブという一人の人間を範例として考察しようとしたテクストであることには違いがない。それでは、エリフの弁論は、ヨブの問題について三人の友人の述べた応報思想を超える視点を提出しているのだろうか。

まずはエリフ弁論の構造に注目してみたい。「そしてエリフは応答して、言った」（三二・六、三四・一、三五・一）、「そしてエリフは重ねて、言った」（三六・一）という定式を指標としてみるならば、(18) エリフ弁論は四つないし五つの部分に分けられる。すなわち、第一弁論（三二・六―三三章）、第二弁論（三四章）、第三弁論（三五章）、第四弁論（三六―三七章）である。このとき、第一弁論の後半部、三三章一節が、訓戒者が注意を促す定式(19)であるとすれば、前半部分（三二・一―二二）は弁論全体の序と見ることができる。

それでは、各弁論の特徴はなんだろうか。第一弁論において、エリフは自らが神の代弁者であり、さながら預言者であるかのように語る。「まことに私は言葉に満たされており、私の腹の〔に満ちる〕霊風が私を駆り立てる」（三二・一八）が、霊風（ルーアハ）や理解を与える息は神からやってくるからである（三二・八）。神の言葉を語る者であるという自己理解において、エリフの不満は「ヨブに訓戒する（ヨブを仲裁する）者がいない、あなたがた〔友人たち〕の中に、彼の言葉に応える者がいない」（三二・一二）ことであり、だからこそエリフは彼の「持ち分（ヘーレク）」（三二・一七）、つまりは役割を、それも千に一つの仲裁者（マルアク、メーリーツ。三三・二三）としての役割を担おうとするのである[20]。

ここから読み取られるエリフの自己理解は、したがって、訓戒者あるいは神とヨブとの仲裁者ということになるだろう。それはちょうど、エリフ弁論の中に頻出する、訓戒者の定式にも見られる。「それゆえ、私が語る、私に聞け」（三二・一〇）、「だがしかしヨブよ、私の言い分を聞いてほしい、私のすべての言葉に耳を傾けよ」（三三・一）、「注目せよ、ヨブよ、私に聞け、黙せよ、私こそが語るのだ」（三三・三一）、「もしあなたに〔言葉が〕なければ、私に聞け、黙せよ、私があなたに知恵をお教えしよう」（三三・三三）という定式をエリフは異様なほど多用するのである[21]。

では訓戒や仲裁はどのように成し遂げられるのか。エリフにとって神が絶対者であることは疑われず、粘土に過ぎない人間（三三・六）が神の前に自らを「罪なし」と語ること自体が正しくない（三三・九—一二）。それゆえ、まずは仲裁者が憐れみ、代償となるものを見出すことが必要となる（三三・二三—二四）が、その代償は、「私は罪を犯し、真っ直ぐなことを曲げた。しかし、彼はそれ相応のものを私に返さなかった。彼は私の魂が穴に陥らないように助け、私のいのちは光を見る」（三三・二七—二八）という告白である。

第一弁論におけるエリフの場合、エリフ自身が仲裁者の役割を買って出ようとする密かな自負によって、応報思想に若干の変奏が加えられているが、贖い代として、ヨブに無力さの自覚と悔い改めの告白を求めるという点で、応報思想から自由だとは言えない。むしろ、自分こそが神の代弁者であるという自負と自分の教説にこそ救いがあるという考えには、偏狭さを感じざるを得ない。

ただし、そういった偏狭さ、あるいは訓戒者の定式を用いるがゆえの高圧さがあるとはいえ、エリフ自身の訓戒者あるいは仲裁者としての自己認識において、エリフの目的がヨブの救いにあると考えられる点（三三・一八、二九―三〇）は、見逃されてはならないだろう。この点について、アンデルセンは「三人の友人はヨブに、彼が罪を犯したから彼は苦しんでいると認めてほしいのだが、エリフはヨブに、彼が苦しむゆえに罪を犯すことをやめてほしいと願っている[22]」と指摘する。言い換えれば、友人たちが、ヨブの苦難の原因探しのために、応報思想を過去に照射していたのだとすれば、エリフはヨブが救済されるための方途として、応報思想を未来に照射していると指摘することもできる。

だがしかし、実のところ、友人たちもまた神の憐れみについても触れることがあるゆえ（五・一七―二〇、一一・六）、アンデルセンの見方を単純に図式的に適用することはできない。むしろアンデルセンの指摘は、応報思想の語り方の二つの側面に気づかせるものである。応報思想は、未来の方向に適用されれば救済の教説となるが、過去の方向に適用されれば苦難には原因があるべきだとして現実の認識を歪ませるものと化す。そしてその転換は極めて危うい。

そう考えてくるなら、たしかに、訓戒者あるいは仲裁者としての自己認識を持つエリフは、友人たちには希薄であった、ヨブのための救いという側面を強調するものではありうるが、応報思想の本質的な超克とは言い難い。

では、エリフの思考は応報思想に尽きるのかといえば、必ずしもそうとは言えない。もう少し、エリフの弁論を跡づけてみる必要がある。

第二弁論では、エリフは第一弁論と同じように（三三・九―一一）ヨブの言葉を誇張、改変しつつ（三四・五―九）[23]、神の正義について長広舌をふるう。神が不正や不義を行うことは決していない（三四・一〇）という応報的な正義の確信に基づいて、神と対置されるべき人間ヨブの不正義を断罪している。

エリフのトーンが変わってくるのは第三弁論からである。第三弁論の前半部分（三五・一―八）では、エリフは第二弁論で展開したと同様に、ヨブの発言を誇張・歪曲し（三五・二）[24]、ヨブの正義に疑義を挟むのだが、五節を布石として、後半部分（三五・九―一六）で次第に神へと視点を転じてゆく。

しかし、だれも言わない。「どこにいますのか、わたしを造った神は、夜に歌を与える方は、地の獣より私たちに教え、空の鳥より私たちに知恵を授ける方は」と。

（三五・一〇―一一）

こうして、第三弁論において、エリフはヨブの自己弁護に対する牽強付会な追及から、神の超越性それ自体へと視点をかすかに動かしている。

第四弁論を便宜上前半（三六・一―二一）と後半（三六・二二―三七・二四）に分けるなら[25]、エリフは前半部分では、まだ応報思想に基づく祝福（三六・一一、一六）と審き（三六・一二―一四）に拘り、苦難の教育的意義について語る（三六・八―九、一五―一六）が、後半ではむしろ神の偉大さの賛美を展開する。そこでは、雲、雨雲、雷鳴、稲妻といった、多彩な語彙による天候の描写によって、神の超越性が歌われる。[26]

エリフ弁論における苦難の意義の探求の道筋は以下のようになる。友人たちがどちらかといえば、応報思想を過去に照射し、現在のヨブの苦難の原因が過去のヨブの行いにあると、ヨブを糾弾するために応報原理を用いていたのに対して、応報思想を適用する時間軸を転換し、応報原理に基づく救済の方途を強調しようとした。しかし、そこでは応報原理という一つの原理に基づく合理的計算が残ってしまう。その限界に自覚的であったか否かは判然としないながら、エリフは次第に神の超越性へと視点を転じ、神の偉大さの前に沈黙し、頭を垂れることをより強調しようとしていく。ここにおいては、合理的計算が放棄され、ただ神という超越性のまえであらゆる原理、合理性が挫折することになる。偉大さのまえでの沈黙を敬虔と呼ぶのなら、エリフの神義論が目指すところは神の偉大さと人間の小ささの対比における敬虔としての神義論であろう。

こう言い換えてよければ、エリフ弁論における苦難の洞察は、ヨブの苦難の不条理さを、神と人間との間の、あるいは創造者と被造物の間の絶対的な断絶という不条理さへと転換し、解消しようとするものである。そこでは、人間の受ける苦難は解決されてはいない。言葉による解決の代わりに、圧倒的な力のまえでの沈黙という、解消が行われているというほうが適切であろう。だが、不条理の意味内容は変わっている。三人の友人たちの語る応報は、条理を語りつつも、その実、不条理に苦しむヨブを裁くための条理であった。エリフは応報から完全に自由ではありえないが、神はおよそ人の知恵の及ぶ合理性を超えているという、敬虔さを教える不条理を提示している。

しかし、そういった、人を敬虔さへと導く不条理があるといっても、そこに何かわだかまるものがあることもまた事実である。そしてまた、そういった不条理さを安易に肯定してしまうことは、例えば存在―神―論の名における暴力をも肯定してしまうのではないか[27]。

6　ヨブ記における神義論

では、ヨブ記における三人の友人とエリフによる苦難の「理由」の追求をどのように理解し、あるいは評価することができるだろうか。

三人の友人たちが語り出した応報思想は、前述したとおり、少なくとも本稿が確認できるかぎりでは、ほとんど有益な意義を見出すことができないと言うべきだろう。三人の友人たちがとった方向は、苦難の現実を前にして、これを罪に対する罰だと読み換えるものだが、現実の認識として誤っており、倫理的にも好ましくない。

これに対して、エリフの神義論は、一定の意味を持つようにも思われる。なぜなら、エリフの神義論は、そもそも人間理性が自己正当化をひそかに目論んで立てる問いに対する非難であり[28]、圧倒的な無力さの経験のなかで、不条理それ自体の意味を変えてゆくものであるからだ。

だが、苦難の中で、それでもなお問わずにはいられない人間もいるのではないか。あるいは「なぜ」という問いが三人称的な、定型化された答えを期待するような思考のなかではなく、むしろ答えの存在それ自体も見えぬまま、あるいは問いという形に結晶化・言語化する以前のような形で、呻きや嘆きとして発されざるをえないこともあるのではないか。

事実、ヨブ自身が次のように嘆いていたのではなかったか。

わたしの生まれた日は消えうせよ。
男の子をみごもったことを告げた夜も。
その日は闇となれ。神が上から顧みることなく
光もこれを輝かすな。
暗黒と死の闇がその日を贖って取り戻すがよい。
密雲がその上に立ちこめ
昼の暗い影に脅かされよ。
闇がその夜をとらえ
その夜は年の日々に加えられず
月の一日に数えられることのないように。
その夜は、はらむことなく
喜びの声もあがるな。
日に呪いをかける者

レビヤタンを呼び起こす力ある者が
その日を呪うがよい。
（ヨブ三・三―八）

ところが、エリフのような立場をとるなら、この世に存在するあらゆる悪と不条理について、神に抗弁を行うことは避けられなければならない。それは端的には、神に対しての対話的関係が失われることを意味しうる。エリフは、実際、「まことに、彼は人に時を定めない、人が神との裁判に臨むことのできるその時を」（ヨブ三四・二三）というように、神と人が論じる裁きの場を認めなかった。また、ヨブに対しては次のように沈黙を強いていた。

ヨブよ、耳を傾けて
わたしの言うことを聞け。沈黙せよ、わたしに語らせよ。
わたしに答えて言うことがあるなら、語れ。
正しい主張を聞くのがわたしの望みだ。
言うことがなければ、耳を傾けよ。
沈黙せよ、わたしがあなたに知恵を示そう。
（ヨブ三三・三一―三三）

苦難の経験に対して「なぜ」と問う神義論は否定されるべきなのだろうか。苦しむ者は嘆きの抗弁をすることさえ許されないのだろうか。素朴にヨブ記を読むとき、ヨブ記の答える方向はそのような神義論の否定であるようにも見える。例えば、ヨブの嘆き、友人たちとの議論、エリフの主張のあと、突然神が応答を開始するとき、神は次のように語っていた。

ヤハウェは嵐の中からヨブに答えて、言った。
これは何者か、経綸を暗くするこの者は、
知識もなく言葉を連ねて

（ヨブ三八・一―二）

ここでは、嘆き、問うたヨブが神によって叱責されているように見える。では、ここでは三人の友人たちや、あるいは最初のエリフ弁論が考えていたように、ヨブには悔い改めが求められているのだろうか。それとも、エリフ弁論が最後にたどり着いたように、神の超越性のまえでの敬虔が求められているのだろうか。

だが、ヨブ記がそのような平板な敬虔さを求めているようには思われない。むしろ、ヨブ記における苦難からの救済は、なおも異なった方途を指し示しうるように思われる。

すでに一度ふれた、四二・七における神の叱責を手掛かりにしてみよう。

ヤハウェはこれらの言葉をヨブに語ったのち、ヤハウェはテマン人エリファズに言った。「わたしの怒りがあなたとあなたの二人の友に向かって燃え上がる。なぜなら、あなたがたはわたしに対して、わが僕ヨブのように確かなことを語らなかったからだ」。

（ヨブ四二・七）

ヨブの友人たちが語る内容の中心が応報思想にあると考えられる限り、ここで神は応報思想を退けている。そうであるなら、神がヨブに悔い改めを求めていると解することはできない。にもかかわらず、しかし、右の神の言葉の直前、四二・六において、例えば新共同訳が「それゆえ、わたしは塵と灰の上に伏し／自分を退け、悔い改めます」と訳す一節が先行しているゆえ、神は何らかの悔い改めを求めてもいるとも解せるのである。

だが、四二・七が四二・六で表明されたヨブの言葉が回心を表明していることに対する満足だという解釈は難しい。四二・六のヘブライ語

על־כן אמאס ונחמתי על־עפר ואפר

アル・ケーン・エムアス・ウェニハムティ・アル・アーファール・ウァーエーフェル

において、そもそも文法上の困難があり、多義的な解釈が可能である。[29] それらを検討することは本稿ではできないが、重要と思われる点をいくつか指摘して、暫定的な回答としておきたい。四二・

七での神の言葉の導入は「ヤハウェはこのようにヨブに語ってから」であって、「ヤハウェはヨブの〔回心の〕言葉を聞いてから」ではない。[30] 事実、もし四二・七で神がヨブの回心を受けて語り出したのであれば、応報のドグマに逆戻りすることになり、友人に対する神の怒りと矛盾してしまう。

さらに「塵と灰」の用例が挙げられる。四二・六でのヨブの言葉の中に出てくる「塵と灰」は一見、旧約に頻出する語であり、悔い改めがその上で行われる場所を導入するように見えるが、「塵と灰」という連結形で出てくる用例はヨブ記以外には、創世記一八・二七にしか登場しない。創世記一八・二七は「塵と灰」にすぎないアブラハムが、ソドムとゴモラを破壊する神の裁定に対して異議申し立てを唱え、「神の正義」を問うている箇所であり、従来ヤハウィストの筆に帰されてきた箇所である。[31] ヨブ記作者が旧約のその他の文書とのインターテクスチュアルな関係に自覚的であったとすれば、ここで「塵と灰」について言及するヨブ詩人は、あのヤハウィストのテクストを暗示することで、神に抗議すること自体は罪ではないという見解を提示している。

そうであれば、やはり並木とともに、「神の正しさを問うこと自体の正しさを神が認めたのだと、理解するほか[32]」ない。

それでは、三八・一での神からヨブへの叱責は、ヨブの何を問題とするのだろうか。

神の応答が開始されて以降、三八章四節から三九章終わりまで、また四〇章六節から四一章末尾までを費やして、神は創造世界の秩序を語る。ここで注目すべきは、並木が指摘する通り、「人間の生と活動についての神の配慮が視野から外されている[33]」ということである。ヨブという人間の内面の、隠れた罪咎(ざいきゅう)を証し立てようとするヨブの友人たちと異なって、神はヨブの内面にはまったく踏み込まない。ヨブ記においても、神が人の思いを探ることは自明のことだが（ヨブ一〇・七、一三・九、また詩編一三九など参照）、人の思いを探るはずの神は、ヨブへの応答のなかでは人の内面については語らず、徹頭徹尾、外的な創造世界の秩序について語るのである。

そして、この創造の秩序に対する疑義こそが、ヨブの嘆きがもっとも鮮烈に現れる第三章であった。命を守るためには神をも呪うだろうというサタンの試みは、むしろ命を放棄しようとするヨブの嘆きにあってすでに挫折しているが、ヨブが口を開いて自らの出生を呪い始めることは、ヨブを創造した神の業への反逆である。そして、神の応答が創造の秩序への言及に尽きていることを踏まえる限り、神からのヨブに対する叱責は、実はこの一点に掛かるのではないだろうか。

神の応答を締めくくる四一章全体を通して神がレビヤタンに言及していることは、三・八でのヨブの言葉と対応している。ヨブの言葉の中で、彼が生まれた日を呪うのはレビヤタンを巧みに呼び起こす者である（三・八）が、神の答弁からは、その日は永遠にやって来ないことが告げられる。レビヤタンは神の統御の元に置かれているからである（四一章）。ゆえに、ヨブの生まれた日の撤回はありえない。ヨブを創造した神の創造の経綸は撤回されない。

また、ヨブの生命は枠物語で説明される苦難の由来においても、唯一守られてきたものであった（二・六）。一度目の試練（一・一三―一八）ですでに敗北しているサタンが、二度目に求めたものは命を賭け金とすることだったが（二・四―五）、そこで神はヨブの命の保護を命じていた。

サタンでさえ想像できなかった、自らの命の否定を通した創造の秩序の疑念において、しかしながらヨブは神の配慮（一・一二、二・六）を知らず、また神が創造世界を統治することへの理解（三八―

四一章)[34] が欠けていた。

神の叱責とヨブの応答(四〇・三—五、四二・一—六)は差し当たっては、創造の経綸を知らず、自らの存在の贈与に関わる恩寵を知らなかったというヨブの無知に定位しておくことができよう。

さて、しかし、この神からの叱責の中に、同時に、ヨブに対する無条件的な肯定が語り出されていることもまた見逃してはならない。ヨブは自らの存在を抹消することを望んだが、自殺願望に近いヨブの嘆きを否定することは、逆説的に、ヨブを創造した神の業の肯定である。そうして肯定されるべき創造の秩序について、三章以降の嘆きのなかで、ヨブがもっとも攻撃し非難したものは何であっただろうか。彼自身の命である。そうであるなら、神は自らが創造した全世界を挙げてヨブに反論することで、実は、ヨブ一人の命を、ヨブ一人の存在を肯定しようとしている。

7　ヨブ記における救済の方途を巡って

ここまでの議論をまとめつつ、いくつかの点を確認しておきたい。

まず、ヨブ記の枠物語においてヨブが受けるべき苦難は「理由のない」ものとしてすでに仮説的に提示されている。ヨブが神を畏れる「理由」が何であるかをサタンは見出そうとして失敗し、そして神はサタンの試みが無益なものに帰着することを洞察して、その苦難に「理由がない」ことをすでに予示している。

ヨブが神を畏れる「理由」としてサタンが想定したような応報思想は、三人の友人たちによって展開される。義人が不当な苦難を受けるはずはないのだから、ヨブが心の中のどこかで罪を犯したはずだ、ということを論証しようとし、かえってヨブを咎め立てようとする。この友人たちの弁論がヨブにとって追加的な第二の苦難になっているが、それは本来的に「理由のない」はずの苦難について、自分たちの世界理解を安心させようとする応報思想に基づいて、理由を夢想し、ヨブにとって身に覚えのない罪を押しつけようとしているからである。

エリフは、三人の友人とは異なった仕方で応報思想を展開する。エリフは最初、応報思想を未来に向けて適用し、応報的にヨブに救済の方途を示そうとする。しかし、次第に、エリフは神の超越性の前での敬虔さを説こうとする。苦難の不条理さを、神の超越性というやはり条理を超えたものへと読み替えていく。そのような読み替えに一定の意味は認められるが、エリフの神義論は、究極目的のために悪の存在を肯定してしまうという問題から自由ではなく[35]、苦しむ声を不当に抑圧しかねない危うさがある。

そうした、友人たちからの自白＝罪責告白の強要、あるいはエリフからの沈黙の要請に対して、ヨブ自身は、友人たちに反論し、また神への抗議の声を上げて、自らの内面に苦難を受けるべき理由がないことを主張してゆく。しかし、ヨブは最初の嘆きにおいて、神の創造の秩序、とりわけヨブ自身への存在の贈与と保護への配慮が及んではいない。

三八章以降の神の答弁において、神は、三人の友人たち、エリフ、ヨブの五者をともに砕いている。四二・七の言葉において、神は、友人たちの応報思想を否定する。そして、エリフの語りだしたような沈黙を強いる超越性についても否定する。むしろ神は超越でありながらも応答するものであり、かつ神に対して問うことを肯定する神として現れる。最後に、しかし、自らの命を疎んじるヨブを叱責し砕くことによって、逆説的にヨブ自身の存在は、神の超越性に基づいて「理由なく」肯定される。

こうしてみると、ヨブ記において、「理由のなさ」を一つの軸として、「理由のなさ」が様々に変容していくことが窺われてくる。

まずは枠物語で提示されたとおり、ヨブの苦難には「理由がない」。しかし、「その理由のなさ」は、サタンと神の両者において、意味が異なっている。

ヨブ記全体の設定上、「理由なきもの」であるはずの苦難に対して、「理由のなさ」を認めようとしない友人たちは、ヨブの苦難になんらかの理由があると断じ、そうしてヨブを断罪する。エリフの登場において、不条理の意義が変容されたあとで、一見、ヨブに応えず不条理にみえる神の応答のなかでは、神は条理を超えてヨブの存在を肯定する。

したがって、神の応答の中で、ヨブは二重の仕方で救われている。第一に、ヨブの受けた苦難は実際にも「理由なきもの」であるため、苦難の理由に自分の罪があるわけではないことが示され、友人たちからの不当な論難からヨブは解放される。第二に、神は確かにヨブが神の創造の業について配慮が浅いことを批判するが、それは同時に、ヨブ自身の出生が呪われるべきではなく、むしろ彼の存在が寿（ことほ）がれていることを逆説的に示す。ヨブの存在については、むしろ無条件に肯定されているのである。ここにもまた「理由なしに」というヨブ記の鍵語の変奏を見ることができる。

そうであれば、ヨブ記において、苦難の「理由のなさ」は相も変わらず理由のないままであるとしても、この「理由のなさ」の帯びる意味は劇的に変転している。過去を振り返って、現在の苦難の原因を探すことに囚われるという、宿命的な理由のなさから、人は解放されうる。それゆえ理由のない苦難へと投げ置かれた存在は、「理由のなさ」という、いわば宙づりにされた「無由」を、「理由なしに」肯定されている創造の業の認識を通して、「自由」へと受け取り直すことが可能である。そしてこの者は「自由」に基づいて正義の実現を問うていくことによって、神の沈黙によって「自由」として残されている人間の内面的世界において、創造の業に参与することができるのではないか。

夜は昼となり
暗黒の後に光が近づくと人は言うが（……）
どこになお、わたしの希望があるのか。誰がわたしに希望を見せてくれるのか。
それはことごとく陰府に落ちた。すべては塵の上に横たわっている。

（ヨブ一七・一二―一六　新共同訳）

「暗黒の後に光あり」と後代の宗教改革者たちは語っていた。三章で、ヨブの嘆きはとりわけ暗闇を求めていた。「なぜ、労苦するものに光を賜」（三・二〇）るのかと、ヨブは問う。だがむしろ、光が拒まれるのは悪者であって（三八・一五）[36]、苦しむ者は光を受け取ることが許されている。理由なき苦難の暗闇は、しかしまた同様に理由なき、それゆえ無条件の光へも導かれうるのである。

注

（1）聖書からの引用はとくに断りのない場合、私訳である。
（2）原語は「ヤーシャール」。「義しい」「正義」を意味する、より一般的な語彙「ツェデク」「ツェダーカー」はヨブ記でも多用されており、訳し分けのために「ヤーシャール」には別の語を当てておく。
（3）多くの邦訳では「理由なしに」として文中に置かれるが、原文では文末に置かれて強調されている。本文で後述するようなニュアンスの対称化のための強調と捉えることができるため、後置する（並木浩一「脚注八」、『旧約聖書Ⅻ　ヨブ記　箴言』岩波書店、二〇〇四年、六頁）。
（4）並木浩一訳（岩波書店版）、新改訳二〇一七、聖書協会共同訳など。
（5）並木浩一「脚注六」『旧約聖書Ⅻ　ヨブ記　箴言』岩波書店、二〇〇四年、五頁。神の言葉を遵守することによって祝福が与えられる例は枚挙に暇がないが、特に典型的な箇所として、申二八章参照。
（6）FOX, Michael V., "God's Answer and Job's Response" in Biblica 94.1, 2013, 1.
（7）並木浩一『並木浩一著作集1　ヨブ記の全体像』日本キリスト教団出版局、二〇一三年、四五頁。
（8）同右、四六頁。
（9）神の目から見たときに、実はヨブに隠れた罪があったかという視点については、ヨブ四二・七も併照。もしヨブに何らかの罪があるとするなら、ヨブ記全体はむしろ友人たちの視点を支持していることになるが、そのような友人たちの語りに対して神の怒りが燃え上がっているのである。また、ヨブ記におけるヨブが歴史上の実在の人物ではなく、むしろ仮構的な人物であり（ヨブはユダヤ人ではないにもかかわらず、ユダヤ教的な祭儀を執り行っている）、枠物語においては完全な義人として設定されていることを考慮に入れるなら、ヨブが実は罪人であるという想定はヨブ記というテクストの限界を踏み越えてしまうことになるだろう。
（10）並木浩一『並木浩一著作集1　ヨブ記の全体像』、四八頁。
（11）同右、四八―四九頁。
（12）SNAITH, Norman H., *The Book of Job: Its Origin and Purpose*, Studies in Biblical Theology, 2/11, London, SCM

Press, 1968, 72-85.

（13）以上、ANDERLSEN, Ragnar, 'The Elihu Speeches: Their Place and Sense in the Book of Job', Tyndale Bulletin 66.1, 2015, 77-82.

（14）なお、多くの翻訳のように二・九でのヨブの妻の発言を「神を呪って死んでしまいなさい」と解し、続く一〇節でのヨブの言葉にアイロニーないしユーモアが含まれないとして解すると、ヨブの妻が愚妻であり、ヨブの真意を理解しなかったとすることになる。だが、九節での原語は「ベーラク」であり、文字通りには「讃える」である。夫が神を呪うことなどありえないとヨブを熟知していた妻が、夫の苦境を見かねて、神を呪ってもよいから早く苦しみから解放されてほしいという含意を込めて「讃える」という言葉を用いたという読みができないわけではない。なお、七十人訳ではこの部分に長い加筆があり、妻の心情が描写されている。並木浩一「脚注三」『旧約聖書XII　ヨブ記　箴言』、八頁参照。

（15）並木浩一『並木浩一著作集1　ヨブ記の全体像』、四三頁。なお、並木の数え方では、「ハーヤー」の用例は四三回。

（16）同右、四三頁。

（17）とはいえ、エリフ弁論に著者の真正性を認める論者はこれを高く評価し、エリフ弁論を後代の挿入と看做す論者はこれを低く評価しがちである。

（18）MURPHY, Roland E., *Wisdom Literature: Job, Proverbs, Ruth, Canticles, Ecclesiastes, and Esther*, The Forms of the Old Testament Literature, 13, Grand Rapids, Eerdmans, 1981, 128、佐々木哲夫「神の言葉の焙出によるヨブ記エリフ弁論の要点――因果応報の原理と不条理の超克」『人文学と神学』第一二号（二〇一七年）、二三頁参照。

（19）申五・一、箴一・八等。

（20）ヨブの嘆きの一つは、彼にそのような仲裁者（メーリーツ）がいないことだった（一六・二〇）。

（21）さらに、三四・一、一〇、一六、三七・二、一四。

（22）ANDERLSEN, 'The Elihu Speeches: Their Place and Sense in the Book of Job', 92.

(23) ヨブの元の言葉は九・一五、一〇・一五だが、ヨブの言葉にあった保留を削除し無条件的な自己主張へと誇張している。並木浩一「脚注三」『旧約聖書XII　ヨブ記　箴言』、一二八頁。
(24) ヨブの元の言葉は九・二と考えられる（並木浩一「脚注一三」『旧約聖書XII　ヨブ記　箴言』、一三四頁）。ここではエリフは、ヨブの言葉から、接続詞、疑問詞マー、名詞エノーシュを削除し、前置詞イムをメーと変えて、ヨブの認識を正反対に転倒している。
(25)「見よ、神は（ヘン・エール）」（三六・五、二二、二六）が小区分を導入しているように思われるが、分量上のバランスを欠いている。内容的には、三六・二二の前後で、地上の人間に対する応報の教説から神それ自身の超越性へと強調点が変化している。
(26) 佐々木哲夫「神の言葉の焙出によるヨブ記エリフ弁論の要点――因果応報の原理と不条理の超克」、二五―二七頁。
(27) 田島卓『エレミヤ書における罪責・復讐・赦免』日本キリスト教団出版局、二〇一八年、九一―一〇二頁。
(28) 並木浩一『「ヨブ記」論集成』教文館、二〇〇三年、一一一―一六七頁。カール・バルト『十九世紀のプロテスタント神学　上』（カール・バルト著作集一一）（佐藤敏夫ほか訳）、新教出版社、一九七一年、七四頁。
(29) 並木浩一『「ヨブ記」論集成』、二〇一―二一〇頁、Krüger, Thomas., 'Did Job Repent?'. *Das Buch Hiob und seine Interpretationen: Beiträge zum Hiob-Symposium auf dem Monte Verità vom 14.-19. August 2005* (Krüger, et. al. hrsg), Zürich, Theologischer Verlag Zürich, 2007, 217-229.
(30) 並木浩一『「ヨブ記」論集成』、二二八頁。
(31) 並木浩一「ヨブ記とヤハウィスト」『並木浩一著作集１　ヨブ記の全体像』日本キリスト教団出版局、二〇一三年。
(32) 並木浩一『「ヨブ記」論集成』、一五六頁。
(33) 同右、二三五頁。

（34）並木浩一「脚注四」『旧約聖書XII　ヨブ記　箴言』、一七一―一七二頁。
（35）苦難の教育的意義に対する適切な反論として、佐藤啓介『死者と苦しみの宗教哲学――宗教哲学の現代的可能性』晃洋書房、二〇一七年、一一三―一五八頁。
（36）HAM, T.C., "The Gentle Voice of God in Job 38," *Journal of Biblical Literature* 132-3, 2013, 538.

第Ⅱ部　新約聖書における苦難の意義

――マルコ、パウロ、第一ペトロ書

第一章　福音書における苦難の義人*

――マルコ福音書の受難物語を中心に

廣石　望

イエスがその生涯の最後に、エルサレムで「杭殺刑」[1]に処されて死去したことは、彼の生涯に関するあらゆるデータの中で、「神の王国」宣教と並んで歴史的にもっとも確実な情報に属する。しかし、彼の死について物語る四つの正典福音書の叙述は、互いによく一致する部分がある一方で、夜中に大祭司宅で開催される最高法院裁判によって死刑が宣告されるなど歴史的には本当らしくない要素と並んで、イエスの処刑日の食い違いなどの相互に並立しえない要素も多く含まれている。

そもそも福音書の受難物語は正式な裁判記録などではなく、復活信仰の立場からイエスの死後数十年を経て執筆された、イエスの最期に関する宗教的な再話、つまり聖伝である。そこには、著者ないしその背後に想定される共同体によるキリスト理解、およびユダヤ教やローマ帝国への態度が色濃く反映されている。

以下の考察は概説的な性格のものである。まずイエスの死に関する資料にふれ、続いてマルコ福音書の受難物語を概観し、予想される史実および受難伝承の基本的データについて推論を述べた上で、マルコ福音書における受難物語の造形についてその輪郭を描く。そして、最後に「苦難の義人」という解釈カテゴリーについて考察する。

1　イエスの「死」に関する資料

周知のように、イエスの死に関する資料はキリスト教側でないものと、キリスト教側のものに分かれる。

1・1　非キリスト教側の資料

タキトゥス（五八頃―一二〇年頃）『年代記』（一一六／一一七年頃）は、都市ローマの大火（六四年）に関連して「クリストゥスなる者は、ティベリウスの治世下に、元首属吏ポンティウス・ピラトゥスによって処刑されていた」と述べる。(2) この証言は、新約聖書のイエス伝承とよく一致する。また、バビロニア・タルムード「サンヘドリン篇」四三aは、イエスに対するユダヤの正式な処刑法である「石打ち刑」を前面に出す一方で、「過越祭の前日の夕刻に架けた」と述べてローマの処刑法である杭殺刑への暗示を含む。タキトゥスがローマ主導による処刑について当然のごとく語る一方で、タルムードは「石打ち」刑その他に言及することでユダヤ教側の主導性を示唆する点で異なる。(3)

ヨセフス（三七―一〇〇年頃）の「フラウィウス証言」（『ユダヤ古代誌』〔九三年頃〕八・六三―六

四）の明らかに後代のキリスト教徒による加筆を除けば、イエスはユダヤ人貴族階級によって総督ピラトゥスの前に告発され、ピラトゥスによって杭殺刑に処された。

変わり種の証言として、シリア出身のストア派マラ・バル・セラピオンが、同名の息子に宛てたシリア語書簡（七三―一世紀末）がある。[4] ユダヤ人は彼らの「賢い王」を殺し、その神罰として自分たちの王国を失ったが、その王は「新しい法」の賦与者として名誉回復を果たしたと言われる。「イエス」の名は明言されないが、ユダヤ人の「王」という表現は受難物語のイエス告発を想起させ、王国の喪失は第一次ユダヤ戦争の敗北のことであろう。そのさい「新しい法」とは、キリスト教会がイエスの教えをそう呼んでいることを反映した表現である可能性がある。シリア地域には、マタイ福音書をはじめとするキリスト教の伝統があり、セラピオンは何がしかのことを彼らについて知っていたのであろうか。その場合、彼の証言は、イエスの死に関する最初の非キリスト教徒による証言である。

1・2　キリスト教側の資料

パウロがテッサロニケのキリスト教共同体に宛てた第一書簡（五四／五五年）に、次のような一節がある。

（ユダヤ人たちは）主なるイエスをも、そして預言者たちを殺し、私たちを迫害した。そして神に喜ばれず、万人に敵対し（ている）……（一テサ二・一五）

この発言は、ユダヤ人パウロが、異邦人へのユダヤ教律法の遵守を要求しない伝道を展開する中で、ユダヤ人同胞から受けた妨害という「苦難」について語る文脈に現れる。パウロは、申命記主義的な預言者が被る暴力的運命についてのユダヤ教内部の自己批判と、(5)古代の異教世界に共通する「人間嫌いである」というユダヤ人批判（例えばタキトゥス『歴史』五・四参照）を組み合わせて民族同胞を批判しているのだが、イエス処刑に関する歴史的な情報は、ユダヤ人の関与という以上には含まれていない。

同様のことは、使徒行伝（九〇年代）のユダヤ人批判にも該当する。例えばペトロは、エルサレム神殿でユダヤ人に向かってなした長大な説教の中で、次のように発言する。

> しかし君たちは、聖にして義なる者（イエス）を拒絶し、そして人殺しの男（バラバ）が恩赦されるよう求め、命の君（イエス）を殺した――この者を、神は死者たちの中から起こした。私たちこそは、この者の証言者である。（使三・一四―一五）(6)

ルカは、ユダヤ教に改宗こそしないもののユダヤ教に共感して会堂の礼拝に参加し、ディアスポラのユダヤ人共同体を支援した、「神畏れ人」と通称される異邦人出身のキリスト者であったと推定されている。引用した発言も史的ペトロに由来するというよりは、むしろ著者ルカが同時代のユダヤ教との対抗関係を踏まえて語っているであろう。こうした発言を用いて後代のキリスト教会は、ユダヤ民族全体を集合的に「キリストの殺害者」「神殺しの下手人ども」と呼び、(7)憎悪の対象とするようになった。その意味で、イエスの受難に関するキリスト教伝承が後の歴史に及ぼした影響には、重大な問題が含まれる。[8]

扱いが難しい『ペトロ福音書』は、二世紀半ばの成立と言われる。現存する写本（八―九世紀のアクミム写本）はいきなり受難物語の途中から始まり、ガリラヤ湖畔に復活者イエスが顕現する場面で再びいきなり途切れるので、おそらくより長い福音書の断片なのであろう。この福音書には正典福音書と重複する内容とそうでない内容が混在している。正典福音書から独立した伝承が含まれるという意見の研究者の中には、本福音書に複数の伝承層を想定し、最古層の受難物語伝承は正典福音書のそれよりも古いとする意見もある。[9] しかし、こうした再構成のための文献操作はたいへん仮説的にならざるをえず、以下ではいちおう多数派である従属説、つまり正典福音書に依拠する民話的な再話であるという学説に従い、以下では本福音書についてとくにふれない。

こうして、イエスの「死」に関する資料として重要なのは四つの正典福音書、とりわけ最も成立の古いマルコ福音書であることになる。

2　マルコ福音書の受難物語の概観

四つの正典福音書における受難物語を、ひとまずイエスの捕縛から埋葬に至る部分と見なすことにする（マルコ福音書では一四・一―一五・四七）。マルコでは、これに「空の墓」のエピソードが続く（一六・一―八）。マタイ福音書とルカ福音書はともにマルコ福音書にもとづく別々の増補改訂版であるので、マルコ福音書を中心に置き、共観福音書とは文献的に直接的な依存関係にないヨハネ福音書の受難物語の並行箇所を付記することで、小さな比較とともに概観する。

【導入】

A殺害計画（一四・一―二）　★ヨハ一一・四五以下

Bベタニアの塗油（一四・三―九、無記名女性による頭の塗油）　★ヨハ一二・一[10]

Cユダの裏切り（一四・一〇―一一）　（★ヨハ一三・二一以下）

【最後の晩餐】

D最後の晩餐の準備（一四・一二―一六、過越祭の食事式）　★ヨハ一三・二以下[11]

E弟子の裏切り予告（一四・一七―二一）

D′主の晩餐（一四・二二―二五）

【イエスの孤独】

E′弟子（ペトロ）の裏切り予告（一四・二六―三一）　★ヨハ一三・三六以下

Fゲッセマネの祈り（一四・三二―四二）

G捕縛（一四・四三―五二、神殿警備員、弟子逃亡）　★ヨハ一八・三以下[12]

【ユダヤ当局の前で】

Hユダヤ当局の前で（一四・五三―六五、最高法院での裁判、夜）[13]

Iペトロの否認（一四・六六―七二）　★ヨハ一八・一五以下、同二五以下[14]

【ローマ当局の前で】

Jピラトゥスの前で（一五・一―一五、イエス無返答、恩赦、引き渡し）　★ヨハ一八・二八―一九・一六ａ[15]

【杭殺刑】

K鞭打ちと嘲弄（一五・一六―二〇ａ）　（★ヨハ一九・二―三）

L杭殺刑（一五・二〇ｂ―三二）　★ヨハ一九・一七以下

Mイエスの死（一五・三三―四一、過越祭の当日）　★ヨハ一九・二八以下[16]

Nアリマタヤのヨセフによる埋葬（一五・四二―四七）　★ヨハ一九・三八以下[17]

【空の墓】

O空の墓（一六・一―八）　★ヨハ二〇・一以下[18]

3　予想される史実

3・1　杭殺刑とは何か？

古代ローマにおける杭殺刑は、重罪を犯した奴隷や解放奴隷、盗賊や海賊などに対する残虐な処刑法であった。この処刑は、ローマ市民権の保有者には（公的には）適用されない。帝国属州においてそれは、身分法・戦争法にもとづく行政的な強制措置（coercitio）として執行された。反ローマ運動の芽を早い段階でつみとり、鎮圧することがその目的である。これに対して、ユダヤ法の正式の処刑法は石打ち刑であった（バビロニア・タルムード「サンヘドリン篇」四三ａ）。

イエスの処刑では、王権僭称者に対する騒乱罪および国家反逆罪（perduellio）[19]、あるいはこれときわめて近しい関係にあるローマ主権に対する名誉毀損罪（crimen maiestatis imminutae あるいは crimen laesae maiestatis）[20]が適用されたと推定される。じっさいマルコの受難物語には「王」の肩書きが頻出し（マコ一五・二、九、一二、一八、三二）、罪状書きにも「ユダヤ人どもの王」とある（同一五・二六）[21]。

ヘロデ大王の死（前四年）が引き金になった「盗賊戦争」と呼ばれる混乱期に、シリア州司令官クィンクティリウス・ウァルス（在位前六―四年）は、大量に杭殺刑を執行した（ヨセフス『ユダヤ戦記』二・六六以下、『ユダヤ古代誌』一七・二五〇以下）。処刑された者たちには王権僭称者が含まれる。ヘロデ王のかつての奴隷シモン、牧羊者アトロンゲス、ヒスキアの子ユダなどである。後の四六―四八年、ユダの息子たち（あるいは孫たち）ヤコブとシモンも杭殺刑に処せられた。ヨセフスは王権僭称者と盗賊を区別しない。じっさいイエスも、「二人の盗賊」の間に架けられた（マコ一五・二七）。

3・2　ピラトゥス裁判――定式外審問

受難物語は法制史的な関心から記されておらず、その記述を歴史的に評価することは容易でない。それでもマルコの受難物語から、以下のことを推定できるであろう。[22]

イエスに対するピラトゥスの扱いは、定式外審問（cognitio extra ordinem）と呼ばれるものであったと思われる。[23]この形式は、皇帝属州で適用された。手続きは第三者による告発、裁判者による告発審査、被告の審問・弁明、そして判決（釈放／処罰）から成る。マルコ福音書の描く順序が、これによく一致する。すなわちユダヤ当局による告発、ピラトゥスによる告発認可、イエスの審問、イエスの杭殺刑への引き渡しである。

ピラトゥスは「祭りのたびに、人々が願い出る囚人を一人、彼らのために釈放していた」（マコ一五・六）と言われるが、この過越祭の特別恩赦という習慣については他の資料に証言がないため、その史的信憑性を確認できない。もしかすると、イエスの裁判とは無関係に生じた恩赦の事例が、ここで二次的にイエスの事件と結合されたのかもしれない。[24]そのさい「祭司長たちは群衆を扇動し、バラバを釈放してもらえるよう」要求させた（同一一節）とあるのは、ユダヤ人側の責任を重くするための演出である。ピラトゥスはイエスを指して「彼はどんな悪事をなしたのか」と問うが、群衆がくりかえし「こいつを杭殺柱につけろ！」と叫ぶのも同様である（同一四節）。

福音書における神殿指導層と群衆に対するピラトゥスの態度は、たいへん弱腰という印象がある。さらにマタイ福音書のピラトゥスは、イエスの裁判から手を引こうと、群衆の面前で「手を洗う」という象徴行為をなす（マタ二七・二四）。ルカ福音書の彼は、たまたまエルサレムにいたという（！）ガリラヤとペレアの四分封領主ヘロデ・アンティパスに、イエスの身柄をいったん預ける（ルカ二三・六以下）。ヨハネ福音書に至ると、イエスを釈放しようとするたびにピラトゥスは、ユダヤ人群衆や祭司長たちから「もしこの者を釈放するなら、あなたは皇帝の友でない」（ヨハ一九・一二）、あるいは「私たちに、皇帝以外に王はいない」（同一五節）と詰め寄られる。

これらの筆致はすべて、イエス殺害に関するユダヤ人側の責任をより重くし、結果としてローマ側を免責するものである。これに対して、他の資料で証言されたピラトゥスは、たいへん高圧的な人物という印象を与える。フィロンは、ピラトゥスがなした「贈賄や、暴行、略奪、不正、無慈悲な振舞い、次から次に行なった裁判なしの処刑、際限のない痛ましい残虐行為」に言及する（『ガイウスへの使節』三〇二）。ヨセフスは、ピラトゥスが着任してすぐに生じた二つの事件と、サマリア教徒たちによるゲリジム山への巡礼団に対する虐殺行為（後三六年）について報告しており（『ユダヤ古代誌』一八・三―四）、後者の事件は、シリア州司令官ルキウス・ウィテリウス（在位三五―三七年）によって、ピラトゥスが更迭されるきっかけになった[25]。

おそらく後者のイメージが史的ピラトゥス像により近かったとは思われるが、彼が他の総督たちと比較してとくに残虐であったかどうかは分からない。いずれにせよ彼の任期は一〇年間という異例の長さであり（後二六―三六年）、同じ年に解任された大祭司カヤファと協力してよく統治した、つまりローマ側から見れば有能な官吏であったろう。もっとも、硬貨の鋳造にさいして平気で異教的なシンボルを用いたり、さらには皇帝のエンブレムを秘密裏にエルサレムに持ち込んだりするなど、ユダヤ

人の習慣には無頓着な側面が彼にはあった。(26)

3・3　最高法院裁判

法制史との関連で、福音書の記述においてその歴史性が最も疑われているのが、最高法院での裁判である。

マルコ福音書によれば、イエスが捕縛された夜のうちに、大祭司の私邸に「祭司長たち、長老たち、律法学者たちの全員」が集合する（マコ一四・五三）。そして祭司長と最高法院全体は、イエスを殺害（処刑）するための証言を探すが、それらは一致しない。そこで、ついに大祭司がイエスに「お前は誉むべき者の息子、キリストか」と尋ねると、イエスが「私は（それ）である」と返答し、これを受けて最高法院の「全員が彼（イエス）を、死に値する者であると断罪した」（マコ一四・六四）。

しかしこの経緯は、『ミシュナー』に集められたユダヤ社会の裁判にまつわる法規定との齟齬が多いことが知られている。

- マルコは、最高法院の裁判は「除酵祭の最初の日、つまり過越（の羊）を屠る日」（マコ一四・一二）に開かれたとする。しかしミシュナー「サンヘドリン篇」四・一は、安息日と祭日および祭日の前日に裁判を開くのを禁じる。
- マルコは、裁判が夜間に開かれ、「翌朝すぐに」（マコ一五・一）イエスの身柄がピラトゥスに送致されたとする。しかしミシュナーの同所は、重罪犯の裁判は日中に開くよう定める。
- マルコによれば、イエスは自分がメシア（キリスト）であることを「自白」した直後に、死刑判決が下される。しかしミシュナーの同所は、死罪にあたる案件では、審理初日でなく、次の審理で死刑判決を下すよう定める。

- マルコは、最高法院裁判が大祭司の私邸で開催されたとする（マコ一四・五三、さらに五四節「大祭司（邸）の中庭」という表現も参照）。しかしミシュナー「ミッドート篇」五・四は、神殿の「切石の部屋」を最高法院の開催場所と定める。
- マルコによれば、イエスの裁判は彼に対する告発証言で始まり、イエスは沈黙していた（マコ一四・六〇―六二）。しかしミシュナー「サンヘドリン篇」四・一は、死刑事案の裁判は被告の弁明から開始するよう定める。

一世紀の三〇年代から二世紀にかけて、ユダヤ社会の法制度が、より人道的な方向に大きく変化したとは考えにくいであろう。上記のような食い違いを説明するための仮説としては、（1）そもそもイエスの裁判は例外的で乱暴なものであった[27]。（2）ミシュナーはファリサイ法を前提としているが、イエスはより厳格なサドカイ法で裁かれた[28]。（3）すでに事前に最高法院で死罪判決が出た後に、ようやく逮捕と審問が行われた[29]、などがある。いずれにせよここまで食い違いが大きいと、やはりマルコの叙述にはなんらかの無理があると見るべきであろう。

3・4　剣の権利 ius gladii

法制度の観点から最も疑わしいのは、最高法院裁判がイエスに「死に値する」（マコ一四・六四）という判決を下すことである。ヘロデ大王の息子ヘロデ・アルケラオスが廃位され（後六年）、ユダヤがローマ帝国の直轄領に編入されて以降、極刑判決管轄権（ius gladii――文字通りには「剣の権利」）はユダヤ人自治機関である最高法院にはなく、ユダヤ総督の専決事項であった。じっさいイエスは、マルコの叙述によっても、最高法院裁判の後にピラトゥスのもとに送致された上で、駐屯中のローマ軍によって処刑されている。ヨハネ福音書で、ユダヤ人たちがピラトゥスに、「私たちには誰一人として殺す（＝処刑する）ことが許されていない」と明言して、イエスに死刑判決を下すようピラトゥスに迫ることも（ヨハ一八・三一）、同じ事情を示す[30]。

もちろん変則的なことはあった。例えば神殿領域の内側で、非ユダヤ人による「異邦人の庭」を超えた内域への立ち入りは、死をもって警告された[31]。この場合の死刑とはじっさいには、ステファノの処刑のケースに見られるような民衆法廷式のリンチであったろう（使六・八―一五、七・五四―六〇）。あるいは、ユダヤ総督が支配権を実質的に行使していない間隙を狙って死刑が行われた。ヘロデ・アグリッパ一世（在位三七―四四年）はそのような時期（四一―四四年）に、ゼベダイの子ヤコブを処刑した（使一二・二）。同様に六二年、最高法院は「主の兄弟」ヤコブを殺した（ヨセフス『ユダヤ古代誌』二〇・二〇〇―二〇一）。しかし、これらの例外はイエスにはまったく当てはまらない。

3・5　歴史的な判断

こうして、ヨハネ福音書が伝える経緯が史実に近いらしいことが判明する。すなわちイエスは夜に捕縛され、大祭司アンナス（ないしカヤファ）の私邸で審問され、翌朝に危険な王権僭称者としてユダヤ総督ピラトゥスの前に告発され、簡単な裁判の後に「過越祭の準備日の正午」（ヨハ一九・一四）以降に処刑されたという経緯である。逆に言えば、マルコの伝える最高法院による裁判は、歴史的には存在しなかったことになる。

以上のような――ユダヤ人指導層の意向を受け、ローマ側も同意するかたちでイエスが処刑されたという――再構成は、先に紹介したヨセフスの「フラウィウス証言」の原型とよく符合している。処刑の日付に関しても、マルコが伝えるものとは異なり、ヨハネが伝える「過越祭の準備日」の方に、より大きな蓋然性がある。つまり、その前夜の「最後の晩餐」は過越祭の食事式ではなかった。

3・6　三つの告発事案

では、イエスはどのような罪で告発されたのか。複数ある提案の中から、冒瀆罪、神殿批判、そして王権僭称の三つを検討する。

第一の事案は、先に紹介したようにマルコ福音書によれば、「お前は誉むべき者の息子、キリストか」という大祭司の問いかけに、イエスは「私は（それ）である」と返答し、それが「冒瀆の言葉」とみなされて、イエスは「死に値する」（マコ一四・六四）と判断されたという。しかしながら、ミシュナー「サンヘドリン篇」七・五によれば、ヤハウェ神の名を用いた冒瀆行為のみが死罪にあたり、イエスはそれはしていないように見える。ユダヤ教では「キリスト／メシア」を名乗ること自体は、仮にそれが「冒瀆」に近づくとしても、すぐさま「死罪」というわけではなかったと思われる。(32)加えて、そもそも生前のイエスは、自分がメシア（キリスト）であるとは公言しない。すると、わざわざ大祭司の問いかけに「私はそれ（キリスト）である」と返答する理由は、イエスではなく、福音書記者マルコにあるのではなかろうか。つまりマルコは、イエスのメシア性をめぐる同時代ユダヤ教との理解の違いを、イエスの過去に遡って反映させている可能性があろう。同じことは、ユダヤ人たちに「私たちには律法があり、その律法によれば彼（イエス）は死なねばならない――自らを神の息子としたのだから」（ヨハ一九・七）と発言させるヨハネ福音書についても、言えるであろう。「神の子」とは、原始キリスト教に特徴的なキリスト告白だからである。

第二の事案は、イエスの「神殿粛清」（マコ一一・一五以下）、また彼の「神殿崩壊予言」（マコ一三・二、一四・五八）が、エルサレム神殿の指導層に危機感を抱かせたというものである。

前者のいわゆるイエスの「宮清め」が、祭儀改革あるいはその全面廃止の提案とは思われない。何の代替プログラムも提示されていないからである。おそらくイエスは、「神の王国」の到来をアピールするために、神殿の祭儀執行を一時的に混乱させたのではないかと思われる。これは、旧約以来の預言者的な象徴行為に当たる。

イエスの意図を、後者の神殿崩壊予言から推論できるかもしれない。この予言には、「崩されることのない石の上に、ここに（別の）石が残ることはないであろう」（マコ一三・二）と、「私はこの人手による家（＝神殿）を解体し、三日のうちに人手によらない別の（神殿）を建造するであろう」（同一四・五八）の二つが伝えられている。前者の「石」についての発言は、神殿建造物の完全な崩壊を予言する。しかし第一次ユダヤ戦争における神殿崩壊（後七〇年）の後、その西壁の一部は現在に至るまで残存している。つまり、この予言は完全には的中しなかっただけに、イエスに由来する可能性がある。他方で後者の「人手による（／よらない）神殿」云々についてのイエスの発言は、マルコ福音書では「偽証」とされ（マコ一四・五七）、ヨハネ福音書ではイエスの復活の身体が本意と言い直され（ヨハ二・一九―二二）、さらにルカ文書では福音書から削除され（ルカ二二・六六以下参照）、使徒行伝の殉教者ステファノの告発場面に文言を換えて移される（使六・一四）。神殿崩壊予言そのものは旧約預言の伝統にあるものの、それが新しい神殿の建築と直結する事例は他に見当たらない。それゆえこの発言も、イエスに遡る可能性があろう。「人手によらない」という形容はダニエル書（同二・三四、四五）に、しかも「神の王国」との関連で現れる。するとイエスが「人手によらない別の神殿」と言うとき、天上界から降臨する「神の王国」としての天のエルサレムを意図していたことも考えられる。そう考えれば、神殿粛清と神殿崩壊予言は、どちらも現行のヤハウェ聖所に対して「神の王国」の名による無効宣言を下すという意味でよく符合する。(33)

ちなみに六二年頃、都市エルサレムに対する審判預言のゆえに、ユダヤ当局から告発されたアナニアの子イエスを、当時のユダヤ総督ルッケイウス・アルビヌス（在位六二―六四年）は「正気でない」とみなして釈放した（ヨセフス『ユダヤ戦記』六・三〇〇以下）。つまりナザレのイエスの場合と、条件は同じである。したがって、イエスもまた神殿批判のゆえにユダヤ当局から告発された可能性があり、また総督の判断次第では、彼もまた釈放される可能性があったろう。

第三の事案である「王権僭称」については、イエスが宣教した「神の王国」の開始は、外部からは王権僭称と映ったであろう（ヨハ一一・四八「ローマ人が来て、この場所と民をとりあげる」を参照）。イエス時代のメシア期待には終末論的なトーンがあり、イエスの信奉者たちも、イエスが「イスラエルをやがて解放する者であるという希望を抱いて」いたようである（ルカ二四・二一）。じっさい都市エルサレムの住民と巡礼客たちは、入城するイエスを「私たちの父ダビデの（今）来らんとする王国に祝福あれ」（マコ一一・一〇）という歓呼で迎える。また、ピラトゥスがイエスに確かめたかったのも、「お前がユダヤ人たちの王か」という問いに他ならない（マコ一五・二、ヨハ一八・三三、三七、さらにヨハ一八・三九、一九・一五を参照）。

以上から見て、イエスの告発事案として歴史的に最もありうるのは、三つ目にあげたローマ帝国に対する「王権僭称」による反逆罪、そして次にありうるのが二つ目のエルサレム神殿の指導層が告発した「神殿冒瀆」の罪であろう。つまり外的には政治的な理由（対ローマ帝国）から、そして内的には宗教的な理由（対ユダヤ当局）から、イエスは排除されたと推定される。

3・7　杭殺刑の経緯

通常の杭殺刑では、[34]まず鞭打ち（verberatio, flagellatio）がなされる。枝分かれした先端に金属片ないし獣骨が埋め込まれた鞭が用いられ、これによって背中の肉は裂け、肋骨は折れ、大量出血する可能性があった。続いて受刑者は、横木（patibulum）を背負って刑場まで歩かされる。刑場に到着すると裸に剝かれ、受刑者の手首は縄で横木に縛りつけるか、手首の下の骨の位置で釘打ちされ、横木ごと縦木（stipes）に固定された。縦木には臀部を支える台座（sedile）がついているか、あるいは両足の甲を揃えて縦木に縛りつけられる、ないし釘で打ちつけられた。[35]いずれも体重を支えることで呼吸を楽にし、死に至る時間を長引かせるためである。さらに柱の形状もT字形（crux commissa）と十字形

(crux immissa) の二種類があった。後者は「罪状書き」(titulus) を打ちつけるのに適しているであろう。受刑者はたいてい数日をかけて衰弱し、呼吸困難や血液量減少性ショックなどの循環不全で死亡する。死期を早めるには、槌などで向こう脛を折り (crurifragium)、足で体重を支えられなくして一気に窒息死させた (ヨハ一九・三二参照)。――これらはすべて、福音書の受難物語にも証言されている。

屍体は埋葬されずに野生動物に喰わせるか、あるいは共同ゴミ捨て場に廃棄された。他方で、祭日の前日には屍体の除去が求められ (ヨハ一九・三一、三八)、イエスの場合には、アリマタヤのヨセフによる埋葬が伝えられている。

4　受難伝承の基本データ

マルコ福音書とヨハネ福音書は互いに直接的な依存関係にないので、両者の受難物語における広範囲の一致は、その背後に受難伝承が存在することを強く示唆する。この点で、研究者の意見は一致している。しかし、受難伝承の具体的な範囲や内容、(複数の？) 伝承層と福音書記者による編集的加筆の識別、また伝承の様式と機能について諸家の意見は分かれており――歴史物語[36]、説教[37]、祭儀伝説[38]、殉教者モデルによる勧告[39]その他の諸提案がある――、この点での定説はないと言ってよい。

以下に、伝承の古層に属したと思われるエピソードを一覧で提示する[40]。他方で、もともと独立伝承であり、二次的に受難物語に組み込まれたと思われるエピソードには「◎」印を付して区別して配列する。

【導入】Ａ殺害計画　　　　　　　　　　　◎Ｂベタニアでの塗油
【晩餐】Ｄ最後の晩餐、Ｅ弟子の裏切り予告
　　　　◎D′主の晩餐[41]、◎E′ペトロ裏切り予告、◎Ｆゲッセマネの祈り
【捕縛】Ｃ（ユダの裏切り）、Ｇ捕縛と弟子（の逃亡）
【審問】Ｈ大祭司アンナス　　　　　　　　　　　◎Ｉペトロ否認
【裁判】Ｊピラトゥス（イエス無返答、引き渡し）　　　◎J′恩赦
【杭殺刑】Ｋ鞭打ち、Ｌ杭殺刑、Ｍ死（女性たち？）、Ｎ埋葬
【空の墓】　　　　　　　　　　　　　　　　　◎Ｏ女性たち

全体の流れは以下のようである。すなわち神殿指導層が、イエスを過越祭の前に殺害することを協議する（Ａ）。過越祭の準備日の前日、食事の席でイエスが弟子の裏切りを予告する（Ｄ／Ｅ）。当日の夜、弟子ユダの先導によりイエスは神殿警察に捕縛され、弟子たちは逃亡する（Ｃ／Ｇ）。大祭司アンナスは、神殿理解と信奉者集団についてイエスに質し、危険と見なして翌朝にイエスをユダヤ総督ピラトゥスに送致する（Ｈ）。午前の裁判において、ピラトゥスはイエスに「お前がユダヤ人たちの王か」と問うが、返答しないイエスを処刑のために引き渡す（Ｊ）。ローマ兵はイエスを鞭打ち（Ｋ）、「ユダヤ人たちの王」という罪状書きとともに杭殺柱につける（Ｌ）。イエスは夕暮れまでに死

去し（M）、祝日の前日なので夕方までに屍体は降ろされて、アリマタヤのヨセフが所有する墓に埋葬される（N）。

このような輪郭の経緯を枠として、二次的にベタニアでの塗油（B）、主の晩餐（D′）、ペトロの裏切り（E′／I）、ゲッセマネの祈り（F）、恩赦（J）などの個別伝承が加わり、最後に、おそらくマルコ福音書に受難物語が統合される段階で、「空の墓」（O）の伝承が付加されたと思われる。

5　マルコ福音書における受難物語の造形上の特徴

では、現在あるかたちのマルコ福音書の受難物語は、受難伝承にどのような意味を与えることで成立したのであろうか。主要な登場人物のプロフィールに加えられた造形上の特徴をスケッチすることで、この問いに対する仮説的な見通しを素描したい。

5・1　「イエス」の造形

受難伝承の古層に属さず、新たに採用された「イエス」に関するエピソードに、以下の三つがある。

第一に「ベタニアでの塗油」（B）は、塗油がイエスの「埋葬に向けて」（マコ一四・八）なされるという意味づけとともに、受難物語の冒頭に配置された。これは、敵対者によるイエス殺害計画（A）に対して、支援者側のエピソードを補ったかたちである。そこには「世界中で福音が宣教される」（九節）という発言が含まれ、受難物語の全体が復活信仰の光の下に置かれていることが知られる。

第二に、受難伝承の古層には最後の晩餐（D）があり、その中心的なモティーフは「弟子の裏切り」（E）であった。より積極的な意味をこの場面に与えるために、「主の晩餐」（D′）が新たに採用される。パウロが伝える別ヴァージョンの聖餐伝承（一コリ一一・一七以下）には過越祭や弟子の裏切りの動機は見出されない。他方で、「主の晩餐」の伝承は、「契約の（ための）私の血、多くの人のために流される（それ）」（マコ一四・二四）という、イエスの死を救済論的に意味づける発言を含んでおり、それが重視されたのであろう。「多くの人のために」という表現は、受難伝承と統合される段階ではイザヤ書の「苦難のしもべ」の反響と思われる（イザ五三・五、一一を参照）。

そして第三のゲッセマネの祈り（F）は、弟子の裏切り（E）に対してイエスがどのように自覚的に反応したかを示すために持ち込まれている。イエスの「私の魂は悲しい」（マコ一四・三四）という嘆きは、「苦難の義人」の詩編（例えば詩四二・六、一二、四三・五）の反響である。また「人の子は罪人らの手に引き渡される」（マコ一四・四一）というイエスの発言は、受難復活予告（マコ八・三一その他）から「引き渡す」というモティーフが採用されている。

他方で、受難伝承に新たに書き加えられた造形として、裁判にさいしてイエスが無言であったことの強調（H大祭司の前で（マコ一四・六一）、Jピラトゥスの前で（同一五・五））、そして「人の子」の到来（同一四・六二）がある。前者は旧約預言の「苦難のしもべ」（イザ五三・七）より、また後者は別のイエス伝承（マコ一三・二六を参照）より、それぞれ持ち込まれたと見える。

大祭司との対話（マコ一四・六一―六二）には、「息子」「キリスト」「人の子」というマルコ福音書にとってきわめて重要なキリスト論的タイトルが集中的に現れ、全体として福音書記者マルコによる構成である。死（M）の部分で「エロイ、エロイ、レマ・サバクタニ」とイエスが叫ぶのは（マコ一五・三四）、よく知られているように「苦難の義人」の詩編の引用である（詩二二・一のアラム語版）。イエスが大声を発して絶命したとき（マコ一五・三七）、同時に神殿の幕が裂けることで（同三八節）イエスの死を通して神の内奥が露呈される。それを目のあたりにした処刑の現場責任者であるローマ軍の百人隊長が、「まことにこの人間こそが神の息子であった」（同三九節）と告白するという劇的な演出は、おそらく福音書記者マルコ自身による加筆であろう。

以上のような加筆の動機を総合すれば、イエスの殺害計画は敵対者の計画通りに実行される一方で、できごとの真の意味は、支援者による埋葬の準備（B）、救済をもたらす死（D′）、神が定めた運命への決断（F）、また神の息子の啓示としてのイエスの死（M）といった新しいかたちをとって示されることになろう。

5・2 「弟子たち」の造形

弟子ユダの裏切り（C）は受難伝承に属するとはいえ、金銭授受の約束（マコ一四・一〇―一一）その他の動機の具体化は、後代の二次的な発展である。「私と共に鉢の中に（パンを）浸す者」が裏切るとあるのも（同二〇節）、苦難の義人の伝統的なイメージに由来する造形であろう（詩四一・一〇「わがパンを食べながら、私に対して踵を大きくした」を参照）。

新しく持ち込まれたゲッセマネの祈り（F）のエピソードで、弟子たちは、イエスが苦悶の祈りを捧げている最中に「眠っていた」と三度言われる（マコ一四・三七、四〇―四一）。この男性の弟子たちの不甲斐ない姿とは対照的に、イエスの死（M）の場面で、ガリラヤから同行してきた「女性たち」がイエスの処刑を見守ったことは（一五・四〇―四一）、おそらく古伝承に属する。他方で、彼女たちが「遠くから」（一五・四〇）イエスの死を見ていたという形容は、やがてこの女性たちの「沈黙」（一六・八）についても語ることになる、福音書記者マルコによる加筆と思われる。

弟子ペトロの裏切り予告（E′）と彼によるイエス否認（I）は、古伝承に属する弟子ユダの裏切りを踏まえ、「裏切り」の動機を弟子集団の全体に及ぼすための新しい、しかも詳細な造形である。当初は「決してあなたを否みません」（マコ一四・三一）と強弁するペトロは、いざとなるとあっさりイエスを否定し、最後は「泣き崩れ」る（同七二節）。この劇的に揺れ動くペトロの姿に読者が自らを重ね合わせること、つまりユダの裏切りをペトロの姿を通して読者が内面化することが、この演出の狙いと思われる。

他方で、すべての弟子たちの逃亡（マコ一四・二七、五〇）は、イエスが「私は羊飼いを打つ」（同二七節）という旧約預言（ザカ一三・七）を引用することで、あらかじめ説明される。また、ガリラヤでの再会の約束（マコ一四・二八）は、「空の墓」での天使の伝言（一六・七）につなげるために、おそらく福音書記者マルコ自身によって書き込まれたのであろう。

こうしてイエスの受難は、弟子たちにとって、たんに外部から降りかかった不運であることを超えて、彼らの内面的な自覚においても大きな挫折であったことが提示される。しかし、それすらも神の計画のうちにあり、挫折の克服は復活者イエスとの再会によって初めてもたらされるであろう。

5・3　「神殿指導層」の造形

エルサレムの神殿指導層は——とりわけイエスによる神殿粛清（マコ一一・一五以下）以降は——一貫してイエスの殺害計画を追求する。しかし彼らの差し金によるイエスの捕縛（G）は「聖書が満たされるため」（一四・四九）、つまり神の意思の貫徹と解釈される（詩二二・七—一九、イザ五三・三—一二も参照）。また、歴史的にみて虚構と判断すべき最高法院裁判（H）では、イエスの刑死に関するユダヤ側の責任がひたすら強調される。同様にピラトゥス裁判（J）では、祭司長たちはイエスを「妬み」、群衆を「扇動」する（マコ一五・一〇—一一）。そして杭殺刑（L）の場面では、祭司長と律法学者たちは、処刑中のイエスを「他人は救ったが自分を救えないキリスト、イスラエルの王よ」と嘲弄する（同三一—三二節）。

こうして、すでに個別にも指摘してきたように、神殿指導層は——大祭司による審問をヒントに最高法院裁判を造形するなど——イエス処刑の「主犯」として提示されている。それでも、すべては神の意思のもとにあり（前述のマコ一四・四九）、そう考えるならば、「他人を救ったが自分を救えないキリスト」という嘲弄も、発言者本人たちの意図に反してキリストの真の本性を言い当てるドラマチック・アイロニーであろう。

5・4　「ローマ人たち」の造形

ローマ人のイメージは、総督ピラトゥスおよび兵士たちによって代表される。ピラトゥスは最終的に「群衆に十分なことをしようと思案し」（マコ一五・一五）、イエスを彼らに「引き渡」す（J）。ローマ兵たちはイエスを鞭打った後、「紫の衣」「（荊の）冠」「跪拝」などの悪ふざけによって王権僭称者イエスを嘲弄する（K）。しかしこれも、現在ある受難物語の文脈では、イエスこそが真の王であることを読者に示すためのドラマチック・アイロニーである。さらに杭殺刑（L）の場面で、兵士たちが「籤を引いて、衣服を分ける」（一五・二四）のは、苦難の義人の運命（詩二二・一九）の実現に他ならない。他方で「まことにこの人間こそが神の息子だった」（マコ一五・三九）というキリスト告白は、ローマ軍の百人隊長の口に置かれる。

すでに個別にも指摘したように、福音書の受難物語におけるローマ人は――イエス処刑の最終的な判断者かつ実行者である点は変わらないものの――どちらかというとユダヤ人神殿指導層の言いなりである。その中にあって、百人隊長による「神の息子」告白は異色と言える。無理解な弟子たちに代わり、イエスの本性を言いあてる役割をこの登場人物に割り振ったのは、おそらく福音書記者マルコである。その機能の一端を明らかにする意味も込めて、最後に「苦難の義人」という解釈カテゴリーをとりあげる。

6　「苦難の義人」という解釈カテゴリー

すでに散発的に指摘したように、現在ある受難物語の造形に、旧約聖書の苦難の僕（とくにイザ五三）や苦難の義人（とくに詩二二）の表象伝統が影響を与えていることが、よく知られている。

6・1 「苦難」の意味論

旧約聖書その他で、「苦難」は多様な意味に理解されてきた。そこには、およそ以下のような類型がある。すなわち、

（1）罪責の帰結――例えば「多くの苦痛が不法者にあるが、ヤハウェに拠り頼む者は恵みが囲む」（詩三二・一〇）。

（2）神の教育的措置――例えば「おお、何と幸いなことよ、神が訓戒する人は。あなたは全能者の懲らしめを退けてはならない。まことに、彼は傷つけても、また包み、撃っても、その手はまた癒してくださる」（ヨブ五・一七―一八）。

（3）神が与える試練――例えば、サタンが神にいう言葉として、「ヨブが理由なしに神を畏れるものでしょうか。……そこでです、あなたが手を差し向けて彼の全財産を撃ってはいかがですか。彼はあなたに面と向かって讃えるに決まっています」（ヨブ一・九―一一〔「讃える」は皮肉を込めた反語〕）。

（4）神の計画の一部――例えば、ヨセフが長兄たちにいう言葉として、「あなたがたは私に対して災いを企てましたが、〔じつは、〕幸いをもたらすために神がそのことを企てられたのです。それは今日みるように取り計らって、多くなった〔われらの〕民の生命を保つためでした」（創五〇・二〇）。

そして、これら以外に、（5）代理的な苦難（苦難のしもべ）、（6）罪人による義人への敵対行為と

神による義人の保護（苦難の義人、殉教者）などがある。

前項にリストアップした「苦難」の意味論のうち、（1）から（3）は受難物語には見出されない。他方で、（4）神の計画については、「罪人らの手に渡される」（F、マコ一四・四一）の発言が、先に指摘したように受難復活予告（マコ八・三一他）との関連で、同じ系列に属すると考えることが可能である。また、「聖書の言葉が実現するため」（G、一四・四九）も同様である。さらに（5）代理の苦難との関連では、すでに個別に指摘した「苦難のしもべ」との関連が重要であることは言うまでもない（とくにD′、マコ一四・二二）。

6・2　殉教文学との差異

とりわけ、（6）ゆえなき義人の苦難と神による保護という「苦難」の意味論の関連で、「殉教」との差異が注目に値する。前二世紀のマカベア革命に先立つ宗教迫害の経験を踏まえて、ユダヤ教に「殉教文学」と呼ばれる文学類型が生まれた。その代表が『第二マカベア書』（前二世紀前半）、『第四マカベア書』（九〇―一〇〇年）である。そこには、異教の支配者の圧政に抗して、ユダヤ教信仰を英雄的に守り抜く殉教者たちの勇ましい姿が描かれる。[42]

なるほど、イエスも一人の殉教者であることに変わりはない。しかし、（A）殉教文学に頻出するけれども、そのままのかたちではイエスの受難物語には見出されない要素に、以下のものがある。

• イエスについて――背教を勧められる／迫害者を猛然と批判する／決然たる忍耐を示す／神から死後の命の約束を受ける。[43]

・神殿指導者について――殉教者を支援する（べきだが、イエスを迫害する）。
・ローマ人について――殉教者を殺す（のだが、ピラトゥスは殺害を躊躇し、百人隊長はイエスをキリストと告白する）。

したがって受難物語のイエスは、殉教者の英雄的な姿と比較して、むしろ弱々しい印象が浮かび上がる。また殉教文学と比較して、敵がはっきりしないこともイエスの受難物語の特徴である。

逆に、（B）イエスの受難物語で強調される一方で、そのままのかたちでは殉教文学に見出されない要素に、以下のものを指摘できよう。

・弟子たちについて――裏切り者として殉教者と食事する（一四・一七以下）／殉教者を見棄てて逃亡する（一四・二七、五〇）／女性たちの「遠くから」の眼差し（一五・四〇）。
・ローマ人について――支配対象の民族群衆に迎合する（一五・一五）／殉教者を「神の息子」と告白する（一五・三九）。

したがって受難物語の弟子たちは、殉教者を熱狂的に支援する同胞たちとは異なってひどく弱々しく、迫害者であるはずのローマ人は優柔不断であったり、キリスト信仰を告白したりする。つまり「弟子たち」と「ローマ人」の間の敵対関係は、見かけほど明瞭なものではない。

以上のような、ユダヤ教殉教文学に対してイエスの受難物語が示す微妙な差異は、ユダヤ教のメシア論には存在しなかった「受難するメシア」という、キリスト教に独特な表象系列の誕生を暗示しているであろう。換言すれば、殉教文学の強い殉教者は「裏切られる殉教者」になった。こうしてイエスへの信従は、自らの宗教的確信の正当性を再確認することというよりは、むしろ己の弱さの承認を構成的な契機として含むものになった。

＊注

以下の考察は、二〇一九年七月二〇日（土）、東北学院大学キリスト教文化研究所第六〇回学術講演会「詩篇と福音書――主の僕を手がかりに」の枠内で行われた同名の講演に基づく。その後に廣石（二〇一九年）を上梓したさい、本講演の内容を用いた（「第十回　イエスの「死」」）。講演そのものは書物の公刊に時間的に先立つものの、内容が大幅に重なっていることをご諒解いただきたい。

（１）一般に「十字架／十字架刑」と表記されるが、本稿では、佐藤（二〇〇五年）の提案に従って「杭殺柱／杭殺刑」の表記を用いる。

（２）タキトゥス『年代記』一五・四四（引用はタキトゥス〔一九八一年〕より）。異読 Chrestus について、スエトニウス「クラウディウス」二五を参照。

（３）Strotmann, pp. 158は、タルムードの証言を「確実に二次的」と見なす。その根拠は、この箇所がミシュナー外部のタンナイーム期の伝承であるバライタに当たるとはいえ、バビロニア・タルムードのみに伝承されたバライタは一般に史的信憑性が乏しいこと、またこの箇所に含まれる個別情報がすでに福音書に伝えられた情報と複数の「自由な創作」の混合体であることにある。他方で Niemand, pp. 358-364は、この箇所に独立した史的証言が含まれていないとしても、二世紀以降のユダヤ教がイエスの刑死にどう反応したかについての証言と見なしうるという立場をとり、私もこの見解に傾く。

（４）Theißen/Merz, pp. 84-86を参照。

（５）エレ七・二五―二六、Q一三・三四―三五、マコ一二・五その他を参照。基礎的な研究として、なお Steck を参照。

（6）さらに使二・三六、四・一〇、五・三〇、七・五二を参照。
（7）そうした言葉遣いが最初に確認される事例に、小アジアの都市サルデスの司教であったメリトンの著作『過越について』（二世紀）がある。メリトンはディアスポラ・ユダヤ人出身のキリスト教徒である。
（8）イエスの死に対する「責任」をめぐる古典的な二つの対照的な学説も、こうした負の歴史の磁場を逃れることはできない。――一方には、下記でも短く触れるように、ユダヤ当局は、マルコ福音書が証言するように、ミシュナーが証言する当時の法規定に逆らってまでも、司法を濫用しつつイエスを故意に殺害したという立場がある。他方には、当時の最高法院は死刑判決および執行の権利を有していたが、実際にはイエスはローマ人によって殺害されており、したがってユダヤ当局による「裁判」その他は、後のキリスト教による創作であるという学説がある（Lietzmann）。そのさい前者の説は、イエス殺害という個別事件をユダヤ人全体への憎悪に一般化することの不当性への問いかけに、また後者の説は、福音書が事実に基づかない経緯の創作を通してユダヤ人弾劾を煽ることの不当性への問いかけに、それぞれつながるであろう。
（9）クロッサン、四〇六―四一四頁が、ペトロ福音書につごう三つの層を想定し、その最古層は紀元四〇年代の成立と推定する。
（10）ただし、マルタの姉妹マリアによる足への塗油。
（11）ただし、過越祭の食事式ではない。さらにマルコ福音書のように最後の晩餐と聖餐の制定でなく、洗足がこの場面の中心的なエピソード。
（12）ただし、ローマ兵（千人隊）も同行しており、イエスは弟子たちを安全に去らせることを彼らに認めさせる。
（13）ただし、ルカ二二・六六以下は「（翌）朝」とする。ヨハ一八・一二以下、同一九節以下によれば最高法院における裁判ではなく、大祭司アンナス（およびカヤファ）の私邸における審問。
（14）マタ二七・三以下では、ここに「ユダの縊死」に関するエピソードが入る。使一・一六以下の「ユダの飛び降り自殺」に関するエピソードも参照。
（15）マタ二七・一九、二四以下では、総督ピラトゥスは夢を見た妻の勧めと、イエスが無罪であるとの確信から、責任回避のために手を水で洗う。ルカ二三・六以下ではピラトゥスが、エルサレム滞在中のガリラヤとペレアの四分封領主ヘロデ・アンティパスのもとにイエスを送致する（歴史的にはありえない）。ヨハ一八・二六はピラトゥス裁判を「早朝」とする。ヨハネ福音書のピラトゥスはイエスと対話し、彼の無罪性を二度宣言するが（ヨハ一八・三八b、一九・四と六）、神殿指導者たちおよび民衆に押し切られてイエスを引き渡す。

(16) ただし日付に関して、マルコのイエスは「除酵祭の最初の日、つまり過越（の羊）を屠る日」（マコ一四・一二）の「夕方」（同一七節）に最後の晩餐を行い、翌日つまり過越祭の初日の「夜が明けるとすぐに」（マコ一五・一）ピラトゥスの前で尋問され、同日の午前九時（同二五節）に杭殺柱に架けられた。他方で、ヨハネのイエスは「過越祭の準備日の正午」（ヨハ一九・一四）に処刑される。つまりヨハネが想定する処刑日は、マルコよりも一日早い。

さらにヨハ一九・二五―二七によれば、イエスの母マリア、彼女の従姉妹クロパのマリア、そしてマグダラのマリアの合計三人のマリアが、イエスの杭殺柱のそばにいて、イエスは母マリアと「愛された弟子」と間に〈母と子〉の関係を結ばせる。

(17) ただしヨハ一九・三九によれば、ファリサイ派のニコデモ（ヨハ三・一以下参照）もイエスの埋葬に参列する。また、マタ二七・六二以下には「墓の警備」に関するエピソードが置かれる（さらに同二八・一一―一六も参照）。

(18) マコ一六・一ではマグダラのマリア、（イエスの兄弟）ヤコブの母マリア、そしてサロメの三人の女性が「空の墓」を発見する。発見者は、マタイ福音書では上記二名のマリア（マタ二八・一）であるが、ルカ福音書では「イエスとともにガリラヤから出てきた女性たち」（ルカ二三・五五）ないし「マグダラのマリア、ヨハンナ、ヤコブのマリア、また彼女たちといっしょにいた他の女性たち」（同二四・一〇）であり、他方でヨハネ福音書ではマグダラのマリアが単独で発見する（ヨハ二〇・一以下）。

顕現は、マルコ福音書の場合、ガリラヤにおけるイエスとの再会の予告のみあるが（マコ一六・七、さらに一四・二八参照）、他の福音書では多様な顕現物語が続く。すなわちマタイ福音書では、イエスはエルサレムで女性たちに（マタ二八・九以下）、そしてガリラヤの山上で「十一人」に（同一六節以下）顕現する。ルカ福音書では、エマオ途上の二人の弟子に（ルカ二四・一三以下）、また（それに先立って?）エルサレムで「シモン（ペトロ）」に（同三四節）、また「十一人」と仲間たちに（同三六節以下）顕現が生じる。ヨハネ福音書では復活者イエスは、マグダラのマリアに（ヨハ二〇・一一以下）、「十人」の弟子たちに（同一九節以下）、弟子トマスに（同二六節以下）、またティベリアの海で弟子たちに（ヨハ二一・一以下）それぞれ顕現する。

(19) ローマの国家体制に対する反逆行為一般に対する刑法であり（『事績録』48,4,11 hostili animo adversus rem publicam）、事由の適応範囲が広かった。Loretana を参照。

(20) Schiemann を参照。帝政期の同法の適用は、定式外審問（extra ordinem）のかたちをとることで広範囲にわたった。タキトゥス『年代記』二・五〇、三・三八、スエトニウス「ティベリウス」五八も参照。

(21)「杭殺柱の罪状書き titulus crucis」は他に証言があり（スエトニウス「カリグラ」三二・二他）、ヨハネ福音書のイエスの敵対者たちもまた「自らを王とする者はすべて皇帝に逆らう（者だ）」（ヨハ一九・一二）と発言する。他方で原始キリスト教に、イエスをわざわざ「王」と宣言する動機はとくに見出されない。

(22) 以下、Paulus (2016) と Back を参照。

(23) Paulus (2003) を参照――定式外審問の形式はアウグストゥス以降に発展し、従来は事実確定と量刑確定に二分されていた民法上の手続きが統一されることで、処罰可能な範囲が拡大された。

(24) Niemand, pp. 423-425を参照。

(25)『ユダヤ古代誌』一八・三五、五五以下、八五―八九、一一五を参照。さらに、ピラトゥスが「ガリラヤ人たちの血を彼らの犠牲動物に混ぜた」（ルカ一三・一）、つまりガリラヤ人のエルサレム巡礼者の一団を虐殺したという証言も参照。

(26) ピラトゥス時代の硬貨における litus（杖）と stipulum（水差し）という異教祭具の刻印その他は、ユダヤ人への意図的な挑発でなく、むしろ「視覚言語によってユダヤ教をローマ帝国（imperium romanum）に統合しようとする試み」であるとする意見がある（タイセン、三六七頁の注41）。皇帝エンブレムの持ち込みについて、ヨセフス『ユダヤ戦記』二・一六九―一七四、同『ユダヤ古代誌』一三・五五―五九、フィロン『ガイウスへの使節』二九九―三〇六を参照。ヨセフス『ユダヤ古代誌』一八・五五は、ピラトゥスにはユダヤ教の伝統を破壊しようとする意図があったと言う。

(27) 例えばStrobel, 46-61を参照。

(28) ブリンツラー、二〇三―二二九頁がこの立場を代表する。

(29) Brown, I, pp. 362-362.553ff. を参照。

(30) 「剣の権利」は、元老院階級の総督にとってはその人個人のものであったが、騎士階級の出身者には皇帝から直々に、ないし法律によって賦与される必要があった。じっさい初代ユダヤ総督コポニウスは、アウグストゥスからこの権利を賦与された上でユダヤに派遣された（ヨセフス『ユダヤ古代誌』一八・一、同『ユダヤ戦記』二・八）。第五代ユダヤ総督のピラトゥスにも、同じ権利が継続的に賦与されたと推定してよいであろう。

(31) 神殿の立入制限について、ヨセフス『ユダヤ戦記』六・一二五―六、『東方ギリシア語碑文選集 OGIS』五九八、さらに使二一・二七―三〇節も参照。

(32) Theißen/Merz, 406は、（Brown, pp. 520-527.531ff. を指示しつつ）ヤハウェの名を口にしてなされる「冒瀆」が、イエス時代にはより広い意味をもち（神への呪い・嘲笑・軽蔑の言葉など）、メシアとしての自己主張はともかく、神的尊厳の主張は「冒瀆」とカウントされたであろうとする。

(33) 同様にWolter, pp. 279-280は、「神の王国」がエルサレム神殿に到来するという期待に基づいて、イエスは「超越的な神と彼の民の間の隔たりを橋渡しする機能を伴うという、エルサレム聖所の従来の祭儀執行が終焉に達した」ことを宣言しようとしたと見なす。

(34) 以下、佐藤、九―一二頁; Strotmann, pp. 175-177を、また古典的叙述としてヘンゲル、三五―四七頁を参照。

(35) 一九六八／一九六九年、エルサレムのギブアト・ハ・ミヴタルで、一世紀に由来する杭殺刑処刑者であるヨハナン（約二四―二七歳）の遺骸が発見された。前後に重ねられた足のかかとの踵骨に一七㎝の長さの鉄釘が打ち込まれている。

(36) ブルトマン、一二六―一四〇頁が、現行の受難物語から、より古い事実経緯について物語を再構成するのを参照。
(37) Dibelius, pp. 178-218が受難物語に、初めからイエスの死を復活信仰の視点から救済の出来事として描く説教を見るのを参照。
(38) 例えばSchilleが三つの祭儀単位を、すなわち「聖餐」制定（マコ一四・一八―二七、三〇―五四、六六―七二）、「聖金曜日」の追憶（一五・二―四一）、そして墓所の伝説としての「復活」（一五・四二―四七、一六・一―六）を区別するのを参照。
(39) 例えばDormeyerが受難物語に、信徒たちのふるまいのモデルとしての理想的な殉教者イエスの姿を見るのを参照。
(40) 以下の再構成は、前述の注（36）で紹介したブルトマンのそれに近い。
(41) パウロが伝える聖餐伝承（一コリ一一・二三以下）は、マコ一四・二二以下とは別ヴァージョンの共通伝承である。「引き渡す」のモティーフは共通するが、マルコにある過越祭の枠がパウロにはない。
(42) 注（39）にあげたDormeyerの解釈が「殉教者」イメージの肯定的な使用を前提する。同様に、吉田、四三八頁以下も、殉教文学とイエスの受難物語に見られるモティーフの並行性に着目し、イエスの受難物語が、「殉教者たちの勇敢さを讃え、その死が決して無駄でないことを訴え、同じように殉教を促す機能を果たす」という、ユダヤ教の殉教物語の文学的性格を「共有している」と見る（引用は吉田、四四七頁より）。――これに対して以下では、吉田、四四三―四四四頁にまとめられた、ユダヤ教殉教文学とイエスの受難物語の並行性を証しすべきモティーフを一覧する二つの「表」を手がかりに、むしろイエスの受難物語がユダヤ教殉教文学に対して示す微妙な差異について探る。
(43) 以上は、吉田、四四三―四四四頁が土岐健治による先行研究に基づいて、殉教文学に見られる要素として引用する「2A」「2B」「4」「5」にほぼ相当する。いくつかの要素について吉田自身が、イエスの受難物語に「該当箇所なし」としている。――他方で、最後にあげた死後の命の約束に関連して、吉田、四四四頁は、殉教文学に現れる「永遠の生命（あるいは、来世、復活、霊魂不滅）の信仰の表白（殉教者による場合が多いが、報告者による場合もある）」（吉田、四四三頁によれば、二マカ七・九他、四マカ七・一八―一九、一六・三他）が、福音書の復活宣言（マコ一六・一―九）に対応すると見る。しかしながら、マルコ福音書の「復活宣言」は未来の約束でなく、すでに生じたイエスの復活について語る点で（六節「彼は起こされた」）、またそれが「信仰の表白」でなく、むしろ女性たちの恐怖と沈黙を引き起こしている点で異なるであろう。

引用した文献

Back, S.-O., "Die Prozesse gegen Jesus", in: Jacobi, C. / Nogossek, L. / Schröter, J. (hrsg.), *Jesus Handbuch*, Tübingen 2017, pp. 473-481.

Brown, R.E., *The Death of Messiah I*, New York 1993.

Dibelius, M., *Die Formgeschichte des Evangeliums*, 2. neubearbeitete Aufl., Tübingen 1933.

Dormeyer, D., *Die Sinn des Leidens Jesu. Historisch-kritische und textpragmatische Analysen zur Markuspassion* (SBS 96), Stuttgart 1979.

Lietzmann, H., "Der Prozeß Jesu," in: ders., Bemerkungen zum Prozeß Jesu I/II (1931/32), in: *Kleine Schriften II* (TU 68), Berlin 1958, pp. 251-263.264-268.269-276.

Loretana, de L., "Perduellio", in: Cancik, H. / Schneider, H. (hsrg.), *Der Neue Pauly 9*, Stuttgart 2003, p. 538.

Niemand, C., *Jesus und sein Weg zum Kreuz. Ein historisch-rekonstruktives und theologisches Modellbild*, Stuttgart 2007.

Paulus, C.G., "Cognitio", in: Cancik, H. / Schneider, H. (hsrg.), *Der Neue Pauly 3*, Stuttgart 2003, pp. 59-60.

Paulus, C.G., *Der Prozeß Jesu - aus römisch-rechtlicher Perspektive* (Schriftenreihe der Juristischen Gesellschaft zu Berlin 194), Berlin/Boston 2016.

Schiemann, G., "Crimen", in: Cancik, H. / Schneider, H. (hsrg.), *Der Neue Pauly 3*, Stuttgart 2003, pp. 221-223.

Schille, G., "Das Leiden des Herrn," *Zeitschrift für Theologie und Kirche* 52, 1955, pp. 161-205.

Steck, O.-H., *Israel und das gewaltsame Geschick der Propheten. Untersuchungen zur Überlieferung des deuteronomistischen Geschichtsbildes im Alten Testament, Spätjudentum und Urchristentum* (WMANT 23), Neukirchen-Vluyn 1967.

Strobel, A., *Die Stunde der Wahrheit. Untersuchungen zum Strafverfahren gegen Jesus* (WUNT 21), Tübingen 1980.

Strotmann, A., *Der historische Jesus: eine Einführung* (UTB 3553), Paderborn 2012.

Theißen, G. / Merz, A., *Der historische Jesus. Ein Lehrbuch*, Göttingen ^{4}2011 (1996).

Wolter, M., *Jesus von Nazareth*, Göttingen 2019.

クロッサン、J・D『誰がイエスを殺したのか――反ユダヤ主義の起源とイエスの死』（松田和也訳）、青土社、二〇〇一年。

タイセン、G『イエス運動――ある価値革命の社会史』（廣石望訳）、新教出版社、二〇一〇年。

タキトゥス『年代記（下）』（国原吉之助訳）、岩波文庫、一九八一年。

フィロン『フラックスへの反論／ガイウスへの使節』（秦剛平訳）、京都大学学術出版会、二〇〇〇年。

ブルトマン、R『共観福音書伝承史Ⅱ（ブルトマン著作集2）』（加山宏路訳）、新教出版社、二〇〇四年。

ヘンゲル、M『十字架――その歴史的探求』（土岐正策・土岐健治訳）、ヨルダン社、一九八三年。

佐藤研「『洗礼』と『十字架』――訳語はこれでよいか？」、新約聖書翻訳委員会（編）『聖書を読む――新約篇』、岩波書店、二〇〇五年、一―二二頁。

廣石望『新約聖書のイエス――福音書を読む（下）』、NHK出版、二〇一九年。

吉田新「ユダヤ殉教文学とイエスの受難物語――復活の主題をめぐって」、『聖書学論集』四六号（二〇一四年）、四三五―四五四頁。

第二章　パウロにおける苦しみとその克服

ペトラ・フォン・ゲミュンデン

はじめに　パウロにおける苦しみとその克服の側面

誰一人、その人生において苦しみから逃れることはできない。苦しみは人間の存在に含まれており、それは根本的な体験である。深刻な事態に見舞われ、苦境に陥ることとしての苦しみは[1]、次のような複数の異なった面を有している。様々な場面において個人や共同体は、それぞれの強弱と深度でそれと向かい合う。

――例えば、身体的なレベルとしては、飢えや渇き、肉体的な辛苦、苦痛、肉体的な疾患、障がい、体力の衰え、死がある。

——心理的なレベルとしては、悲嘆と苦悶、罪（責感）と孤独感、無価値だと感じる体験、自分の将来の展望や希望を見失ってしまう感覚、いわゆる「内なる死」と呼ぶべき内面の暗黒体験である。

——社会的なレベルとしては、誹謗中傷や嘲笑、非尊厳、屈辱、拒絶と孤立、苦悩と攻撃、経済的な搾取、貧困と不公正などの体験、社会的な死である。

——メタフィジカルなレベルとしては、自身の生活世界と信じていた神の秩序が崩壊し、もはや整合性が取れない体験。全体において意味と支えを見出すことができず、悪が絶対的な優位に立っていると受け取れる体験。神が答えを与えず、援助してくれないと思える体験である[2]。

人は襲いかかる苦しみを前にして、壊れてしまうことがある。実際、（自身や他の人の）苦しみと「向き合うこと」は難しく、ましてやそれを「克服すること」は極めて困難である。苦しみは人を無意味と絶望へと導きかねない。

しかし、逆に苦しみは人を成熟させ、さらには成長させることもある。私たち自身とその世界を一変させる力がある。ドイツ第三帝国時代、家族の中で唯一、強制収容所の地獄から生還したユダヤ人の精神科医ヴィクトール・フランクルは、次のように述べている。人が何らかの形で世界を形作ること、または「存在の美しさと真実」を味わうことができず、むしろ、苦しみをひたすら味わうしかない場で、その人は最も高い次元の「価値実現」へと達することができる。フランクルはこの「価値実現」を、人が苦しみへの「適切な見方」によってそれを「克服する」ことであると理解している。[3] その際、神との関係や接点は、ユダヤ人であるフランクルにとって、その人生において重要な役割を果たしていた。[4]

この点を考慮し、本稿においては、とりわけ苦しみそれ自体について、そして解釈学的であると同時に実践的に行われる苦しみの「克服」に目を向けたいと思う。この問題をめぐって、パウロと初期キリスト教の共同体から多くのことを学べるように思える。宣教者としてのパウロは、幾多の艱難辛苦に見舞われ、逆境に陥り、敵意と脅威にさらされ続けた。それに加えて、彼は明らかに肉体的な苦しみも抱えていたからである（二コリ一二・七）。さらに、初期キリスト教徒の大部分は、奴隷や解放奴隷、生活に困窮した人々であり、不健康で不安定、かつ他の誰かに依存して生活しなければならない条件下で生きていた人々だったと考えられる。彼、彼女らは「政治的、経済的、社会的な抑圧」にひどくさらされていた者たちであった。[5] なおかつ、キリストであるイエスと向かい合うことにより、彼、彼女らの社会的な背景においては、すぐさまのけ者になりかねない。当時、キリスト教は恒久的な組織を有する公認宗教ではまだなく、ユダヤ教の中で混乱を招きかねない価値のない新参者に過ぎなかったからだ。パウロによって広められた、割礼を受けていない異邦人への伝道を理由にして、ユダヤ教において新参者であるキリスト教は、ローマ帝国内のユダヤ人の宗教がユダヤ人に対して提供した避難の場を失いかねなかった。キリスト教への改宗によって、病に侵された時、高齢になった際、さらには経済的な困窮やその他の困難な状況に陥った場合、自分の家族からの支援を失う恐れがあるだけではなかった。連続して起こるものではないとしても、社会的に孤立してしまうこと、またその脅威に常時さらされてしまう。さらには（ステファノにみられるような）宗教的、経済的（使一九・二一以下）、政治的な理由から（フィリピ書、ガラテヤ書）[6]、またはこのような理由が重なった複合的な要因から生じる迫害の危険に苛まれていたのである。

私たちは使徒パウロの書簡を手がかりにして、様々な苦しみの体験という観点から、次のような問いを発したいと思う。襲いかかる（あるいは差し迫った）苦しみと向かい合い、それを「克服する」ために、どのような可能性が私たちに生まれるのだろうか。パウロは彼の身に降りかかる苦しみといかに向き合ったのだろうか。また、彼と共に働く人々やその共同体も、どのようにそれと向かい合い、パウロはいかなる助言を彼、彼女に対して与えたのだろうか。降りかかる苦しみの（認知的な）意義は、すでに一つの克服の形になり得る[7]。それは自身の感情と向き合うためにも肝要である[8]。しかし、実践的な行為レベルにおいても、時として現実的な苦しみの克服の可能性が開かれていく。

身体的、心理的、社会的、メタフィジカルなレベルは、多くの場合、パウロの書簡において互いに関係し合い、織り込まれている[9]。この点を踏まえて、本稿ではそれらを別々に扱うことはせず、苦しみをめぐる複数の面を取り上げたいと思う。パウロは苦しみのいくつかの面とその克服に関して、体系的に展開された記述を残してはいない。彼の書簡は、その時々の具体的な状況に沿ったものである。ロマ書を省くとしても、彼の書簡は、問いや問題、パウロによって創設された共同体の生活に対応をしている。私たちに与えられているパウロの神学思想は、たとえ私たちが体系的に追求することができる全体として、おおよそつなぎ合わすことができたとしても、それは単に偶然に過ぎないだろう。

神学の伝統に従って、本稿の前半では教義学上の大きなテーマである神論、キリスト論、教会論、終末論に沿いつつ、パウロにおける苦しみとその克服の意義をめぐる問題に取り組みたいと思う。この前半を踏まえて、後半ではパウロにおける実践に根差した苦しみの克服について考察したい。(10)

1　神学を基にした苦しみの克服

1・1　神の観点から見た苦しみの意義とその克服について

私たちはヨブ記において、義人である主人公ヨブに降りかかる痛ましい事柄を目にして、神との格闘をそこに見出す。この書物は、行為と帰趨の関係に由来する、次第に激しさを増していくヨブと神との争いを私たちに示している。そこでは、伝統的な神の像に疑問を投げかけ、ついにはそれが「崩壊」してしまう。(11) しかし、パウロはヨブ記とは異なっている。苦しみに対する「反抗」、いわば神との「対決」は、パウロにおいて全く感じられない。これには次のような三つの要因があると考えられる。一つ目はサタンの役割の変化、二つ目は新しく加わったキリストの役割、三つ目は人間像に関する新たな強調点である。

a.　新約聖書の時代、サタンの姿はヨブ記に比べて、いっそう独立した形を取っている。ヨブ記の枠内では、サタンは明らかに神に従属しており、ヨブへの攻撃のすべてに対して神に「許可」を求めている。(12)

b.　旧約聖書と比較すると、苦難のキリストの「役割」が追加されている。旧約聖書のイザヤ書五三章において、人々の罪を負う救世主が預言されていると初期キリスト教徒たちが考えていたとしてもである。それゆえ、イエス・キリストに関して、キリスト教では「苦しみの再評価」がなされている。[13] この点に関しては、後に詳しく述べたいと思う。

c.　さらに、変化した人間像についても考慮することができる。旧約聖書と比較してみると、新約聖書では罪の意識が強くなっている。旧約聖書では、苦しみや病気はしばしば人の罪が原因とされていた。パウロは際立った罪の意識を示している。[14]

決して少ないとはいえないパウロ（と初期キリスト教徒の）苦しみの体験を考える際、「反抗」や神との「対決」をパウロにおいて認めることはできない。それに加えて、神と疎遠になるという結果をもたらす神から離れていく体験や、現在の世界において先進諸国では珍しいことではない、天国などは存在しないという確信もそこに認めることもできない。むしろ、パウロは彼にとって何よりも大切な存在である神に依り頼み、苦しみに襲われた際、神ゆえに耐え忍ぶと受け取っている。[15] それゆえ、第二コリント書一章三節以下において、パウロは神を「すべての私たちの苦難（θλῖψις）に際して私たちを慰めてくださる、慈愛に満ちた父、慰めを豊かにくださる神」として語り、第一コリント書一〇章一三節の受け取り手の苦しみを「試練」（πειρασμός）として意味づけ、[16] このことゆえに神への信頼が証明されるとする。「あなたがたを襲う試練は、人間的なものに過ぎません。神は信実です。神はあなたがたが耐えられないような試練を許すことはせず、むしろ、試練と共にあなたがたが耐えられるよう（良い）出口を備えて下さいます[17]」。

人間の苦しみが人間の罪と負い目によって引き起こされ、罪と負い目に対して神からの罰（と審判）として、それが理解されるというイメージは、旧約聖書と初期ユダヤ教において広がっていた。このイメージは新約聖書（マコ二・五平行、ルカ一三・一―五、ヨハ九・二[18]、使一二・二三[19]、同一三・一〇以下[20]）と異教の環境においても見出せる（使二八・三以下[21]）。しかし、奇妙なことに罪と苦しみとの伝統的な関係は、新約聖書全体がそうであるように、パウロにとって大きな役割を果たしてはいない[22]。パウロにとってこの概念は、第一コリント書一一章三〇節で一度だけ取り上げられている。そこでは、コリントの共同体で頻繁に発生した病気や死が、主の晩餐における混乱を招く状態に起因するとパウロがみなし、またこの関係において、「審判（κρίμα）」を説明している。審判者として神を説き明かさないとしても（同一一・二九[23]）、ここではそのことが前提とされている[24]。

罪と（神の）罰としての病の関係は、第二コリント書一二章七―一〇節においては見出すことはできない。パウロはこの箇所で「肉のとげ」というメタファーを用いて記している[25]。（名詞付加的な）同格として、彼を打ちのめす「サタンから送られた使い（ἄγγελος σατανᾶ）」と示している自らの病について述べている。このサタンの使者は、神的受動（能動者としての神に対して受け身であることが示唆されている）として「私に与えられた（ἐδόθη μοι）」と示しているが、神への敵対者ではなく、むしろ、彼の「履行補助者」としての役割を担っている[26]。パウロの苦しみの背後には、究極的には神自身がいる。苦しみを具体化するものは何でも、その働きが重要になる。いわば、苦しみを「肉のとげ、サタンの使い」という表現を用いて二度にわたり強調したことに見られるように、傲慢になりかねないという危険から絶えずパウロを守り続けているのが彼の苦しみなのである。「第三の天」、さらには「楽園」まで引き上げられたというパウロの驚くべき聖霊体験とは対照的に、パウロは彼の弱さ（ἀσθένεια 二コリ一二・一―五）[27]と「肉のとげ、サタンから送られた使い」について明らかにしている。「〔略〕そのため、啓示の卓越さゆえに思い上がることのないようにと、わたしの身に一つのとげが与えられました。それは、思い上がらないように、わたしを拳で痛めつけるために、サタンから送られた使いです」[28]。高い確率で慢性的なものと想定されるパウロの肉体的な苦しみは[29]、明らかに一つの働きを担っており、彼にとって意味をなすものである。苦しみは彼の聖霊体験から引き起こるであろう傲慢さからパウロを守り、彼（また想定されている書簡の読者）に、その驚くべき聖霊経験にもかかわらず、パウロは単に人間に過ぎず、神は神であることを思い起こさせる。さらに、人間としてのパウロは、共同体の構成員と共に神の前に立たされていることを思い起こさせるのである[30]。

また、第二コリント書の冒頭においても、類似する論証パターンを見出せるであろう。そこでは、パウロは「アジア州でわたしたちが被った」「苦難（θλῖψις）」と「〔わたしたちの〕力（δύναμις）を超えて」圧迫され、「生きる望みさえ失った」と記している（二コリ一・八）。パウロの人生は疑いもなくひどく脅かされている。その際、彼が直面する死の危険は、その記述以外には具体的に記されてはいない[31]。第二コリント書一章九節に示されているように、この身に迫る困難な状況に、パウロは意味を見出している。「私たちとしては死の宣告を受けたのです。それで、自分たちを頼りにすることなく、死者を復活させてくださる神を頼りにするためです」と書いている[32]。彼は自身の力の限界を感じ、死の宣告を受け、もしかしたらすでに内心ではそれを受け入れていたところで[33]、彼の苦しみには意味があり、自分自身ではなく、死者を復活させる神のみに頼るということが、使徒に対して明らかにされる[34]。

続いて、第二コリント書では使徒パウロによる類似する論証パターンの三つ目の例が見出される。第二コリント書四章七節では、パウロが（ケリュグマの）[35]「宝」から受けた苦しみを詳細に記述している（二コリ四・八以下）。「力（δύναμις）の充溢が神からのものであり、自身から出たものではないゆえに」[36]、私たちは「土の器の中」に宝を持っているとある。

人間（パウロ）に対して次のことが明らかにされることにより、苦しみの経験はパウロにとって意味をなすものとなる。その聖霊経験にもかかわらず、自分自身やその能力や強さに頼るのではなく、またそれらを頼ることもできず、神のみに頼るべきであり、また頼ることができるということである。限界状況においても依り頼むことができるのは、人間の内側から来るものではない。むしろそれは人間の外側、つまりは偉大なる力を与え、死者を復活させる神から到来する。苦しみによって自身の忍耐力の限界まで達し、極限まで追い込まれた人は、苦しんでいる人にも苦しんでいない人にも当てはまる、人間存在の極めて一般的な状況に気づくのである。つまり、人間存在の根拠とその価値は、自分自身やその能力、業績、自身がなした業に根差すのではない。人間を支え、力を与える神に根差すものである。ここにおいて私たちは、義認の教えとの構造的な類似を見出すことができるであろう[37]。人は神の前でその能力を示す必要はなく[38]、その承認と「苦しみと死（二コリ六・九）の真っ只中にあっても」存在する力は、「神からの贈り物」である[39]。

したがって、第二コリント書一章三節以下と六節にある苦難（θλῖψις）における神の慰めは、人間側の前提条件に結びついてはいない。哲学の一派であるストア派において、理想的な賢人が（自立した）揺るぎない姿勢を示している一方、[40]第二コリント書一章六節に従えば、（パウロを仲介とした）[41]神の慰めは、苦しみを忍耐強く耐える中で働くと示している（ἐν ὑπομονῇ τῶν … παθημάτων）[42]。

1・2　キリストの観点から見た苦しみの意義とその克服について

パウロの信仰の中心点は、死からよみがえった十字架のキリストにある。このことについて極めて重要な意味を持つのは、パウロにおける苦しみの問題をめぐるキリスト論である。パウロは使徒としての苦しみの経験を、イエス・キリストと関係づけることが多々ある。この関係はそれに対応するものとしてだけではなく、そこに参加するものと考えられている。つまり、パウロはキリストのように苦しみを受ける「だけ」ではなく、キリストと共に苦しむのである[43]。パウロはキリストと出会ったゆえに、自分の価値観が根本的に変化したことについて、フィリピ書三章八―一一節において次のように記している。

「8そればかりか、わたしの主キリスト・イエスのあまりに優れている知識ゆえに、一切のものを損失と見ています。（略）それらを屑だと見なしています。9キリストを得、キリストの内にいる者と認められるためです。（略）10わたしは、キリストとその復活の力（τῆς ἀναστάσεως）とを知り、その苦しみに交わり〔その苦しみに加わり〕（συμμορφιζόμενος τῷ θανάτῳ αὐτοῦ）、その死と同じになりながら（συμμορφιζόμενος τῷ θανάτῳ αὐτοῦ）、11何とかして死者たちの中からの復活（τὴν ἐξανάστασιν）に達したいのです[44]」。

（ギリシア語原文では異なる単語が用いられている）復活ということは、ここではキリストの苦しみに与ることと、イエスの死の姿にあやかるという枠を構成している。パウロとその主を密に結びつける苦しみと死は、現在すでに現れており（フィリ三・一〇）、未来に起こることを望まれている（同三・一一）復活の力に包まれている。[45] 苦しみは復活と密接に関連づけられている。換言すれば、復活は苦しみと共にある。パウロ（さらにはすべてのキリスト教徒[46]）の苦しみは、神またはキリストから遠ざかるという意味において、否定的に解釈されるのではない。むしろ、その逆で神とキリストに近づく、つまりは苦しみに参与するという意味において、積極的に評価されている。パウロはキリストの姿にあやかろうとする（フィリ三・一〇）。ここにおいて、苦しみは「キリストに加えられる者のしるし[47]」として、積極的に理解することができるだろう。

第二コリント書の多くの箇所で、多かれ少なかれ明らかな形として、同じような方向性を確認できる。

第二コリント書一章五節には、「キリストの苦しみが満ちあふれてわたしたちにも及んでいるのと同じように、わたしたちの受ける慰めもキリストによって満ちあふれているからです」と記されている。ここではキリストの苦しみがパウロにも及ぶが、[48] パウロは経験することが許される慰めにも満ちている。[49]

第二コリント書四章一〇節では、パウロは苦しみに関する詳細な記述の後、[50] 次のように記している。「わたしたちは、いつもイエスの死（τὴν νέκρωσιν τοῦ Ἰησοῦ）を体にまとっています。イエスの命（ζωὴ τοῦ Ἰησοῦ）がこの体に現れるために」。「イエスの死を体にまとう」とは、（二コリ一一・二三―二五にあるような）パウロの宣教旅行の際に起きた攻撃や鞭打ち、投石に起因する肉体的な痕跡を意味していると考えられる[51]。W・レベルは「私たちの体に顕れるイエスの生」とは、第二コリント書四章一六節[52]から考えると「存在が新たにされること[53]」であると示唆している。つまり、イエスの生とは、積極的な効果を引き起こすものである。

さらに、第二コリント書一三章四節では、次のように記されている。「〔キリストは、弱さのゆえに十字架につけられましたが〕私たちもまたキリストにあって弱いのですが（ἀσθενοῦμεν ἐν αὐτῷ）、しかし、あなたがたに対しては、神の力によってキリストと共に生きるであろう[54]」。

キリストと共に苦しみ、またその栄光に共に与ることは、パウロが最後に書き残したとされるロマ書八章において表されている。「16この霊は、わたしたちが神の子供であることを、わたしたちの霊と共に証ししてくれます。17もし子供であれば、相続人でもあります。神の相続人、キリストと共同の相続人です。キリストと共に苦しむなら（συμπάσχομεν）、共にその栄光をも受けるからです（συνδοξασθῶμεν）[55]」。

これらの箇所に共通するのは、次のことである。苦しみは神やキリストからの遠さを意味するというように、否定的に解釈されるのではなく、むしろ、キリストに近づき、キリストに共に与るというように積極的に解釈されていることである。キリスト者は苦しみの只中にある時の孤独から離れ、キリストと密に結び合うことを知るのだ。苦しみは「キリスト者の存在に欠かすことができない部分[56]」として意味をなす。苦しみはまた、復活、つまりはその生と結びつき[57]、イエスの苦しみと復活の光の中で、積極的に解釈される[58]。

さて、パウロの病について述べたこの節の最後に、神がサタンの使いを通して肉に与えたパウロの苦しみの「とげ」に目を向けることにしたい。ここではどのような苦しみの意義とその克服を見出すことができるだろうか。まず、パウロは苦しみを祈りの中で主に捧げようと試み、それによって変化を起こそうとする（二コリ一二・八）。旧約聖書の嘆きの詩編を熟知しているパウロは、苦しみを押さえつけることはせずに、むしろそれを活発に生かそうとする。主に向かって苦しみを表明し、神、すなわちキリストへの祈りと共にその苦難を向けるのである。[59]サタンの使いが彼から離れ去るまで（同一二・八）、パウロは三度主に願う。[60]それ故、彼の求めの目的は、彼の苦しみから解放されることにある。苦しみを抱える人が、イエスに対して癒しを懇願し、苦しみからどのように解き放たれるかについては、福音書において繰り返し語られている。パウロより以前に、また彼に続いて祈りを捧げる人々がしなければならないことを、パウロも経験しなければならない。彼の祈りは応えられなかった。少なくとも彼が求めた意味において応えられなかったのである（それはゲッセマネにおいてイエスがその受難と死を前にして求めた「私からこの杯を取り去ってください」と願ったにもかかわらず、叶わなかったことと同じである）[61]。パウロの三回の嘆願に対して、苦しみからの治癒と救済は彼には与えられなかったのだ。しかしながら、彼は約束を得ることが許された。「わたしの恵みはあなたには十分だ。なぜなら、力は弱さの中でこそ十分に発揮されるからだ[62]」。第二コリント書一二章九節は、節度〔の徳〕を求めていると理解するルター[63]の翻訳「わたしの恵みであなたは満足しなさい」と、そしてこの翻訳をめぐる解釈史が存在している。しかし、それとは異なり、先のU・ヘッケルは「私の恵みはあなたに十分にある[64]」という**恵みが叶う約束**であると主張している。「私の恵み（χάρις）は……満ち、私にとってそれは十分です」[65]。弱さの中（ἐν ἀσθενείᾳ）において、主の力が完全となることを根拠づけているのだ。苦しみから引き起こされる災難に対して、新たな認知的な評価は、この神秘的な約束とその根拠をもたらしてくれる。言うならば、パウロが傲慢にならないために、神からの教育が必要なのである。サタンの使いに攻撃され、神から遠ざかりかねない存在から、「積極的に神の約束を運ぶ者」[66]になるのだ。それゆえ、弱さは「啓示の場であり、主の力が働く場として評価される」[67]。

このような苦しみに関する新しい積極的な再評価は、（アンティオキアのイグナティウスと違って）[68]私たちがパウロにおいて殉教への憧憬を見出すことができるということを意味してはいない。ユダヤ教が一貫して発展させ、確立させた殉教の思想を、パウロに見出すことはできない[69]。

1・3　共同体（教会論）の観点から見た苦しみの意義とその克服について

あらゆる人間の存在は、社会的な状況に組み込まれている。初期キリスト教において、共同体の構成員の関係は極めて密なるものであった。誰かが少しの注意しか払われていなかったり、また、見下されたとしたら、その人は傷ついてしまう。ある人を認めなくなったり、具体的な苦痛の中に一人置き去りにしたら、または他の人がその人から離れたり、その人の苦痛と苦しみが継続的に無視されたりすれば、さらに痛みが増すであろう。そして、その人はさらなる孤独感に苛まれるだろう。キリスト教の共同体では、とりわけこのような傾向が強い。キリスト教に改宗した後、自分の家族がその人とは一切関わりたくないという状況に陥ってしまったことを理由に、その人の家族の代わりになる必要が求められる共同体だからである。このようなキリスト教の家族の中の分裂は傷を与え、恐怖を引き起こしてしまう。本来ならば起こるべきではないのだが、実際、このような事態は起きてしまう。

その一方、パウロは、一つの体と多くの部分というイメージを示している。ユダヤ人やギリシア人、奴隷や自由人といったような、自身のあり様に関係なく、またその民族的な背景、社会的な地位（と性別）に依らず、すべて「一つの霊によってバプテスマを受ける」[70]。キリスト者は具体的には「キリストの体」（一コリ一二・二七）である。体のどの部分も不必要なものはなく、誰もがお互いを必要とする。人間の考えによれば、弱いとみなされてしまう部分も、パウロによれば欠かすことができないものである。神が体としてまとめるように、「それで、体に分裂が起こらず、各部分が互いに配慮し合っています」（一コリ一二・二四以下）。一つの体の様々な部分は、それぞれ共感し合いながら互いに関係している。「一つの部分が苦しめば、すべての部分が共に苦しみ、一つの部分が尊ばれれば、すべての部分が共に喜ぶのです」（一コリ一二・二六）。苦しみと喜びを分かち合う。「喜ぶ人と共に喜び、泣く人と共に泣きなさい。互いに思いを一つにし、高ぶらず」とパウロはロマ書においてその意味を思い起こさせる（ロマ一二・一五以下）[71]。苦しむ人は「単に」キリストと結ばれているだけではない（本章1・2参照）。キリストの体の部分として、その人は他の共同体の構成員と結ばれている。共感、つまりは共に苦しむことと互いに配慮し合うことをその人が担わなければならない。共同体は苦しみという孤独からその人を解放するのである[72]。

パウロはスポーツのメタファーなどを用いることによって、キリスト者一人一人が共同体の中で活発に働くべきであることを明らかにしている。この点については、本稿の後半で再度、論じたいと思う。

1・4　終末論の観点から見た苦しみの意義とその克服について

人間の存在は、時間の中に組み込まれている。苦しみとその克服について深く考察する際、時間は重要な役割を担っている。初期ユダヤ教の黙示文学においては、直面している苦しみが終結することを望むイメージだけではない。殉教思想と密接に関係している直面する苦しみと将来の報い（不滅、栄光など）のイメージが存在している。それは「目下（もっか）の弱さ」のイメージでもあり、そして、それと対照的に将来において「栄光が増し加えられる」[73]イメージでもある。この内容に関する対比は、小ささ／少なさと巨大さ[74]、無と膨大さ[75]、さらに（わずかな）一瞬（の苦しみ）と永遠、終わりのない（生、巨大な光）[76]などの対比を用いてさらに強調されることが多い。

パウロが第二コリント書において次のように記す際、この伝統を用いているだろう[77]。「なぜなら、私たちの一時的な軽い艱難は、私たちに対して栄光の永遠の重みを圧倒的に溢れる形でもたらしてくれます」[78]（二コリ四・一七）。さらにロマ書においても、この伝統を用いて、次のように記している。「現在の苦しみは（τὰ παθήματα τοῦ νῦν καιροῦ）、将来私たちに啓示されるはずの栄光（δόξα）に比べると、取るに足りないと私は確信します」[79]（ロマ八・一八）。

ここでの苦しみは、全体的な枠組みの中に分類され得る。しかし、古い時（アイオーン）と新しい時（アイオーン）、現在の苦しみと将来の栄光といった連続する形を伴う、伝統的な黙示文学のイメージに準拠している時間のイメージは、パウロにおいて修正されている[80]。このことは、次のいくつかの点で明らかになる。

1. 決定的な時（アイオーン）の転換は、キリストの出来事においてすでに起こっている[81]。
2. それゆえ、キリスト者に向けた新しい時（アイオーン）の開始は、将来ではなく、それはすでに直前の過去において起きていた。たとえ、古い時（アイオーン）の終わりに近づいたとしても、その開始は現在を照らし出す。それゆえ、歴史は「すでに（schon）」と「まだ（noch nicht）」という緊張の中に存在している[82]。
3. 個々人のレベルでは、霊とキリストへの信仰とに結びつく、救いのない「過去」から救いのある「今」への転換は、時（アイオーン）の転換と一致している。それは回心であり、典礼の用語を用いれば洗礼になる[83]。個々人の存在は、「すでに（schon）」と「まだ（noch nicht）」の間という根本的な変容の過程の中に存在している。
4. このような根本的な変容の過程は、あらゆる創造物を包含する過程の一部である（ロマ八・一九以下）。彼らの苦しみはすべての生き物の苦しみの一部であり、その嘆きは、彼らの中にある霊の嘆きである。霊を通して苦しみを乗り越える力を自分の中で感じている。
5. 全体的に見て、初期ユダヤ教の黙示文学とは異なり、この二つの時（アイオーン）は、単なる時間的な継続性の中にあるというよりも、むしろ（時間と無時間、過去と不滅、死と不死といったカテゴリーを用いて特徴づけられる[84]）内容のあるものだと考えられる。「二つの時（アイオーン）／世界の時間という形態は、二つの事態の場の形態ではなく、キリストの出来事の光の中に現れる[85]」。

決定的なことはイエス・キリストにおいてすでに起きているが、人間と世界はまだその途上にある(86)。それ故、この現実にある現在の時(アイオーン)と将来の時(アイオーン)は明確に分離されてはいない。しかし、「同時にすでに体験可能である」(87)といえる。第二コリント書四章一七節にある終末論的な栄光は、それは完全な形としてはまだ到来していないが、いまこの現実において始められている(88)。この背景を明らかにするために、第二コリント書四章一〇節以下において、パウロは次のように述べている。「わたしたちは、いつもイエスの死を体にまとっています。それは、イエスの命がこの体に現れるためです。わたしたちは生きている間、絶えずイエスのために死に渡されています。それによって、また私たちの死ぬべき肉において、イエスの命が現れるためです(89)」。ここでパウロは、苦しみはイエスの苦しみ(90)に加わることだと解釈している。「私たちの死ぬべき肉にイエスの命が現れるために」、この苦しみはイエスの生を証する。将来の栄光、新しい時(アイオーン)は（少なくともある程度は）この現実の中で体験が可能といえる。このことは、第二コリント書四章一六節(91)にある、外なる人と内なる人のメタファーからも明らかになるだろう。パウロは次のように述べている。「〔略〕私たちの外なる人は朽ちても、私たちの内なる〔人〕は日々新たにされていきます(92)」。さらに、第二コリント書四章一七節に続いて、時間的なカテゴリーではなく、質的なカテゴリーでその根拠を示している。「なぜなら、私たちの一時的な軽い艱難は、私たちに栄光の永遠の重みを圧倒的に溢れる形でもたらしてくれます。18私たちは見えるものではなく、むしろ、見えないものに注意を払います。見えるものは過ぎ去りますが、見えないものは永遠だからです(93)」。

ロマ書八章一八節において、私たちは苦しみと栄光という伝統的な順序をそこに見出す(94)。しかし、ここでもキリスト者は単に将来に実現するはずのない希望を持つのではない。むしろ、あなたがたのなかに今すでに（jetzt schon）霊が宿り（ロマ八・九）、それは生き生きと働き、言葉に表されないうめきと共に私たちに現れる（ロマ八・二六）。ロマ書八章三五―三九節において、「艱難か、不安か、迫害か、飢えか、裸か、危険か、剣か」（ロマ八・三五）など、何ものをも私たちをキリストの[95]愛から引き離すことができないと知るのだ。神の救いの意思は、ここでキリストによって立てられ、霊によって認識され、知覚される。[96]ロマ書八章三七節において、パウロは次のように記している。「しかし、このようなあらゆる経験において、私たちに愛を注いてくださる方によって、私たちは勝利して余りあります」[97]。ロマ書五章三―五節の終わりにもこの愛が示される。「聖霊によって、神の愛が私たちの心に注がれている」という言葉を私たちはそこに見出す。

「……私たちは苦難をも誇りとします。なぜなら、私たちは知っているからです。苦難は忍耐を、忍耐は練達を、練達は希望を生むということを。希望は私たちを欺くことがありません。私たちに与えられた聖霊によって、神の愛が私たちの心に注がれているからです[98]」

それゆえ、苦しみの終末論的な克服は、「直面する深刻な事態」を「栄光に満ちた終結[99]」と関係づけるといったような単純なことではなく、むしろ、それは現実の苦しみの在りようを真正面から受け取ることにある。それは、巨大な宇宙的（ロマ八・一九以下）、時間的、内容的な背景（時（アイオーン）の転換）に存在している。確実に起こるキリストの出来事を示している。そこにおいて、神の救済の意思はすでに明らかになり、霊とキリストにおける愛が働いている[100]。意気消沈させる苦しみは、過ぎ去っていく時（アイオーン）の表現として限定されており、すでに根本的に定められたものとして理解することができる。新しい時（アイオーン）の救いを、「日々」経験することもできる。例えば、慰めの中に（二コリ一）、希望の中に（ロマ五)、良心の中に、神から愛されている確信の中にである(ロマ五・八)[101]。

パウロ書簡の広範囲に及ぶ神学的な説明に加えて、パウロは生きる上での実践的な指針について何度も繰り返し述べている。そこでは、苦しみに関することも述べている。では次に、パウロにおける実践に根差した苦しみの克服について考察する、第二節に進みたいと思う。

2　実践に根差した苦しみの克服について

私たちが生きている現代世界は、孤立化に支配されていると言えるだろう。苦しみはこの孤立化をいっそう強め、深めてしまう[102]。人々の交わりの中にいたとしても、人は孤立し、排除され、理解されないと感じ、さらには攻撃されているとさえ受け取ってしまう。これらのことが苦しみを引き起こしてしまう。社会的な共同体は、それがキリスト教の共同体であったとしても、外部から脅され、嫌がらせを受け、傷つけられることがあるだろう。意識的か、無意識かにかかわらず、グループの内でも繰り返し、個々人や特定の小グループへの攻撃が行われている。パウロが何度も苦しみを体験しなければならなかったことに見られるように、使徒のような突出した人物に対しても同様のことが起こり得る。それ故、ここでは他の人々に対する感受性が重要になるだろう。さらに言えば、自分自身にとっては問題のないことでも、他の共同体のメンバーには大きな問題となること、個人的な攻撃として受け取られること、自己の尊厳を傷つけられること、そして、キリストにおける兄弟姉妹として傷を受けかねないことを意識することが重要になる。このように、事前に防ぐことができるであろう苦しみは、できるならば起きるべきではない。私たちがこれまで見たように（一コリ一二・一二以下、ロマ一二・四以下）、すべての部分が一つの体となったキリスト教の共同体として、先のような振る舞いをお互いがするのは適切ではないだろう。したがって、共同体のメンバーの誰もが、たとえその人がどのような立場にいたとしても、他の人より自分の方が上であると誇るべきではない（一コリ一二・一五以下、ロマ一二・三）。

このような感受性と具体的な振る舞いが変化することを、コリント教会の主の晩餐において実行しようとパウロは努めたのである。そこでは、強烈に、いささか極端に表現されていると思われるが、何も食べられない人がいる一方で、ある人は腹いっぱい食べ、ひどく酔っぱらっている者もいると記されている。多くを持っている人たちは、当時の社会的な背景においてはごく通常の振る舞いであることを、他の人には配慮せずにコリント教会の背景で行ったに過ぎないのだが、その人たちは全く持っていない人らを恥じ入らせ（一コリ一一・二二以下）、苦しみを引き起こしてしまった。とりわけ、この主の晩餐の文脈においては、パウロがこの振る舞いを「ふさわしくない者」と呼んでいる（一コリ一一・二七）。パウロは集会の際、誰もが自分の食事を先に済ますのではなく、お互いに待つべきであると勧め、この苦しみを避けようとしている。[103] とても空腹であるのならば、その人は家で何か食べてくるべきなのだ（一コリ一一・三四）。

「強い者たち」（この用語はロマ一五・一のみに見出せる）と「弱い者たち」の交わりにおいても、互いに配慮することをパウロは求めている。前者は第一コリント書八章四節以下によれば、偶像などは存在せず、唯一の神のみが存在していると強く確信しているゆえに、偶像に供えられた肉を食べることに対して何の問題も感じてはいない。しかしその一方で、弱い者と呼ばれている人々は、それを深刻な問題であると受け止めている。おそらく彼、彼女らは、深い後悔を伴って偶像に供えられた肉と向き合っている。[104] パウロはキリスト者が偶像に供えられた肉を食べることができるという強い者たちの観点を、基本的には共有しているのだが、弱い者たちとの交わりに際し、キリストをめぐる彼、彼女らの良心に配慮すると主張している。また、弱い者たちが不快に思わず、強い者たちが弱い者たちに害を与えないように（一コリ八・九、一三）、偶像に供えられた肉を食べることを避けるようにとも述べている。パウロは自身の知識と良心に従うことを求めるだけではなく、共にキリスト者である者と同じ立場に立って考え、苦しみを避けるためにその同じ良心に対して配慮することを求めている。[105]

ローマに在する共同体には、強い者も弱い者も存在していた。コリントの共同体とは少し異なる具体的な状況に置かれていたとしても、[106] ここでもやはりパウロの勧告は同じ方向を向いている。受け取り手たちは、「つまずきとなるものや、妨げとなるものを、兄弟の前に置かないように」（ロマ一四・一三）ということの意味に目を向けなくてはならない。そしてパウロは、「あなたの食べ物について兄弟が心を痛めるならば、あなたはもはや愛に従って歩んでいません」と裁く（ロマ一四・一五）。パウロは内容的に再び強い者の立場を共有するのだが、[107] 同時に次のように決める。「肉も食べなければぶどう酒も飲まず、そのほか兄弟を罪に誘うようなことをしないのが望ましい」（ロマ一四・二一）。

兄弟姉妹のための配慮は、いかなる時も簡単なことではない。パウロはここで模範になろうとしている。第一コリント書九章では、彼は具体的に認められた権利（特権）を放棄し、強いコリントの人々に自身の「自由」を弱い兄弟の後に置くことを奨励している。[108] パウロはすべてを得る。「ユダヤ人に対しては、ユダヤ人のようになりました。ユダヤ人を得るためです」、「律法を持たない人に対しては、律法を持たない人のようになりました。律法を持たない人を得るためです」、「弱い人に対しては、弱い人のようになりました。弱い人を得るためです」（一コリ九・一九―二二）。その後、彼は大変な努力について説き明かす競技のイメージを提供している。パウロは走者とボクシングの選手と自身を比較し、自分の体を失格者にさせないために、自らの体を打ち、服従させる（一コリ九・二七）。

さらに、フィリピ書一章二七節以下においても、パウロは競争のメタファーを再び用いている。そこでは自身の拘束や苦しみとの関係だけでなく、共同体内のすべての人が同じ競争（アゴン）を実証しなければならない。ここでは、すべての人が特権を放棄しなければならないことをパウロは間接的に述べている。パウロは、第一コリント書八章で論じたように、自身のことではなく、特権を放棄するために模範としてキリストを持ち出している。キリストは神のようであり、自分の地位を投げ捨て、奴隷の姿を取り、十字架上で死ぬまで低くされた（フィリ二・六以下）。苦しみは、キリストの模範を通して引き継がれるべき課題となり、その中で常に他の人たちのことを考慮すべきである。[109] キリストは自ら苦しみを引き受け、（他の人々のために）奴隷の業を自発的に受け入れたからだ。

競技者の弛まぬ努力と忍耐への備えを強調した競技のメタファーは、次のことを示しているだろう。パウロにとって、苦しみは積極的に形成されなければならないものであり、この闘争もまた勝つことができることを示している。[110]

他の人々の特定の状況や問題を認識し、それらを考慮することによって、苦しみをその初期段階で避けるべきであるとパウロは考える。

さらに、直面する苦しみに立ち向かうために積極的に助け、自発的に行動することが共同体では何よりも必要となる。そうすれば、相応しい基本的な条件を満たすことを通して、目の前にある苦しみにわずかなチャンスしか与えないことを可能にするのだ。パウロは第一コリント書一二章で、すでに体とその部分に関するイメージとの関係を強調している。部分は互いに調和的に配慮し合うべきである（一コリ一二・二五）。それぞれが違った恵みの賜物、つまりカリスマによって、キリスト者には贈り物が与えられている(111)。これにより、キリスト者は他の共同体の構成員のために、建設的に助け合うことを始めなければならない。それ故、キリスト者にはそれぞれの立場が提供されている(112)。ある人は自身の能力を示す賜物(113)、ある人は癒しを与える賜物(114)、ある人は援助する賜物(115)、ある人は税務処理をする賜物(116)、ある人は勇気づけ、励ます賜物(117)、ある人は弁護する賜物(118)、慈悲深い行いをする賜物(119)である。キリスト者はこのことを自身の力で行うのではなく、むしろ、霊が働き、苦しみと向かい合う力と能力が与えられる(120)。彼らは兄弟姉妹の愛(121)、祈り(122)、エルサレム教会への献金などの具体的な奉仕(123)、ホスピタリティーの中で生きている(124)。

苦しみを援助することは、共同体の境界線で止まるわけではない。ロマ書一二章一四節で明らかにしているように、自分のグループの限界を超えている。「あなたがた（の命を）狙う者を祝福しなさい。祝福するのであって、呪ってはなりません(125)」。そして、ロマ書一二章一七―二一節では次のように勧告する。「[17]誰に対しても悪に悪を返さず、すべての人の前で良きことを行うように。[18]可能であるならば、あなたがたに関わる限りは、あなたがたは、すべての人と平和に過ごしなさい。[19]愛する人たち、自分で復讐せず、神の怒りに任せなさい。〔略〕[20]むしろ『もし、あなたの敵が飢えていたら食べさせ、渇いていたら飲ませよ。そうすれば、燃える炭火を彼の頭に積むことになる』。21悪に負けることなく、善をもって悪に勝ちなさい」[126]。このようにして、苦しみはこの世界でなくなっていくのである[127]。では、最後にこれまでの考察をまとめたいと思う。

まとめ

苦しみが何を意味し、いかにそれを克服することができるかについて、一つの戦略や決まったコンセプトといったものをパウロは提示してはいない。むしろ、彼は様々なことを提示している[128]。本稿の前半部分で記したように、神学を基にした苦しみの克服への五つのアプローチをそれぞれ区別することはできるが、しかし、それらは互いに密接に関連し合っている。これらのアプローチは神や人、共同体、世界とキリストと関わっている。

(a)　苦しみを克服するためのあらゆる力と慰めは、**神**から到来する。それは「恩寵のみ（sola gratia）」という贈り物として届く。神は死者を起こす神である（二コリ一・九）。神は人間の存在に根拠と価値を与え、力と救いを差し出す。人を自由にさせるこの認識は、苦しみの只中でその人を開示させ、死者を起こす神に全き信頼を置くことができる（二コリ一・九）。

(b)　**人**は苦しみを解釈し、その中で意味を見出すことにより、苦しみを克服することができる。神が取り去ることを望まない肉のとげは、パウロが高ぶらないという意味であり（二コリ一二）、彼が抱えている苦悩とは、自身に頼るのではなく、死者を復活させる神のみに信頼を置くという意味であると考える（二コリ一・九）。パウロはこの苦しみの克服に際して、他のキリスト者に対して模範を示すことができる。

(c)　**共同体**ではキリスト者は互いに結ばれている。体の個々の部分は共に苦しみ、共に喜び合い、互いのために存在する。

(d)　**世界**は変化している。終末論において、苦しみは古い時（アイオーン）に区分されている。この古い時（アイオーン）には限りがあり、苦しみはそれと共にある。キリストの出来事に伴って、新しい時（アイオーン）が始まり、それは確固たる基を有している。そこでは、希望は確かなものとされる。この転換の時は、すべての人間と創造物がそこに配置され、救いはすでにいま霊と愛を感知することができ、それをキリストにおいて捉えることができる。

(e)　**キリスト**においては、苦しみの克服に関するあらゆる糸が一つになる。このことについて、私たちは次のように簡単にまとめることができるだろう。

――神の救いの力は、キリストにおいて現実に現れる。キリストは救い主であり、その死と復活は、悪から救いへ、苦しみから栄光へと根本的に転換することを意味する。

――キリストはその苦しみにおいて、キリストに従う人の模範であり、パウロとキリスト者の模範となる方である。キリストが苦しみを受けた故に、彼らが苦しむ場合、自身の価値を失うこともない。

――キリストは共同体の中で他の人に何かをするための模範となる方である。彼らがこの霊を受け取ることにより、お互いに支え合うことができる。

――キリストはすでに始まっている新しい世界の開始でもある。すべての苦しみは、それによって限りがある。苦しみは過ぎ去りゆく古い世界に属するものである。苦しみの中で、人はすべての創造物と結ばれる。それ故、次のことが重要になる。苦しみの中で、キリスト者は主なる方と密に結ばれており、神秘的に聞こえるような言い方で表現されているように、その人は神の一部となる。

このように、苦しみの克服のすべての面を通して見てみると、パウロの言葉に首尾一貫したものが現れてくることがわかる。苦しみの中で人は孤独ではない。神はその人のためにおり、霊がその人の中にあり、彼のために苦しみ、他のキリスト者とつながっている。すべての創造物と結ばれ、イエス・キリストと強く結ばれている。この意味において、苦しみは交わりの只中において克服される。神、キリスト、霊と仲間であるキリスト者、そしてすべての創造物との交わりである。また、苦しみを呼び起こす振る舞いを避け、仲間に対して有益な注意を払う、積極的で感受性に満ちた行いにおいて実践される。ここにおいて、極めて具体的な救いを体験することができる。

私たちが冒頭で見たように、ヨブとは異なり、パウロは苦しみを目の前にして反抗することはない。苦しみを前にした際の神への非難は、パウロにおいては、全く姿を現さない。このことは、パウロが考える共同体のあり方の意味と関係しているかもしれない。つまり、パウロにとって神は、ヨブが体験したように、遠い存在ではなく、不当なことを行う方ではない。キリストにおいて、神は極めて近い存在である。ヨブにおける神との間の距離とは対照的に、パウロにおいて、キリストの神秘を通して、神との間の近さがある。神はキリスト（そして霊）の中でそばにおり、共に苦しみを体験される方である。ヨブとは異なり、苦しみは神を人の近くに動かす。「なぜなら、神の救いの意思は、キリストの出来事の中で感じることができ、苦しみにおいて神に属していることを確かにするからだ」[129]。このことは、近しい場にいる神に対する信頼から、キリスト者を社会のために、苦しみを終わらせる行いへと働きかける。この神とは死者を起こし、苦しむ者たちを置き去りにすることはせず、キリストにおいて、苦しみとその克服に際して、神秘の中で人と一つになる方である。

（吉田新訳）

注

（1）E. Weidner, Strategien zur Leidbewältigung im 2. Korintherbrief, Stuttgart: Kohlhammer 2017, 259. ここでは、苦しみは「意味がなく、理解の尺度を超えるような苦痛を生じさせる経験」として厳密に定義されている。

（2）苦しみに関する異なるレベルの区分については以下を参照、J. Mohn, Art. Leiden, I. Religionsgeschichtlich, in: RGG4 5 (2002) 233f. ここでは233. だが、このレベルはしばしば互いに重なり合うため、明確に分けることはできない。以下も参照、Weidner, Strategien, 260.

（3）フランクルの引用は以下、V.E. Frankl, Der leidende Mensch, Bern: Hans Huber ^{3}2005, 203. I.U. Dalferth, Leiden und Böses. Vom schwierigen Umgang mit Widersinnigem, Leipzig: Evangelische Verlagsanstalt 2006, 97f. フランク

ルの考察に対して右の書では、同時に「当事者にとってまったく学ぶことのできない」「不当と受け取れる過度な苦しみ」が存在し、さらに「そこから誰も何かを学ぶことができない数多の苦しみも存在する」と主張されている（Weidner, Strategien, 259 Anm. 2も同様）。

（4）それゆえ、彼は二番目の妻にユダヤ教の祈りの道具であるテフィリンを病院に持ってくるように命じた。以下を参照、Chr. Görgen, Pathodizee statt Theodizee? Mensch, Gott und Leid im Denken Viktor E. Frankls, Herausforderung Theodizee. Transdisziplinäre Studien 2, Berlin: LIT 2013, 229.

（5）W. Pratscher, Die Bewältigung von Leid bei Paulus, in: SNTU.A 21 (1996) 73-91, ここでは73. マケドニア州の諸教会における困窮については二コリ八・一以下参照。

（6）皇帝礼拝から生じるフィリピのキリスト教徒への弾圧に関しては、以下を参照、R.R. Brewer, The Meaning of Politeuesthe in Philippians 1,27, in: JBL 73/2 (1954) 76-83, ここでは82.

（7）以下を参照、M. Wolter, Art. Leiden, III. Neues Testament, TRE 20 (Studienausgabe) (2000) 677-688, ここでは680.「（テキストに記された）苦難の意味はその克服に資する」

（8）「評価」の意味に関しては以下を参照、R.S. Lazarus, Emotion and Adaption, New York: Oxford University Press 1991, 168f; R.S. Lazarus/S. Folkman, Stress, Appraisal, and Coping, New York: Springer 1984, 24f. 32-38. また、ストア派に関しては以下を参照、A. Inselmann, Emotions and Passions in the New Testament. Methodological Issues, in: Biblical Interpretation 24 (2016) 536-554, ここでは548. Anm. 41f.

（9）以下を参照、Pratscher, Bewältigung, 73-91; Weidner, Strategien, 260.

（10）この区分は右の書のプラッチャーによる。本稿は重要な論点をこの論考に負っている。

（11）以下を参照、H. Klein, Die Bewältigung der Not im Alten und Neuen Testament, in: ThZ 40 (1984) 257-274, ここでは273.

（12）以下を参照、G. Theißen, Monotheismus und Teufelsglaube. Entstehung und Psychologie des biblischen Satansmythos, in: N. Vos/W. Otten (Hg.), Demons and the Devil in Ancient and Medieval Christianity, Supplements to Vigiliae Christianae 108, Leiden/Boston: Brill 2011, 37-69; Klein, Bewältigung, 273.

（13）Klein, Bewältigung, 273.

（14）一方で苦しんでいるヨブは自身を義人として認識している。それ故に、神は行為と帰趨の関係の論理により、ヨブの目には不当な行為者として示される。

（15）Pratscher, Bewältigung, 79.

（16）この πειρασμός の翻訳に関しては、以下の書では「誘惑」という訳語ではなく、「試練」を選んでいる。D. Zeller, Der erste Brief an die Korinther. Übers. und erkl., KEK 5, Göttingen: Vandenhoeck & Ruprecht 2010.

（17）訳はツェーラーの以下の註解書から引用、D. Zeller, 1 Kor, 325（強調部分は論者）.

（18）しかし、イエスはヨハ九・三においてこの関係を拒否している。「本人（目の見えない人）が罪を犯したからでも、両親が罪を犯したからでもない」。

（19）ヘロデ・アグリッパの死。

（20）魔術師エリマの目が見えなくなる。

（21）以下を参照、G. Gerstenberger/W. Schrage, Leiden, Kohlhammer-Taschenbücher 1004, Stuttgart u.a.: Kohlhammer 1977, 197-200.

（22）新約聖書全体に関しては以下、Wolter, Art. Leiden, 686. 新約聖書、旧約聖書、及びユダヤ教の伝統において広く展開された苦しみの経験の意義は、「行為と帰趨、罪と罰の関係のコンテキストにおいてほとんど完全に後退している」。同様の見解は以下、Gerstenberger/Schrage, Leiden, 200.「全般的に見て、新約聖書によれば苦しみは第一義的に罪と裁きのしるしとしてみなすことはできないと言わなければならない」。

（23）M. Konradt, Gericht und Gemeinde. Eine Studie zur Bedeutung und Funktion von Gerichtsaussagen im Rahmen der paulinischen Ekklesiologie und Ethik im 1 Thess und 1 Kor, BZNW 117, Berlin, New York: Walter de Gruyter, 2003, 442. 右の書では、集団を対象にした裁き（共同体への神の裁きの行為）に賛同している。しかし、個人を対象にした裁きの可能性も存在する。以下も参照、Zeller, 1 Kor, 378 Anm. 186. 一コリ五・五では、（共同体の裁きの告知を通して）罪と身体的な肉の滅びを関係づけている。ここでは、主の日における救済が目的となっている。

(24)「裁かれる」のは、キリスト者が「この世と共に罪に定められることがないようにするため」という目的を有する、神による「教育」(κυρίου [τοῦ] παιδευόμεθα) としてパウロは解釈することにより、一コリ一一・三二では、この発言を再び相対化している。以下を参照、Wolter, Art. Leiden, 686; Gerstenberger/Schrage, Leiden, 200.

(25) ヘッケルは研究史を振り返り、「肉のとげ」をめぐる次のような三つの解釈案に区分している。U. Heckel, Der Dorn im Fleisch. Die Krankheit des Paulus in 2 Kor 12,7 und Gal 4,13f, in: ZNW 84 (1993) 65-92.「一：内的で、肉体的な試練、二：敵対者による外的な迫害、三：病気」。研究者の多くは、σκόλοψ τῇ σαρκί を病気と解釈している。以下を参照、R. Bultmann, Der zweite Brief an die Korinther, hg. v. E. Dinkler, KEK Sonderband, Göttingen: Vandenhoeck & Ruprecht 1976; Th. Schmeller, Der Zweite Brief an die Korinther, Tb. 1: 2 Kor 1,1-7,4, EKK VIII/1, Neukirchen-Vluyn: Neukirchener Verlagsgesellschaft 2010, 307.326; Heckel, Dorn, 80. このことについて、より明確に論じようとする試みが何度もなされてきた。「肉のとげ」は言語障害と考え、または、癲癇、頭痛、さらに詳しく述べると偏頭痛、または（ヘッケルによれば、より確かなものとして）三叉神経痛であると考えられている（詳細はHeckel, Dorn, 80-92参照）。それ以外にも、ヒステリー、目の痛みとも考えられている（ガラ四・一五）「片頭痛、マラリア、内因性うつ病、……坐骨神経痛、ハンセン病、慢性神経衰弱……」、詳細は以下を参照、H. Mödritzer, Stigma und Charisma im Neuen Testament und seiner Umwelt. Zur Soziologie des Urchristentums, NTOA 28, Fribourg: Universitätsverlag/Göttingen: Vandenhoeck & Ruprecht 1994, 207.

(26) Heckel, Dorn, 70.

(27) 以下を参照、D.A. Black, Paul, Apostle of Weakness. Astheneia and its Cognates in the Pauline Literature, American University Studies 7, Theology and Religions 3, New York u.a.: Peter Lang 1984, 129ff.

(28) 二コリ一二・七（強調部分は論者）。

(29) パウロの苦しみは慢性的なものであることの論証として、以下の二点が挙げられる。(a)継続の意味の現在形「κολαφίζῃ」：フェオフィラクト（紀元後一一世紀）はこの語句に関して次のように解説している。

「οὐχ ἵνα ἅπαξ με κολαφίσῃ, ἀλλ᾽ ἀεί」（一度だけではなく、何度も痛めつける）。Theophylakt, 2 Cor, PG 124 933A (= Commentarius in Epistolam II ad Corinthios, in: Theophylacti Bulgariae Archepiscopi opera quae reperiri potuerunt omnia. Bd. 2, hg. v. J.F.M.B. de Rubeis, PG 124, Paris: Migne 1879, 795-952). (b) 直前の文脈：二コリ一二・二によれば、とげのエピソードと関連している恍惚体験は、すでに一四年前から生じている（つまり、パウロはこの期間、肉のとげに苦しんでいたのだろうか）。さらに、二コリ一二・八—一〇によれば、パウロは三度、主に願ったにもかかわらず、彼は弱いままであった（二コリ一二・五参照）。

（30）以下を参照。Pratscher, Bewältigung, 77 Anm. 12.

（31）この点に関して、次のようなことが論じられている。とりわけ「痕跡を長く残す死の危険がある病」(H.-J. Klauck, 2. Korintherbrief, Die Neue Echter Bibel 8, Würzburg: Echter 1986, 20; vgl. Schmeller, 2 Kor Tb. 2, 70. 反論として以下、U. Heckel, Kraft in Schwachheit. Untersuchungen zu 2. Kor 10-13, WUNT II/56, Tübingen: Mohr Siebeck 1993, 262 Anm. 279; Weidner, Strategien, 110)、エフェソの銀細工師の騒動 (Ph. Bachmann, Der zweite Brief des Paulus an die Korinther, KNT 8, [1+2]1909, 37f. しかし、このことは語られているより「いっそうドラマチックな」展開であったとホッツェは考える。G. Hotze, Paradoxien bei Paulus. Untersuchungen zu einer elementaren Denkform in seiner Theologie, NTA N.F. 33, Münster: Aschendorff 1997, 327 Anm. 369) または、死へと流れ込んだであろう（おそらくエフェソでの）使徒の投獄（V.P. Furnish, II Corinthians. Translated with Introduction, Notes, and Commentary, The Anchor Bible, Garden City NY: Doubleday & Company Inc. 1984, 123; P. Arzt-Grabner, 2. Korinther, Unter Mitarbeit von R.E. Kritzer, PKNT 4, Göttingen: Vandenhoeck & Ruprecht 2014, 207-212. 反論は以下、Heckel, Kraft, 262 Anm. 279）。E. Kamlah, Wie beurteilt Paulus sein Leiden? Ein Beitrag zur Untersuchung seiner Denkstruktur, in: ZNW 54/3 (1963) 217-232, hier: 219. 右の書では、とりわけ1QS III,21-24; 1QS IV,1,9以下の点から、パウロが常に戦わなくてはならなかった癇癪について示唆されている。

（32）強調部分は論者。一コリ一・三—一一の一人称複数が著述上のものなのか、それとも実際に複数を示しているかが問題である。後者の場合、パウロの同伴者、とりわけテモテ（二コリ一・一）が考えられるだろう。以下を参照：Weidner, Strategien, 107.

（33）Bultmann, 2 Kor, 32f. ブルトマンは内なる死への肯定、使徒が自ら命を放棄することを前提に置いている。「彼が自身で死の宣告をしていることは、神への絶対的な降服である」。「苦悩の中で」パウロは「苦しみの意味」を理解した（Bultmann, 2 Kor, 33）。反対意見としては以下、Schmeller, 2 Kor Tb. 1, 71 m. Anm. 183.

（34）Schrage, in: Gerstenberger/Schrage, Leiden, 181. ここでは、常に「自身から目を逸らしていること」「外的な力」が問題である。

（35）S. Alkier, Wunder und Wirklichkeit in den Briefen des Apostels Paulus. Ein Beitrag zu einem Wunderverständnis jenseits von Entmythologisierung und Rehistorisierung, WUNT 134, Tübingen: Mohr Siebeck 2001, 233. ここでは「使徒の業の『宝』」について言及している。

（36）翻訳は以下、Th. Schmeller, 2 Kor Tb.1, 251. シュメラーはこの翻訳について次のように説明している。Schmeller, 2 Kor Tb. 1, 257.「パウロの弱さは、異議を唱えるものではなく、むしろ、彼の業への神による資格を示すものである。それは神に由来する、この業を通して受け取ることができる力の源だからである」。シュメラーは、「彼の（使徒の）低さは」δύναμις の表明の「単なる一形式に過ぎない」と考える（J. Schröter, Der versöhnte Versöhner. Paulus als unentbehrlicher Mittler im Heilsvorgang zwischen Gott und Gemeinde nach 2 Kor 2, 14-7, 4. TANZ 10, Tübingen/Basel: Francke 1993, 172）。Schmeller, 2 Kor Tb. 1, 257 m. Anm. 516.

（37）Schrage in: Gerstenberger/Schrage, Leiden, 182; Pratscher, Bewältigung, 78. 罪人の義認、また苦しみへの見方も、パウロによれば外からの決断に由来する。つまりは、義認における「外からの義」、苦しみの中の「外の力」であるとシュラーゲは論じている。Schrage, in: Gerstenberger/Schrage, Leiden, 183.

（38）パウロ自身の苦難を列挙した箇所の最後の発言、「無一文のようで、すべてのものを所有している」（二コリ六・一〇）も参照。

（39）Schrage in: Gerstenberger/Schrage, Leiden, 183. ヘッケルが死の病に関して指摘するように、この認識は真の意味での解放を産み出すことができる。Heckel, Schwachheit und Gnade. Trost im Leiden bei Paulus und in

der Seelsorgepraxis heute, Stuttgart: Quell 1997, 147.「もはや治療するために何もすることができないという
認識は、何かをしなければならないという強迫的な思いから解き放ち、結果としてすべてのことを神から
待ち望むのを可能にする」。
(40) M. Ebner, Leidenslisten und Apostelbrief. Untersuchungen zu Form, Motivik und Funktion der Peristasenkataloge
bei Paulus, fzb 66, Würzburg: Echter 1991, 286; W. Radl, Art. ὑπομονή, in: EWNT 3 (²1992) 969-971, ここでは969;
Alkier, Wunder, 231f.
(41) ヴァイドナーによれば、神の慰めを具体的には(a)「艱難と慰め」の体験を基にしたパウロと（テモテな
どの）同労者の慰めの言葉を通して伝わる。さらに、(b)「パウロのグループ」が共同体のために「慰めの
手本」になることによって伝わる（Weidner, Strategien, 118）。
(42) この見解は以下を参照。Weidner, Strategien, 115; Schmeller, 2 Kor Tb. 1, 44.66f; Ebner, Leidenslisten, 287;
vgl. Radl, Art. ὑπομονή, 969f. ὑπομονή は「個人的な力の表現ではない」。それは新約においてキリスト者の
みに帰している。ロマ五・三では、パウロは艱難（θλῖψις）から忍耐（ὑπομονή）が生じるという文脈にお
いて、私たちの心に注がれている神の愛（ἀγάπη τοῦ θεοῦ）について語っている。
(43) Th. Schmeller, Die Erinnerung an die Leiden Jesu Christi bei Paulus, in: A. Strotmann u.a. (Hg.), Vergegenwärtigung
der Vergangenheit. Zur Notwendigkeit einer am Judentum orientierten christlichen Erinnerungskultur (FS J. Maier),
Übergänge. Studien zur Evangelischen und Katholischen Theologie/Religionspädagogik 15, Frankfurt a.M. u.a.: Peter
Lang 2010, 49-62, 55.
(44) 翻訳は以下、Schmeller, Erinnerung, 55.
(45) フィリ三・一〇において復活は、「通常の」出来事の順序とは異なった場に置かれている。苦難の前に
ある復活とは次のようなことを示している。つまり、パウロはここで「現実の生において経験可能なキ
リストの復活の救いの働き」を念頭に置いている（Schmeller, Erinnerung, 55）。さらに、それはパウロが
フィリ三において「キリストの体験の素晴らしさ」を強調したいという説明もできるだろう（この見解は
以下、D. Häußer, Der Brief des Paulus an die Philipper, Historisch-theologische Auslegung. NT, Witten: Brockhaus/

Giessen: Brunnen 2016, 236)。

（46）フィリ三・八―一一ではパウロは自身について語っている。だが、フィリ四・一一以下では、彼は模範として自己を示している。それゆえ（間接的に）書簡の受け取り手が語りかけられている。

（47）Häußer, Phil, 237. このような解釈は、マカバイ時代、敬虔主義が勃興し始めた時期以降、苦しみが神に帰属することの証として理解され始めたことに依拠する。以下、参照。N. Walter, Die Philipper und das Leiden. Aus den Anfängen einer heidenchristlichen Gemeinde, in: R. Schnackenburg u.a. (Hg.), Die Kirche des Anfangs (FS H. Schürmann), Freiburg i.Br. u.a.: Herder 1978, 417-434, hier: 428f.

（48）この発言をどのように解釈すべきなのか、このようなわずかな記述からは明らかにできない。正確に判断することができない、いくつかの解釈の可能性が開かれている。例えば、次のような問いを発することができるだろう（Schmeller, 2 Kor Tb. 1, 64参照）。二コリ一・五では、パウロの苦しみは同じ目的への努力、または「同じ自己理解」に基づいているのでキリストの苦しみと一致するのか。あるいは、パウロは洗礼を契機とした神秘的な交わりや、キリストの体の一つとしてキリストと結ばれるのだろうか（Schmeller, 2 Kor Tb. 1, 65）。さらにまた、ここでは使徒パウロ（と同労者）の苦しみが問題となっている。二コリ一・六では、この書簡の受取人もまた視野に入っている。「私たちが苦しんでいるのと同じ苦しみに〔耐える〕」と述べているからだ。しかし、「パウロがキリストとの苦しみの交わりにはっきりと優先されていること」を「見逃すことはできない」（Schmeller, 2 Kor Tb. 1, 65）。

（49）二コリ一・五の慰めは「キリストを通して仲介されただけではなく、キリストによって経験される慰め」である（Schmeller, 2 Kor Tb. 1, 65）。また、二コリ一・九の神（二コリ一・三「あらゆる慰めの神」参照）は「死者を復活させてくださる」神として想定されている。明確には表現されていないとしても、ここでは「復活に参与すること」がパウロの慰めと関係しているとされる（Schmeller, 2 Kor Tb. 1, 65参照、また以下も参照、Tannehill, R.C., Dying and Rising with Christ. A Study in Pauline Theology, BZNW 32, Berlin 1967, 91-93)。

（50）二コリ四・八以下。

（51）Schmeller, Erinnerung, 54; Schmeller, 2 Kor Tb. 1, 263. キリストとパウロとの関係をどのように理解できるかについては、やはりここでも明確にすることはできない。キリストを模範とするという関係を意味しているのだろうか。神秘的な、または信仰による結びつきなのだろうか（この点に関する概説は Schmeller, 2 Kor Tb. 1, 263参照）。キリストは「決定的な影響を与える原型」なのだろうか、または「新しい人間の創始者、原型」なのだろうか（Kamlah, Paulus, 227）。

（52）「それゆえ、私たちは失望しません。むしろ、私たちの外なる人は朽ち果てていったとしても、私たちの内なる（人）は日々、新たにされているのです」（翻訳は以下、Schmeller, 2 Kor Tb. 1, 270）

（53）W. Rebell, Das Leidensverständnis bei Paulus und Ignatius von Antiochien, NTS 32 (1986) 457-465, ここでは460.

（54）翻訳は以下を基にする。Schmeller, 2 Kor Tb. 1, 363. 二コリ一〇・一〇によれば、パウロはその弱さをコリントの教会の一部から非難された。シュメラーの解釈によれば、キリストの力の証明、復活の命を生きる力は、差し迫ったパウロの訪問において、教会のすべての構成員に対して認められるようになる。Schmeller, 2 Kor Tb. 1, 381.

（55）ロマ八・一六以下。翻訳は以下、Schmeller, Erinnerung, 53.

（56）Wolter, Art. Leiden, 686f.

（57）フィリ三・一〇以下、二コリ四・一〇以下、七・三。二コリ一・五―七（慰め）参照。

（58）ここでは、終末論的な次元が効力を発揮している（二コリ一・九以下参照）。ガラ六・一七でパウロは、στίγματα τοῦ Ἰησοῦ を自身の体に負っていることを怒りに満ちた拒絶の中で語っている。

（59）ここでは自然に従って生き、変化を望まないストア派の理想の生き方との相違を見出せるであろう。以下を参照、Heckel, Schwachheit, 54. パウロが嘆きの詩編の慰めの効用を認める意味は、私たちがパウロの苦難の列挙において、多くの場合、詩編の引用かまたは詩編の暗示を見出すことができるという考察が明らかにする。ロマ一五・三の詩編と後続するロマ一五・四も参照。「かつて書かれた事柄は、すべて私たちを教えるために書かれたのです。それで私たちは聖書の忍耐と慰めを通して、希望を持つことができるのです」。

(60) Κύριος は神だけではなくキリストも関係している。以下を参照、Pratscher, Bewältigung, 81. 二コリ一二・九はキリストの力について語っており、それはキリストを指し示すものであろう（Th. Schmeller, Der zweite Brief an die Korinther, Tb. 2: 2 Kor 7,5-13,13, EKK VIII/2, Neukirchen-Vluyn/Ostfildern 2015, 308. 以下、参照。Heckel, Schwachheit, 4. その他、多くの解釈者も同様）。一方で、とげは（間接的に）神に由来し、おそらくキリストの意義をめぐる二コリ一二・九は、パウロが直接的にキリストに向け、（キリストを通して）神に向けたのではない、唯一のパウロの祈りであろう（以下を参照、Ostmeyer, K.-H., Kommunikation mit Gott und Christus. Sprache und Theologie des Gebetes im Neuen Testament, WUNT 197, Tübingen: Mohr Siebeck 2006, 369f.）。

(61) マコ一四・三六平行。

(62) 翻訳は以下、Heckel, Dorn, 65.

(63) Heckel, Schwachheit, 16.41ff. ここでは、ストア派の理想に近いものとして指示されている。

(64) 翻訳は以下、K. Barth, Predigten 1954-1967, hg.v. H. Stoevesandt, Karl Barth Gesamtausgabe, I. Predigten, Zürich: Theologischer Verlag 1979, 220. しかしバルトはこれについては詳しく述べず、むしろ要求という意味を基にした解釈に焦点を当てているとヘッケルは批判的な意見を述べている。Heckel, Schwachheit, 16f.

(65) Heckel, Schwachheit, 45. 対象はパウロではなく神の恵みである。ἀρκεῖν は直説法受動態ではなく能動態で用いられている。それゆえ、この言葉はパウロを満足させること（自分自身を満足させること）を要請しているのでなく、パウロは（承諾しているという意味において）「神の恵みの充溢と充足」について述べている。以下を参照、Heckel, Schwachheit, 46. 同様の意味では以下、Schmeller, 2 Kor Tb. 2, 309.「キリストの恵みはパウロに事実、十分にあるという承諾の意味もこの答えは含んでいる」。

(66) Heckel, Kraft, 92.

(67) Heckel, Kraft, 92. シュメラーも主張しているように、しばしば見られるような狭義の解釈、つまりはパウロ（そしてルター派）の神学が弱さを「もっぱら……神の力の啓示の場として」（強調部分は論者）理解する解釈を、批判的に捉えることができる（二コリ一三・四のみを参照）。パウロの場合、弱さと強さをめぐって「体系的ではない相互の結合」が観察される（引用は以下、Schmeller, 2 Kor Tb. 2, 382）。

(68) ローマに囚われの身として護送され、そこで殉教が待ち受けているアンティオキアのイグナティウスは、ローマの教会に対して、彼の殉教を免除するための干渉をしないように願っている。

(69) Rebell, Leidensverständnis, 459. パウロはフィリ一・二三によれば、世から離れてキリストと共にあることを望んでいる。しかし、教会に対する責任のゆえに、その道を選ばない（フィリ一・二四―二六）。二コリ一一・三二以下によると、パウロはナバテア人の王の代官たちから逃げることによって、困難な状況を脱した。彼は福音をさらに広めたいと思っている。

(70) 一コリ一二・一三。洗礼の形式であるガラ三・二八参照。

(71)（共に）喜ぶことについては、一コリ一三・六（愛は真理を喜ぶ）、フィリ二・一七ｂも参照。二コリ一一・二八に記されているように、すべての教会のための使徒の心配事を参照。パウロの「共感」については、二コリ一一・二九、「だれかが弱っているなら、わたしは弱らないでいられるでしょうか。だれかがつまずくなら、わたしが心を燃やさないでいられるでしょうか」。パウロは二コリ一・七で「（略）希望は揺るぎません。なぜなら、あなたがたが苦しみを共にしてくれているように、慰めをも共にしていると、私たちは知っているからです」と書いている。

(72) 以下を参照。Bultmann, 2 Kor., 31. ロマ八・一九以下にはこれが被造物全体へと拡大されている。

(73) Schmeller, 2 Kor Tb. 1, 279.

(74) シリ・バル一五・八、ソロ詩三・五。

(75) シリ・バル四四・八。

(76) 二マカ七・三六（四マカ一五・二六以下参照）、シリ・バル四八・五〇。新約における終末論的な苦難の理解に関してはマタ五・一〇、五・一一以下平行、マコ一〇・二八―三一、使一四・二二、二テサ一・四―八ａ、一ペト一・四―六、四・一三、一七、五・一〇、黙二〇・四参照。

(77) 数はわずかではあるが、プルタルコス（Cons ad Apoll. 31,117E）、エピクテト（Diss. I,9,17）、セネカ（De tranq. Animi 16,4）などの哲学文献において、いくつかの類似例が存在している。以下を参照、Schmeller, 2

Kor Tb. 1, 279 m. Anm. 645.

（78）翻訳は以下、Schmeller, 2 Kor Tb. 1, 270.

（79）ロマ八・二三にある霊を有するもののうめきが示しているように、苦しみは「終末論的に相対化」されてはいない（Ch. Strecker, Die liminale Theologie des Paulus. Zugänge zur paulinischen Theologie aus kulturanthropologischer Perspektive, FRLANT 185, Göttingen: Vandenhoeck & Ruprecht 1999, 243）。従って、苦しみは、何度も批判しているように、単なる「慰めるもの」として受け取ることはできない。

（80）このイメージはヘレニズム・ユダヤ教においてすでに存在している。以下を参照、N. Walter, “Hellenistische Eschatologie” im Frühjudentum - ein Beitrag zur “Biblischen Theologie”?, in: ThLZ 5 (1985) 331-348（再録は以下、N. Walter, Praeparatio Evangelica. Studien zur Umwelt, Exegese und Hermeneutik des Neuen Testaments, hg.v. W. Kraus und F. Wilk, WUNT 98, Tübingen: Mohr Paul Siebeck 1997, 234-25, hier: 244-246）.

（81）二コリ五・一六以下、六・二、ロマ五・九―一一、七・四―六、八・一以下。

（82）それ故、パウロの現在の時は、苦しみの時（ロマ八・一八、二二）だけではなく、救いの時（二コリ六・二）であると特徴づけられていると説明される。

（83）ロマ六・一九、二一以下、ガラ二・二〇。

（84）一コリ一五・三五―四九、五〇以下、二コリ四・一八。

（85）Ch. Böttrich, Art. Apokalyptik (NT), in: Wibilex, erstellt: April 2014, Permanenter Link: http://www.bibelwissenschaft.de/stichwort/49908 (Abruf 15.8.2018).

（86）シュトレッカーは右の書の至るところで「境界線上の段階」について言及している。「リミナリティー」という概念は、洗礼の体験で示されている。ラテン語の「limen」は「境界、入口、扉」を意味する。洗礼を通して、古い生から脱し、境界線を越える。私たちはこのような儀式の際、古い人生の段階を越え、私たちが新しい生に足を踏み入れるまで、過渡期（いわゆるリミナリティー）の途上を生きると現代の儀礼研究は論じている。初代のキリスト教徒は、洗礼と共にこのような境界線上に足を踏み入れる。また彼、彼女らはこの世界を過渡期として理解している。

（87）Weidner, Strategien, 179.
（88）Schmeller, 2 Kor Tb. 1, 279.
（89）翻訳は、ルター訳一九八四年。
（90）Schmeller, 2 Kor Tb. 1, 279.
（91）現在においてすでに信者たちの変容が、二コリ三・一八において記されていることも参照。
（92）翻訳は以下、Schmeller, 2 Kor Tb. 1, 270.「内なる」と「外なる」人間という発言は、ヘレニズムの哲学的伝統において見出し、それに由来する。以下を参照、2 Kor Tb. 1, 274.
（93）翻訳は以下、Schmeller, 2 Kor Tb. 1, 270. Weidner, Strategien, 181. 上記の書では次のように主張している。「試練は『外なる人』〔略〕と使徒たち（二コリ四・七―一二）の苦しみと同じように、現実的で目に見えるものである」「しかし、それはキリストを信じる者たちには異なった見方から認識されている。その見方とは、目に見える形で、一時的であり、あまり重要ではない事柄に注意を向けないということではなく、永遠であり、目に見えない事柄に注意を向けるということである」。
（94）Weidner, Strategien, 180では、二コリ四・一七以下との相違を見ている。
（95）ロマ八・三五、三七、三九。
（96）ロマ八・一八以下の苦難と救済の交じり合いについては以下、参照。Strecker, liminale Theologie, 244.
（97）翻訳は以下、K. Haacker, Der Brief des Paulus an die Römer, 4., erneut verbesserte und erweiterte Aufl., ThHK 6, Leipzig 2012, 172.
（98）翻訳は以下、D. Zeller, Der Brief and die Römer. Übers. und erkl, RNT, Regensburg: Pustet 1985, 107.
（99）Klein, Bewältigung, 266f.
（100）Wolter, Art. Leiden, 683は、「現在の苦しみの現実の中で経験することができる」「現在の救済の賜物」について述べている。
（101）その他、喜びの体験（一テサ一）や信仰の共通性については、以下を参照、Wolter, Art. Leiden, 684.
（102）Schmeller, Erinnerung, 62.

(103) 誰もが自身の食べ物を平等に分かち合うという要請は、私たちにとっては明白であると思われるが、パウロはこのように表現してはいない。

(104) 一コリ八・七において、弱い者とは異邦人キリスト者だと考えられる。以下を参照、Klauck, 1. Korintherbrief, Die Neue Echter Bibel 7, Würzburg: Echter ^{2}1987, 62; Zeller, 1 Kor, 239.

(105) クリスティナ・ワーグナーによれば、目下の認識では、この「相互の良心」という考えは、周辺世界において類似例はない。以下を参照、K. Wagner, Das interaktive Gewissen bei Paulus, in: G. Theißen/P. v. Gemünden (Hg.), Erkennen und Erleben. Beiträge zur psychologischen Erforschung des frühen Christentums, Gütersloh: Gütersloher Verlagshaus 2007, 301-318, ここでは303.

(106) ローマの共同体において、弱者への施しはユダヤ教に特徴づけられている。以下を参照、Zeller, 1 Kor, 294.

(107) 「すべてのものは清い」（ロマ一四・二〇）。

(108) Zeller, 1 Kor, 303.

(109) フィリ二・三以下、五参照。

(110) 以下を参照、Wolter, Art. Leiden, 683.

(111) 一コリ一二・二八。

(112) 一コリ一二・八、二八、ロマ一二・八。

(113) つまり、奇跡を行う賜物。一コリ一二・一〇、二八参照。信仰（πίστις）のカリスマ（一コリ一三・二参照、「山を動かすほどの信仰」）は奇跡の業も含意していると考えられる。「『癒しを行う人』『力を行う人』」（Zeller, 1 Kor, 392）。

(114) 一コリ一二・九、一二・二八。

(115) 一コリ一二・二八。

(116) 一コリ一二・二八。以下を参照、Klauck, 1 Kor, 91.

(117) ロマ一二・八 παρακαλῶν. ここでは両方の理解の可能性がある。一テモ四・一三の勧めと教えが並列している。一コリ一四・三（三一）では、慰めることが預言する者の任務である。以下も参照、Zeller, Röm, 209.

(118) ロマ一二・八：Μεταδιδούς.

(119) ロマ一二・八：Ἐλεῶν.

(120) 一コリ一二、ロマ一二。

(121) ロマ一二・九。

(122) ロマ一二・一二。

(123) 二コリ八・九、ロマ一五・二五―二八。

(124) ロマ一二・一三（外から来たキリスト者へのホスピタリティは以下を参照、ロマ一六・一、一ペト四・九、ヘブ一三・二）。

(125) ロマ一二・一四、翻訳は以下、Zeller, Röm, 206. ロマ一二・一七の復讐の禁止参照。

(126) 翻訳はルター訳一九八四年。

(127) Pratscher, Bewältigung, 89は次の点を指摘する。「肉体的な幸福を配慮し、報復を放棄し、敵対する者に祝福を与えるような敵との連帯とは、〔略〕その者と交際し、理解の障壁を打ち破り、敵であるという存在からその者を救うことを意味する。敵であるという存在も逆に言えば苦しみの一形態にすぎないからだ」。

(128) 以下も同様に参照、Weidner, Strategien, 268ff.

(129) Wolter, Art. Leiden, 684.

第三章　パウロの「十字架の神学」から見た苦難の問題[1]

青野太潮

1　イエスの「死」と「十字架」の区別

「十字架の神学」（theologia crucis）はもちろんルターの用いた術語ですが、それはパウロの「十字架の神学」を驚くべき正確さとともに継承しているものです。今日はルターの「十字架の神学」についてはごくわずかしかふれることはできませんが、パウロの「十字架の神学」の根底には、イエスの「死」と「十字架」の区別がある、ということに、私はこれまでの自らの釈義的考察において気づかされてきました。八木誠一先生は、「イエス・キリストの『死』と『十字架（上の死）』とでは意味が違うという発見、ないし再発見は青野さんの重要な貢献である」、と言ってくださいましたが[2]、それは先生のやさしさの現われでありまして、その「区別」は、すでにH.-W. Kuhn（クーン）先生が一九七五年の論文において指摘されていたものでした。しかしそこでクーン先生は、この区別は繰り返し繰り返し見過ごしにされてきた、と慨嘆されています。

その区別とはすなわち、贖罪論はイエスの「死」と結合しているが、イエスのその「死」が「十字架」として言い表わされて議論される場合には、その「十字架」は、さしあたっては「弱さ」「愚かさ」「つまずき」「(律法の)呪い」をしか意味しない、しかしそれらは逆説的に、真の「強さ」「賢さ」「救い」「祝福」として解釈されて、「十字架の逆説」が展開され、それは第一コリント一・一八―二五、二・一―三において典型的に見られる、という区別のことです。私は二〇一六年一二月に『パウロ――十字架の使徒』(岩波新書)を上梓しましたが、その第三章(一〇三―一五九頁)において、これまでさまざまな場所で言及してきたパウロの「十字架の神学」をまとめて展開することができましたので、それを参照していただけたらさいわいです。

したがって、「十字架」が「罪の贖い」として、すなわち「贖罪論」と結合して語られる箇所は、新約聖書の中にはまったくありません。広く人口に膾炙している「イエスさまは私たちの(罪の)ために贖いとなって、あるいは身代わりとなって、〈十字架にかかって〉死んでくださった」という言い方に見られるような「十字架」の贖罪論的な表現は、新約聖書のどこにも見出されないのです。第一ペトロ二・二四の、贖罪論的に解釈されてしばしば「十字架」と訳されている原語は、「木」であって「十字架」ではありませんので、それも例外ではありません。もっとも後にふれますガラテア三・一三においても、申命記二一・二三、二七・二六における「木」が「十字架」の意味で解釈されてはいますが、しかしそこでその「木」が贖罪論的に展開されることは、やはりありません。五〇年代に書かれたパウロの真筆の手紙と、イエスの「十字架」の残虐性が次第に希薄になっていった二世紀になって書かれたことがほぼ確実である第一ペトロ書とでは、「木」の背後にそれぞれが持っていた背景は、やはり同日に論じることができるものではありません。

つまり、「イエスは私たちの罪の贖いとなって死んでくださった」というように告白された場合には、「十字架」という単語がそこに入り込んでくる余地はまったくなかったのです。なぜなのか？この問いが、私自身の「十字架の神学」の探求の出発点となりました。「十字架」は「イエスが殺された（！）こと」を意味していますから、イエスが私たちの（罪の）ために「死んでくださった（！）こと」を言うための適切な用語ではあり得なかったのだと思われます。実際、十字架は、ローマ帝国に対する政治的な反逆者への、口にするのもおぞましいほどの、残酷で凄惨な死刑のための道具を意味していました。フランス革命時の「ギロチン」が類比的であると言えるでしょう。

しかし、その残酷さ、それがもたらす悲惨さは、生前のイエスが語られた福音、すなわち「貧しい者たち、飢えている者たち、泣いている者たち、悲しんでいる者たちはさいわいだ、神の国はあなたたちのものなのだから」（以下引用は断わりがない限り新共同訳からですが、ここはルカ六・二〇―二一とマタ五・三とを合体させたもの）という逆説的な福音の持つ残酷さ、悲惨さとは、ピタリと符合していますます。実際、イエスはご自身十字架上で、自らが語られた「そのような者たち」になっておられたのだ、と言えるでしょう。

2　十字架につけられたままのキリスト

パウロにとっても、キリストは「弱さのゆえに」十字架につけられた存在でありました（二コリ一三・四）。しかし、だからこそ、今復活して生きておられるそのキリストは、力強い方なのだ、とされます（四節b）。この「だからこそ」は、直前の一二・九―一〇で語られている「力は（口語訳のように「私の力は」ではない！）弱さの中でこそ十分に発揮されるのだ」、「私が弱いときにこそ私は強いのだ」という逆説から導き出されます（一三・三bの「キリストは弱くはなくて強い」は、上述の「弱いからこそ強い」という逆説とは矛盾します。それゆえに、一三・三bは三aに接続している「パウロの論敵のことば」として訳出されるべきです。すなわち、ここの関係代名詞ホスは、先行詞であるキリストと、切り離してではなくて、繋げて、「なぜならばあなたがたは、あなたがたに対して弱くはなくてあなたがたのうちにあって強い、そういうキリストが私のうちにあって語っておられるという、その証拠を熱心に求めているからである」というように訳さないと、パウロの文意はズタズタに切り裂かれてしまうことになります）。

その一二・九の「（復活の）主は言われました」が現在完了形で語られていることは、決して看過されてはなりません。パウロが三回言及する「十字架につけられたキリスト」（一コリ一・二三、二・二、ガラ三・一）も、常に現在完了形の分詞を用いて語られていることは、極めて重要です。英語で言えば、Crucified Christではなくて、Christ, having been crucifiedとなっています。完了した動作の結果・影響が現在にまで継続して及んでいることを表わす現在完了形と、現在との関わりについては何も語らない過去形（アオリスト形）との間の相違は、深く注目されなくてはなりません。I lost my key. と言えば、その鍵が見つかったかどうかについては何も語っていませんが、I have lost my key. と言えば、私は今もその鍵を失くしたままの状態である、ということが明らかになっています。それゆえに、ガラテア三・一においてのみではありますが、文語訳聖書が正しく訳していますように、「十字架につけられたキリスト」は、「十字架につけられ給ひしままなるキリスト」と訳されなくてはなりません。パウロが出会った「復活されたキリスト」は、まさに「十字架につけられたままのキリスト」だったのです（この現在完了形はアオリスト的現在完了だと言って逃げる人がいようとも、あるいは東京神学大学教授の芳賀力さんが「困っちゃうんですね」と言われようとも[4]、これはひとつの高い蓋然性を持った解釈であることに変わりはありません）。

そして第二コリント四・一〇の「いつもイエスの死をこの体にまとっている」の「死」を意味する単語が、通常使用されるタナトス（「死生学」を意味する「タナトロジー」を参照）ではなくて、ネクローシスであり、そしてそれがまずは「殺害」（killing / Tötung）を意味しているということは、直前の四・六がほぼ確実にパウロの回心の内容を語っていることからして、パウロがその回心の際に出会った「復活のキリスト」とはまさに「十字架上で殺害されてしまったままのイエス」であった、という可能性が大であることを示しています。

ガラテア三・一三には、申命記二一・二三、二七・二六を背景にして、「十字架」を意味する「木」と「贖い出し」という言い方が出てきますが、しかしこれもやはり、前述しましたように、「贖罪論」ではない、ということには注意が払われなくてはなりません。なぜならば、それはむしろ「律法の呪いから」の「贖い出し」であって、「罪の贖い」とは言われていないからです。つまりイエスは、神の逆説的な福音を語り、そしてそれを生き抜いてくださったのですが、しかしイエスのその福音は、「律法」を基準として考えれば、まったく「呪われるべきもの」だったのです。しかしイエスは、命を賭してまでもその福音を貫徹してくださり、その結果、十字架につけられてしまわれたのですが、しかしそれは、私たちを「律法の呪い」から解放し、私たちに「祝福」を与えてくれる出来事そのものだったのだ、というのです。それゆえに、ここガラテア三章でも、「贖罪論」ではなくて、「呪いこそが祝福だ」という「十字架の逆説」こそが貫徹されているのです。そして「贖い出し」と同根の動詞で「あなたがたは代価を払って贖いとられたのだ」（一コリ六・二〇、七・二三）と言われる際にも、ここガラテア三章と同じ関連がおそらくパウロによって考えられているのだろうと思われます。

3　十字架によって決定づけられてしまっている信徒の生

そしてガラテア書においては、とくに、二・一九の「わたしはキリストとともに十字架につけられてしまっている」、さらに六・一四の「十字架によって、世はわたしに対して、わたしは世に対して、磔（はりつけ）にされてしまっている」が明示していますように、苦難の生を生きている信徒の実存は、この「十字架」によって常に決定づけられてしまっていることが言われています。しかしながら、「自分の十字架を背負ってわたしに従いなさい」（マコ八・三四／マタ一六・二四／ルカ九・二三、マタ一〇・三八／ルカ一四・二七）という、イエスの言葉として伝えられている言い方のなかの「十字架」は、この時点ではまだイエスの処刑が、ローマ軍によるイエスの十字架刑となることが決定的であったわけではありませんので、イエスの真正な言葉かどうかは極めて疑わしいと思われます。

いずれにしても、実に興味深いことに、パウロが自分たちの「苦難」に満ちた実存を描写するとき、そこには生前のイエスが語られた「言葉」の反映が明確に見出されます。そのことは、第二コリント六・八―一〇（「悲しんでいる者でいて、しかし常に喜んでいる者であり、貧しい者でいて、しかし多くの人を富ませる者である」〈岩波訳〉）、第一コリント四・一一―一三（「罵られながら祝福し、迫害されながら耐え忍び、誹謗されながら慰めの言葉をかけている」〈岩波訳〉）、そしてローマ一二・一四（「あなたがたを迫害する者たちを祝福しなさい、然り、祝福しなさい、そして呪ってはならない」〈岩波訳〉）において典型的です。そして実はこの展開は、よく考えてみれば、論理的な必然です。なぜならば、十字架とは、イエスがまさに神の福音を語り、そしてそれを生き抜かれたことによって、不可避的にイエスの上に襲いかかってきたものだったからであり、そのような十字架によって決定づけられてしまっている信徒の実存を描写するときに、イエスの福音への反映なしに、しかも十字架を不可避的なものとしたイエスの福音への反映なしに、その描写をするということは不可能だったと思われるからです。パウロは生前のイエスの言行に深く思いを馳せていたのです（「パウロは生前のイエスの言行には無関心であった」とのブルトマン説[5]には対立して）。

4　複数形の「罪々」と単数形の「罪」の区別

ところで、私たちがパウロにおける「贖罪論」について考察する際に注目すべきことは、「贖われる」その「罪」が、常に複数形で語られているということです。パウロは五九回「罪」（ハマルティア。「的外れ」の意味）という単語を使用しているのですが、そのうち七回においてのみ、その「罪」を複数形で語っています。そしてそれらのケースではすべて、「旧約聖書をも含むパウロ以前の伝承」、中でも「贖罪論」ないしは「ユダヤ人の信仰」との関連のなかで「罪々」が用いられています。典型的な例は、第一コリント一五・三における初代教会のケーリュグマ（信仰告白定型）の引用においてです。しかし、パウロが自分の言葉で「罪」に言及する残りの五二回においては、彼はそれを単数形でしか語ろうとしません。そしてその場合のすべてにおいて、パウロは「贖罪論」との関連をまったく展開することをしません。つまり「贖罪論」は、そのユダヤ的伝統からして、「律法違反の罪」、すなわちあれやこれやと数え上げることのできる罪々、そして動物の血をもって「贖われ」なければならなかった罪々を前提にして成り立っていたのですが、しかしパウロの場合には、もやは「律法」はユダヤ教におけるような絶対的な権威を持ったものではなくなっており、それゆえにその律法の「違反」としての罪々のために「神の子の尊い血」が「犠牲の供え物」として捧げられなくてはならないというような考え方は、もはやあり得なかったのです（たしかに律法は、ローマ七・一二で言われていますように、パウロにとって「聖なるもの」ではあったのですが、しかし「聖」という概念はパウロにとっては両義的なものでありまして、絶対的に神聖不可侵なものというような意味ではもはや決してありませんでした。例えば、一コリ七・一四の「さもなければ、あなたがたの子どもたちは不浄であることになるが、しかし現に彼らは〈聖い〉のである」、あるいはエルサレム教会の信徒たちを「〈聖〉徒たち」とパウロが呼ぶこと（例えばローマ一五・二五、二六、三一など）などを参照）。

前述した第一コリント一五・三以下や、濃厚に「贖罪論的」な内容を含んだローマ三・二四以下に見られるような理解は、明らかに（ヘレニストの対極にあった）ヘブライスト（キリスト者もまた割礼を受けなければならないと主張したエルサレム原始教会のユダヤ主義者たちのことで、その筆頭は早い時期にペトロからイエスの実弟ヤコブへと移行していました）的な伝統のなかで形成されたものです。しかし後者のローマ三・二四以下の場合、パウロは彼が受け継いだ伝承のなかに、「神の恵みにより」「無償で」「信仰をとおしての」などの、パウロに特徴的な「信仰義認論」的な語句を挿入させることによって、明らかにヘブライスト的な要素の「中和」を図っています。それらの語句が挿入であることは、本文を原語のギリシア語で読むとき、より鮮明に識別可能です。したがって、第一コリント一五・三の「私はまずは（first of all）それを引用したが」の意味を持つ言い方を、「最も大切なこと（大事なこと）として私は引用した」などと安易に訳出してそれを過度に重視することは、厳しく避けなければなりません。それに第一コリント一五章では、パウロはそもそも「復活」についての議論を展開しようとしているわけですから、イエスの「贖罪死」に彼が言及しているのは、ただヘブライストたちのその「ケーリュグマ（信仰告白定型）」のなかに短くそれへの言及が含まれていたので、というだけの理由からだった、というのが実情だったと思われます。そして実際、それ以上の「贖罪論的」

な展開は、一五章三節以降まったくなされてはいません。それゆえに、過度の重きをそこにおくべきではないのです。パウロの神学思想の形成にとって、あくまでも否定的な作用しか及ぼすことのなかったヘブライストたちの神学思想と実践、つまりパウロが彼の宣教や牧会において、ひどく妨害され、深く困惑させられ、傷つけられ、その回復のために多くの時間を費やさざるをえなかったヘブライストたちの思想と実践（それらは、とくに二コリ一〇章―一三章におけるパウロの筆致から鮮明に再構成できます）は、明確に否定的な意味で批判的に取り扱われなくてはなりません。それにもかかわらず、パウロ書簡についての解釈においても、とりわけルカが書いた使徒行伝についての解釈においても、その批判が徹底してなされないままになってしまう、という事態を招いてしまっています。それゆえに、三世紀半ばの『ペテロの宣教集』[6]（すなわち、イエスをキリストと告白しつつも、律法を、とりわけイスト的な「ユダヤ主義的原理主義」（すなわち、イエスをキリストと告白しつつも、律法を、とりわけ前述したように割礼を遵守することが救いにとってやはり不可欠だと主張した原理主義）の捉え方が、依然として今日のキリスト教信仰において、消滅してしまったどころか、大きな影響力を保ちつつ、キリスト教信仰の内実を形成する重要な要素として生き残っているという事実は、あまりにも奇妙なことだ、と言わなくてはならないでしょう。

パウロにとってはむしろ、複数形の罪々ではなく、もはやそれ以上には分割することのできない単数形の罪が問題でした。つまり「すでに自分は、律法を通して、神が何を意図されているのかを、十分すぎるほどによくわかっている、そしてそれさえ守っておれば救いは自分の手中にある、というような、人間が神と等しい存在になれるかの如くに考える神の前での人間の傲慢（ヒュブリス）」としての罪こそが問題であったのです（ただしこのギリシア的な意味でのヒュブリスの重い用法は新約聖書における二回の用法［使二七・一〇、二コリ一二・一〇］のなかにはありません）。それゆえに、第二コリント五・二一の「神は罪を知らない方を罪とされた」や、ローマ八・三の「神は自らの子を、罪の肉と同じかたちをとって、また罪のために、遣わし、その肉において罪を断罪されたのである」（岩波訳）において、単数形の「罪」が用いられているのは、前述したガラテア三・一三における「呪い」と「祝福」におけるのとほぼ同じ関係において、「罪」が逆説的に肯定的に捉えられているからでしょう。実際、これらの二箇所においても、ガラテア三・一三においてと同様に、決して複数形の罪々を前提にした「罪の贖い」とは言われていません（ここで私は、ルター[7]が濃厚に贖罪論的なヨハネ黙示録一・五―六についてのコメントであるにもかかわらず、「信仰者にとっては、死は命であり、……罪は義、不幸は幸運、貧は富である」（傍点青野）と、逆説的に言い切っていることを想起させられます）。

しかし、ローマ四・一以下が明らかにしていますように、神はそこで語られているような「神なき不信心な者」、すなわち単数形の「罪」を犯している者を、何の「働き」をも何の律法遵守の「行ない」をも伴なっていないにもかかわらず、ただただ無条件に義としておられるのであり――第一コリント三・一五〈わざは焼かれてしまうが、その人は火の中をくぐり抜けて来たようにして救われる〉、四・五〈終わりの裁きにおいて、おのおのは神からのおほめにあずかる〉、五・五〈不品行を犯した者の肉は滅ぼされても、主の日に霊は救われる〉などに見られるようなパウロの肯定的な「神の審判」理解にもそれは合致しています――、それゆえに、イエス以前のアブラハムやダビデが抱いていた、そのような不信心な者を無条件に義とされる神を「受容」するという意味での「信仰」のみが人を義とするのだ、とパウロは信じています。そしてそのメッセージは、まさにイエスが私たちに語ってくださったことがらそのものです。つまり「無条件で徹底的な神のゆるしの福音」そのものです（マタ五・四五「父は悪人にも善人にも彼の（！）太陽を昇らせ、正しい者にも正しくない者にも雨を降らせてくださる」、六・二五―三一「空の鳥、野の花を見よ」、マコ三・二〇―三〇「人の子らが犯す罪やどんな冒瀆の言葉も、すべて赦される」（二八節）、マタ一八・二一―三五「七回どころか七の七十倍までも赦しなさい」（二二節）、そして、一万タラントンの借金をゆるされておりながら、自分への一〇〇デナリオンの借金をゆるせない僕についてのたとえ話（二三―三五節）、二〇・一―一六の、ぶどう園の日雇い労働者のたとえ話、二一・三一「徴税人や娼婦たちの方が、あなたたち（文脈からすれば祭司長や民の長老たち）より先に神の国に入るだろう」などを参照）。それゆえに、パウロにとってその「信仰」とは、そのような神の意志を明らかにしてくださったイエスを受容する信仰でもあるのです。神の無条件のゆるしの宣言がまずあって、次にイエスによるそれの解き明かしがある、という順序は、決して逆にはできないものです。二つは「不可分」ではありますが、同時に「不可逆」でもあります（最後にふれます滝沢克己先生の神人学を参照）。この順序の問題は重要であり、それがパウロのいわゆる「〈信仰〉義認論」です。

5　「和解」と「贖罪」の区別

しばしば「和解」という概念が「贖罪」と同義に捉えられるために、私の「贖罪論」批判のなかには「和解論」についての議論が抜け落ちているとの批判を受けることがあります。しかし、人格的な概念である「和解」と、法律的な概念である「贖罪」とは、ドイツの新約聖書学者のGerd Theissen（ゲルト・タイセン）[8]先生が強調されていますように、決して混同されてはなりません。パウロは、法的な概念である「贖罪」とは異なって、人格的な概念である「和解」については、当然のことながら、まったく肯定的でした。なぜならば、「和解」という概念は、「贖罪」のように法律的な手続き、すなわちおぞましいまでの儀式的な手続きのなかで人間に与えられるものではまったくなくて、むしろルターも、ヤコブ書、ユダ書、ヘブル書、ヨハネの黙示録の四書は新約聖書の中に収められるべきではなかった、と指摘した彼の厳しい「聖書批判」との関連において、「言葉が、それも言葉だけが、神の恵みの運搬器なのである」（WA 2, 509, 14f.）と明言していますように[9]、それは言語を介しての人格的な関係のなかで宣言される「和解」だからです。この「和解」については、前掲の私の『パウロ』においては、一般読者のためという「縛り」のきつさのゆえに、また紙幅の関係上、まったくふれることができませんでしたので、少なくとも以上のことは補完させていただきたいと思っています。

6　何が人間の救済にとって決定的に重要なのか

こうして、一般的に教会において信じられているような、十字架におけるイエスの「贖罪死」によって初めて人間の救済は成就したのだ、という信仰が唯一絶対のものであるわけではない、ということになりますと、ではいったい何が人間の救済にとって決定的な重要性を持っているということになるのでしょうか。そこで、先にふれた「不可逆」という「順序」の問題が、極めて重要な意味を持つことになります。つまり神あってのイエスであって、決してその逆ではないのだ、ということです。したがって、イエス以前のアブラハムやイサク、ヤコブがすでに天上において「復活」していると地上のイエスによって宣言されたり（マコ一二・二六―二七）[10]、アブラハムやダビデがイエス以前にすでに神によって義とされている、とパウロによって言われたりしても（前述のローマ四・一―八）、それは何ら不思議なことではありません。

そして〈イエスの復活〉とは、イエスのそのような福音理解に対して神からの「全き肯定」が与えられた出来事であったのでした。すなわち、イエスが、「神の無条件の愛とゆるしの福音」を生き、そして宣教したにもかかわらず、その結果がむごたらしい十字架刑であったことに対して、絶叫しつつ神に異議申し立てをして息絶えられたとき、そのイエスを、神は全面的に肯定されていたのであり、その肯定の「しるし」として、イエスを復活させられたのです。決してその「復活」は、人類の贖罪のための死を成し遂げたイエスに対する神の肯定ではありませんでした。そしてそのことは、大貫隆さんも指摘してくれていますように、ドイツの教義学者ユルゲン・モルトマンが[11]、次のように正しく述べているとおりです。「死に行くキリストをわれわれの罪のための贖罪の供え物と見なす見方は、復活の使信とのいかなる内的な神学的な連関をも示すことができない……」（拙著『パウロ』、一八二頁で引用）。一般的には、「イエス・キリストは贖罪の死を死なれたけれども、神さまはそのイエスさまを三日目には復活させられました」とか、「十字架と復活によって神さまの愛が示されました」などと一息に言いますが、そこでイエスの十字架死と復活との間の本来的な有機的関連が果たして考えられているか、大いに疑問です。もう一度私たちは、「贖いの供え物」としてのイエスに「復活」が与えられるというようなことが、贖罪論の思考枠のなかでそもそもあり得ることなのかどうか、スケープゴートとして野に放たれた山羊の「復権」というようなことが、贖罪論の思考回路のなかで考え得ることなのかどうかについて、もっと真剣に考えてみる必要があるのではないか、と私は強く思います。さらに、イエスの十字架の死を「ただ死ぬために、否、殺されるためにだけ生まれてきたイエスの、神によって定められた犠牲的な行為」として理解した上で「復活」の出来事と結びつけるというような考え方は、極言すれば、イエスを十字架につけて殺害した人々の残虐な行為に自らも「加担」することにほかならない、ということになるのではないか、ということについてもさらに考えを深める必要があると思います。マルコ八・三一や九・三一の「復活予告」は、一〇・四五の「受難予告」と同様に、「事後予言」(vaticinium ex eventu) とみなす以外にはないでしょう。イエスをシナリオのすべてを知っている「役者」、ギリシア語で「役者」を意味する hypokrites が英語その他において「偽善者」を意味する hypocrite の語源である、そのような「役者」、に仕立て上げてはなりません。

7　神の「逆説的な」生命の法則

イエスが死を賭してまで言い抜き、そして生き抜かれたその福音は、イエスが明言されたとおり、イエス以前から、否、天地創造がなされた太初の昔から、終始一貫、貫徹されてきたものです。そしてそれを、私は「神の〈逆説的な〉生命の法則」と呼びたいと思っています。天地創造の初めに、神は現在のような宇宙規模の、自然界の法則を打ち立てられたのであり、その中には、人間の目からみて極めて肯定的で神を賛美する以外にないすばらしいものももちろん無数存在してはいますが、しかし同時に、大地震や大津波、台風やハリケーンのような暴風や大洪水、さらには大旱ばつというような、極度に否定的な自然現象もまたそこには含まれています。そしてその法則は、神がその後の歴史においても、恣意的にその中に介入することは決してなさらないような、そういう法則です。そしてそのような法則がなぜ「生命の法則」なのかと言えば、人間には一見否定的に思われるそのような現象も、究極的には、「十字架の逆説」と同様に、〈逆説的に〉神の「慈愛」を表わしているのだからです。恩師エドアルト・シュヴァイツァー先生の説教集『神は言葉のなかへ』（拙訳）のなかの「全能者の無力さ[12]」、ユダヤ教ラビのH・S・クシュナーの『なぜ私だけが苦しむのか――現代のヨブ記[13]』、アメリカの精神科医M・スコット・ペックの、*The Road Less Traveled*, New York 1978[14]などにおける捉え方を参照してください。天地創造以後の世界における神の「直接的な」働きは、神と人との間の、前述したような「人格的」な関わりのなかでのみ威力を発揮するものなのだ、と私は信じています。

苦難の極致としての人間の死もまた然りです。歴史上八〇〇億という人間がこの地球上に生まれてきたと言われています。しかしもしもそこで、この人間とは必ず死すべき存在なのだということが神の本来の意図ではなくて、むしろ死とは神の意に反してアダムが犯した罪（いわゆる原罪）のゆえに入り込んできた非本来的でただただ否定的なものであるのだとしたら（パウロは、ローマ五・一二で、そのいわゆる「原罪」のみならず「すべての人が罪を犯したからです」という理由をも付け加えていますが）、神の本来のデザインによれば、一人として死ぬこともなく地球上で膨大な数になってしまったであろう人類は、とうの昔に食糧不足のゆえにこの地球上から絶滅してしまっていたことでしょう（現在の世界人口は約七一億です）。むしろ、肯定的な生命と否定的な死の、両者がないまぜになって存在しているところにこそ、〈逆説的に〉神の意志が露わになっているのではないでしょうか。世界のもろもろの不条理、人間の責任には帰せられない「苦難」「障がい」などは、すべてそのようにしか解釈できないものだと私には思われます（障がい者で詩人の島崎光正さんの、それでも『神は見て良しとされた』[15]を参照）。そしてそのような法則を神が打ち立て、今もなおそれが有効なのだとしたら、それを打ち立てた神ご自身もまたその法則のなかにおられることになります。東日本大震災を例にとって言えば、神はそこで「無力にも」、苦難のただ中にいた者、そして今なおいる者と、「ともに」苦しんでおられる神なのであり、なおかつ不可避的な苦難の中に「さいわい」を宣言しておられる神なのであって、決して天の高みから人間を見下ろしておられる神などではありません。ローマ八・三四の、復活のキリストは「神の右にあられて（be動詞）」を「座っていて」と訳す新共同訳は問題です。マタイ一〇・二九の「その一羽さえ、あなたがたの父〈のお許し〉がなければ、地に落ちることはない」という文章のなかの「お許し」という原文にはない補足もまた、「あらずもがな」（岩波訳の佐藤研さん）であって、ここでは、一羽のすずめすらも「父なしに」すなわち「父が伴なわれない形で」地に落ちることはない、ということが言われているのです。つまりそこでも「インマヌエル」が言われているのであって、敢えて言えば、神は津波で流されていた人たちと「ともに」流されておられたのです。大貫隆さんも、『真理は「ガラクタ」の中に』[16]において、「思い切って言えば、神は彼らと一緒に流されたのです」と語っています。

ただし、ルカ一三・一―五において、災難に遭遇して命を落とした者たちは、そうでない者たちよりもより罪深かったからそのようになったわけでは「ない」とイエスが語っておられるにもかかわらず、二度にわたって「言っておくが、あなたがたも悔い改めなければ、皆同じように滅びる」（三節、五節）と記されているイエスの言葉は、決して真正なイエスの言葉ではない、ということをここではしっかりと確認しておく必要があるでしょう。もしもイエスが、「そうだ、彼らはより罪深かったからそういう目に遭ったのだ」と言われたのであれば、それは「あなたがたも悔い改めなければ同じように滅びる」との言葉にうまく接続するでしょう。しかし「決してそうではない」とのイエスの言葉には、二回のこの言葉はまったく繋がりません。それはほぼ確実に、ルカが自分の信仰をイエスに語らせている言葉であって、イエスの言葉は「決してそうではない」で終わっていたにちがいないと思われます。そしてそのような推定は、マルコ二・一七の「わたしが来たのは、正しい人を招くためではなく、罪人を招くためである」とのイエスの言葉を、ルカが五・三二で「招いて悔い改めさせるためである」と変更したことと符合しています。何も悔い改めが悪いわけではありません。しかし、悔い改めが救いを造り出すかのごとくに理解されているとすれば、それはイエスの福音を逆転させることにほかなりません。この問題は、ルカ七・四七が、文脈からして「この女性は多くゆるされたから（！）多く愛した」となるはずなのに、口語訳が正しく訳していますように、ルカは「多く愛したから（！）多くゆるされた」と記してしまったこととも大いに関連しています。ヨハネ九・一以下にも見られますように、当時一般的に人々は、災難や障がいを、前述した「罪々」のゆえだと考えていました。しかしイエスはそのような捉え方を、明確に否定したのです。ということは、苦難や障がいの問題は、贖罪論では解決することができないのだ、ということを端的に示しています。むしろ、パウロの信仰義認論の基盤にもあるイエスの「無条件で徹底的なゆるし」の福音こそが、すべての根底には横たわっているのです。

ここまで見てきたような理解は、「インマヌエルの原事実がすべての者の脚下に厳として存在している」と強く主張された元九大教授の滝沢克己先生の主張と、基本的な神学構造においては同じものです。しかし私は、前述しましたように、そこにその「原事実」の「逆説的な性格」を強調しています。それは第一コリント一・二六―二八の、「弱いもの」を選び出す神の「召し」の性格と同様であり（それゆえその箇所は決して過去形で訳されるべきではありません！）、申命記七・七の、「最も弱小民族ゆえのイスラエルの選び」においても貫徹されている逆説です。拙著『パウロ』においても、私はその基本的な神学構造を堅持しました。作家で元外務省主任分析官の佐藤優さんは、拙著『パウロ』の書評[17]のなかで、それは「現代キリスト教神学の標準的な見解を知るために最適の本だ」と親切にも記してくれました。しかし残念ながら、この基本的な神学構造は、まだまだ「現代キリスト教神学の〈標準的な〉見解」となるには至っていない、というのが現状でしょう。その日が一日も早く到来することを、私は心から願っています。ご清聴ありがとうございました。

注

（1）二〇一八年一〇月一三日に開催された東北学院大学研究ブランディング事業シンポジウム「苦難と救済」における発題を、ほぼそのまま掲載している。
（2）「論評：青野太潮著『「十字架の神学」をめぐって』」、『新約学研究』（日本新約学会機関誌）四〇号（二〇一二年）、八一―八六頁中、引用は八一頁。
（3）"Jesus als Gekreuzigter in der frühchristlichen Verkündigung bis zur Mitte des 2. Jahrhunderts", *ZThK* 72, 1975, 1-46.
（4）二〇一八年一〇月一五日の「福岡神学研究会」における講演「十字架につけられしままなるキリスト」における発言である。「福岡神学研究会」でインターネット検索すれば、その講演を聴くことができる。芳賀力氏は、私が日本新約学会会長であること（ほんとうはあったことだが）に関しても、「何なんだろうか、これは」と揶揄している。私は学会長になりたくてなったわけではないし、それにふさわしい存在であったとも思ってはいないので、芳賀氏の評価は別にどうでもよいのだが、ただ、二〇〇九年に私を会長に選出し、その後八年間私を信任してくださった日本新約学会会員の皆さん、とくについ最近私の八年間の会長職を評価してくださって、今までそうした慣例はなかったにもかかわらず、私への献呈論文集『イエスから初期キリスト教へ――新約思想とその展開』（日本新約学会編）、リトン、二〇一九年、を出版してくださった日本新約学会会員の皆さんに対しては、これはやはり無視できない侮辱となっているのではないかと感じている。神学的解釈の多様性を認めつつ私を会長に選出してくださった日本新約学会に対しては、芳賀氏は一筆謝罪を認めたほうがよいのではないか。
（5）R. Bultmann, "Die Bedeutung des geschichtlichen Jesus für die Theologie des Paulus" (1929), in : *Glauben und Verstehen I* (Tübingen 1933), 188-213, hier 191（『ブルトマン著作集11　神学論文集Ⅰ』（土屋博訳）、新教出版社、一九八六年、二一三―二四二頁中、二一六頁）。
（6）「偽クレメンス文書」の一部だが、『聖書外典偽典　別巻・補遺2』教文館、一九八二年、一一三―一六五頁、および四三一―四四五頁、に私が訳出した。
（7）『慰めと励ましの言葉・一日一章』（徳善義和監修・湯川郁子訳）、教文館、一九九八年、一二三頁の四月二八日のための文章を参照。
（8）『新約聖書――歴史・文学・宗教』（大貫隆訳）、教文館、二〇〇三年、一一九頁。
（9）P・シュトゥールマッハー『新約聖書解釈学』（斎藤忠資訳）、日本キリスト教団出版局、一九八四年、一四〇頁。
（10）この箇所については、畏友大貫隆さんの、すでに前注（4）で言及した私への献呈論文集『イエスから初期キリスト教へ――新約思想とその展開』（日本新約学会編）、リトン、二〇一九年、二五―四三頁、における論文「イエスと初期ユダヤ教神秘主義」を参照されたい。
（11）『十字架につけられた神』（喜田川信・土屋清・大橋秀夫訳）、新教出版社、一九七六年、二四九頁。
（12）ヨルダン社、一九八〇年、一五二―一六二頁。
（13）斎藤武訳、岩波現代文庫、二〇〇八年。
（14）邦訳『愛すること、生きること――全訳『愛と心理療法』』（氏原寛・矢野隆子訳）、創元社、二〇一〇年。
（15）新教出版社、一九九一年。
（16）教文館、二〇一五年、一七九頁。
（17）『週刊ダイヤモンド』、二〇一七年二月二五日号、九六頁

第四章　模範としてのキリストの苦しみ

――第一ペトロ書における苦難の意義

吉田　新

はじめに

この世界には苦しみがある。自身の生を脅かし、根本からそれを破壊しかねない苦難に果たして意味はあるのか。これまでの認識や忍耐の閾値を超えて襲いかかる苦痛を、いかに受け止め、乗り越えればよいのか。これらは、聖書において絶えず問われてきた問題である。

イエスの受苦と死、さらには自身に降りかかる苦しみをどのように捉えるべきかという問いは、とりわけ迫害の脅威にさらされていた初期キリスト教徒にとって切実であった。それ故、「苦しみ」、「苦しみを受ける」という言葉は、新約聖書全般に見出せる。

本書第Ⅱ部第二章において詳細に論じられているように、パウロ書簡においても苦難の認知とその克服は重要なテーマの一つと考えられている。パウロは自らの受苦体験を内省し（二コリ一・八、七・五他）、辛苦を耐え忍ぶことについて教えている（ロマ八・一八、二コリ一・六―七他）。「キリストの苦しみに与る」（フィリ三・一〇）[1]、つまりはキリストの苦難への積極的な参与を語り、それへの動きかけを奨励している。では、苦しみに対して肯定的な評価を下し、それを自らの存在の基盤に据えようと試みたパウロの姿勢は、その後のキリスト教に受け継がれたのだろうか。

まず、その痕跡を辿る上で、パウロの名前を用いて記した第二パウロ書簡の読解が求められるだろう。しかし、真正のパウロ書簡に比べると、これらの書簡では苦しみという単語がほとんど登場しないことに気づかされる。[2] 苦難の問題は各書簡において中心的なテーマに据えられることはなく、あくまで限定的な言及のみに止めている。むしろ、苦しみに関する発言は、パウロ書簡とは直接的に関係がないと判断されるヘブライ書でしばしば見られる。[3]

一方、パウロ書簡からの部分的な影響を受けていると推定できる第一ペトロ書はどうだろうか。[4] ここでは、パウロ書簡に見られるのと同じように（ロマ五・三―四、二コリ一・四―七参照）、「希望―苦難―栄光」という組み合わせが度々顔を出す。動詞「苦しみを受ける（πάσχω）」は一二回[5]、名詞「苦しみ、受難（πάθημα）」は四回登場し[6]、他の書簡と比較するとかなりの頻度で使用されていることが分かる。苦難の主題は楽曲の主旋律のように書簡の流れを導いている。[7] このように、第二パウロ書簡と比較すると第一ペトロ書のほうが、パウロの「苦難の神学」なるものを継承しているように受け取れる。

では、なぜ、第一ペトロ書は苦難を主題の一つに選んだのだろうか。このことはパウロ書簡からの影響というだけでは説明できないだろう。それはこの書簡の成立事情と深く関係していると考えられる。[8] ローマ帝国による公的性質を伴う組織的な迫害を示唆する記述は、この書簡からは確認できないが、各地方に住まうキリスト者に向けた散発的な迫害を前提としているように思われる。[9] 大小の迫害の重しが圧しかかる読者らに対して、キリストの受苦の姿に倣い、不条理な現実を直視し、それに耐え忍ぶよう勧めている。

この手紙において特筆すべきことは、「キリストの苦しみに与る」というパウロの言説を独自に発展させ、参与するだけではなく、受難のキリストを「模範」とするように教え諭す点である（一ペト二・二一）。[10] 苦悶するキリストの姿が、手紙の読者らの生活上の手本となる。さらには、苦しみを受けるキリストについての言説が勧告句と合わせて語られていく（同二・一八以下）。このような苦難の言説と勧告句との接続は、パウロ書簡には見られず、また他の新約聖書文書にも存在しない。第一ペトロ書特有のものと考えられる。奴隷や夫婦に向けた生活上の勧告句、いわゆる社会訓や家庭訓の類は、コロサイ書やエフェソ書などにおいても確認できるが、苦難を中心に据えるキリスト論、及びその贖罪的理解との接合は他には見出せない。第一ペトロ書はこの点でも特異な文書であると言えよう。

ある人物の受苦が人々の模範となる。このような理解は、どこに由来するのだろうか。おそらく、それはユダヤ教殉教文学に遡ると考えられる。英雄的な存在、とりわけ、義のために死んだ義人の生き方とその艱難を範とせよという教説は、紀元前二世紀、アンティオコス四世エピファネスの圧政下で抵抗した義人たちの生き様を記した第二マカバイ書に残されている。[11] その六章一八―三一節、及び七章一―四二節には「一流の律法学者」（六・一八）であったエレアザル、そして「祖父の律法に反するならば、死ぬ準備がある」（七・二）等と叫ぶ七人の兄弟と母親の殉教の記録がある。ここでは、拷問などの様相が具体的かつ臨場感を持って克明に語られており、読み手の感情を過剰に刺激してくる。このような感情を掻き立てる歴史記述は、同じような迫害の状況下に置かれた読者に、殉教者との自己同一化を促す。この傾向は、キリスト教の殉教伝も同様である。自己同一をさらに誘導するものは、エレアザルが死の間際に放った次の言葉であろう。「若者たちに高貴なる模範（ὑπόδειγμα）を残そう」（六・二八）。

マルコ福音書一四章以降に残されている、責め苦に遭うキリストの姿を語る受難物語も、先のユダヤ教殉教文学の影響を部分的に受けていると考えられる。[12] そこには義人としてイエス・キリストが不当な苦しみに苛まれ、敵対する者の手によって惨殺される姿が細部にわたり描かれている。イエスの受難物語を契機として、「ポリュカルポスの殉教」等に見られるようにキリスト教に受容されていった殉教伝という文学形態は、その後、展開していく。[13]

では、第一ペトロ書ではどうだろうか。確かに「模範（ὑπογραμμός）」という語句は本書簡にも見出せる（一ペト二・二一）。しかし、この書簡の記述は殉教へと誘うそれではない。むしろ、苦難を受け入れ、それに黙して耐え、抑圧する者の下でしたたかに生き延びるように説いている。究極的には死を見据えている殉教文学とは性質が異なる。[14] 多くの殉教伝には自らに害を加える者を批判し、呪詛の言葉が残されているが、[15] この手紙にはそのような発言は見られない。第一ペトロ書は明らかに殉教文学の系譜には結びつかない。[16] この書簡は無駄に死ぬのではなく、今は耐える時であると読み手らを説得している。艱難を耐え忍ぶ神学的な理由づけとして、キリストが苦しむ姿を明示している。後述するように、このことは書簡の構造からもはっきりと読み取れる。殉教者のように死へと向かう模範ではなく、惨苦に堪える模範である。

このように、初期キリスト教において苦難をめぐって様々な理解が示されている。パウロのように、苦しみへの積極的な参与という理解から、ユダヤ教の殉教文学を参考にし、イエスの苦難と死を徹底的に模範とするよう教える受難物語、及びそこからキリスト教殉教文学が発展した。一方、第一ペトロ書のようにキリストの受苦と死を生活上の規範と関係づける理解も生まれていた。

第一ペトロ書における「苦難の神学」とはいったい何か。本稿では第一ペトロ書の書簡の構造を分析することにより、苦難を範とせよという命令と勧告句との接続の理由を探り、この手紙が指し示している苦しみの意義を明らかにしたい。

1　旧約聖書、ユダヤ教文献における苦難の理解

最初に、苦しみに関して旧約聖書、及びユダヤ教文献ではいかに受け取られているかを振り返ることから始めたい。そこでは、様々な捉え方がなされており、一概にまとめることはできないが、本稿に関わる事柄のみを挙げれば、大別して次のように分類できるだろう。[17]

①　罪の結果としての苦しみ――創世記の原初史では、アダムとエバが神の命令に背いたことによって苦しみを受けたように（創三・一六―一九）、罰として苦しみが与えられる（詩七八・四九）。預言書では、民の不信仰ゆえに神が苦難を与えたと記されている（エレ三〇・一五、アモ

一・一―八他、哀一・一―五）。

② 教育としての苦しみ――創世記では、アブラハムは神から息子イサクを犠牲として捧げるように命じられる。また、ヨブ記において義人ヨブに様々な災難が降りかかるように、苦しみが与えられるのは、神による教育という理解も存在している（創二二、ヨブ一、詩六六・一〇）。また、イザヤ書五三章に見られるような、義人に苦しみが臨み、死に至ることにより、他の人の罪が贖われる（詩二二、六九参照）。この捉え方は新約聖書に流れ込み、イエスの受難と贖罪死の理解を整える（一コリ一五・三以下、マコ一四以下他）。

③ 救済の確信としてのこの世での苦しみ――これは、②にある義人の苦しみ理解が発展した形として、ユダヤ教黙示文学において顕著に見られる傾向である。強烈な二元論的世界観を背景として、この世界において義人たちが悪人から被る辛苦は、新しく創造される世界における救済と栄光を授かる確信へと変化する（四エズラ七・五〇、八・一参照）。苦痛に満ちたこの世界は、徹底して悲観的に捉えられている（四エズラ四・二七、七・一一七―一二一参照）。しかし、審判の時には、「朽ちていく世界は滅び去り」、ゲヘナの先には「歓喜に満ちた楽園」が待ち受けている（四エズラ七・三一―三六）。この志向は先のユダヤ教殉教文学の言説にも繋がっていく。義人の苦しみの先には天上での安らぎ、または復活の希望がある。ここから、殉教文学に見られるような、義人たちの苦難に倣えという命令に発展する。

右に示した理解が新約聖書文書、とりわけパウロ書簡ではどのように受け取られているのだろうか。無論、本書第Ⅱ部第二章で明らかにされているように、パウロ書簡における苦難理解は重層的であり、単純化して説明することはできないが、③の影響がいささか強く感じられる。[18] ロマ書八章一八節に見られる苦難理解はその典型である。今この時の苦難が来るべき栄光と対比させている。さらに、苦難は将来の栄光を生み出す（二コリ四・一六―一八、ロマ五・二―五他）。パウロにおいて特徴的なのは、このような苦難の理解がキリスト論と接合している点である。キリストは共同相続人であり、共に栄光を受け、苦しむ存在である（ロマ八・一七）。パウロは、キリストの苦しみと死を共にしている（二コリ四・一〇―一二）。このキリストとの共同性は、パウロ自身の苦難の中で受け取られた体験知だと思われる。

次に第一ペトロ書の苦難の理解に目を向けたい。①の罪の結果としての理解は見られない。私見では、パウロ書簡で強調される③の理解に立ちつつも、②の苦しみの教育的側面も認めることができる。この二つが重なるところで、苦難を模範とせよという命令と生活上の訓告との接続がなされていると考えられる。

パウロ書簡に散見されるように、第一ペトロ書の苦難の理解も先の黙示文学に起因しており、現在の苦しみと将来の栄光が対比されている。また、キリスト論も結合しており、この点でもパウロ書簡と同様である。この書簡が部分的にパウロ書簡の影響下にあることがここからも理解できるだろう。しかし、繰り返すように、第一ペトロ書ではパウロ書簡とは大きく異なる理解が示されている。第一ペトロ書では、勧告句とキリストの苦難の記述が結合している。勧告の根拠として苦しみを受けるキリストを語り、キリストに倣って、読者らも過酷な現実を耐えよと命じる。このような結合はパウロ書簡などに見出せない。さらに、キリストの受難を模範とせよという命令もパウロにはない。

だが、注意して考えたいのは、第一ペトロ書の苦しみには、必ず終わりがあるということである。これは黙示文学における苦難理解、そして、その影響を受けたであろうパウロも同様である。現在の受苦は、一過性のものに過ぎない。「万物の終わりが迫っている」（四・七）からだ。当座の苦しみは、「試練」としての教育的機能を持ち、それを通して読者は救いへと至る。それ故、次の一章六節の言葉がまず目に留まる。

今しばらくの時、幾多の試練（πειρασμός）において悲嘆に暮れなければならないとしても（εἰ δέον ἐστίν）、あなた方は〔いま〕心から喜ぶのだ。

ここで、「当然である、必然である」「不可避である」という意味の「δεῖ」と記されているように、「訪れの日」（二・一二）、つまりは終末時に栄光を受けるためには、試練において悲嘆に暮れる現実があるのは必然であると伝えている。[19]「喜ぶのだ（ἀγαλλιᾶσθε）」は直接法、または命令法のどちらを取るか意見が分かれるが、前者と解するべきだろう。試練の中で「喜べ」と命令しているのではなく、試練の只中にあって「あなた方は〔いま〕心から喜んでいる」と励ましている。[20]この言葉は、福音書のイエスの言葉を思い起こさせる（マタ五・一一―一二参照）。[21]直面する試練の中で、歓喜の声を上げよと促している。[22]この喜びは直後の一章八節でも繰り返されている。苦難は逆説的に喜びである。さらに、先の言葉に続いて一章七節では次のように語られている。

〔その試練は〕火で精錬されて（火によって試され）滅び去ってしまう金よりもはるかに尊い、〔試練を経て認められた〕あなた方の信仰の純正が、イエス・キリストが現れるときに、称賛と光栄と誉れへと変わるためである。

苦しみは試練であり、栄光への最も重要な前提である。苦しみを加える存在に果敢に立ち向かって抵抗することにより、栄光を受けることを約束する殉教文学とは異なる。むしろ、第一ペトロ書では、耐えることによって栄光が与えられる。この点を踏まえ、第一ペトロ書全体の考察へと歩を進めたい。

2　第一ペトロ書のアウトラインと構造

2・1　第一ペトロ書のアウトライン

まず、書簡のアウトラインを示したい[23]。この書簡の内容は大別して二つに区分できる。第一部（一・三―四・一一）の内容は、救いを基盤とした教義と生活上の勧告である。ここでは、教義と勧告が交互に繰り返されている[24]。後半の第二部（四・一二―五・一一）においては、迫害下への励ましと慰めについて語られている[25]。

一　**挨拶**（一・一―二）

聖化、従順とイエス・キリストの血

二　**第一部「教義」と「勧告」**（一・三―四・一一）

a　教義①　救済の意味（一・三―一二）

――神への賛美　希望への新生　バプテスマの意義（一・三―五）↓　三・二一と対応

――**試練の中での喜び**（一・六―九）↓　四・一二―一六と対応

――救いとは何か（一・一〇―一二）

キリストの受難と栄光（一・一一）↓　四・一三―一六と対応

「それ故に（Διὸ）」（一・一三）……

b　勧告①（一・一三―二・一〇）キリスト者への一般的な勧告

――希望を置き（一・一三）、聖なるものとなれ（一・一四―一六）

――贖いの業の意味を知り、畏れをもって生活せよ（一・一七―二一）

――互いに愛し合いなさい（一・二二―二五）

――霊の乳を求めよ（二・一―三）

――生きた石として霊的な家を造れ（二・四―一〇）

c　勧告②（二・一一―二〇）具体的な勧告　社会訓

「愛するものたちよ（Ἀγαπητοί）」（二・一一）→四・一二と対応

「私は勧める（παρακαλῶ）」（二・一一）→五・一と対応

――異教徒の間でよいものとなれ（二・一一―一二）

――人間的な被造物に従い、自由人として生きよ（二・一三―一七）

――奴隷への勧告（二・一八―二〇）

d　教義②　**模範としてのキリストの苦難の意味**（二・二一―二五）

「あなた方が召されたのはこのため（εἰς τοῦτο γὰρ ἐκλήθητε）」（二・二一）

「なぜならば**キリストもまた**（ὅτι καὶ Χριστὸς）**苦しみを受け、模範を残された**」

（二・二一）→三・一八と対応

e　勧告③（三・一―一七）家庭訓、一般的な勧告

――「妻たちよ」（三・一―六）

――「夫たちよ」（三・七）

――「みな」へりくだれ　まとめの勧告（三・八―一七）　↓　五・五b―一〇と対応

――希望について弁明せよ（三・一五）

f　教義③　**模範としてのキリストの苦難の意味**（三・一八―二二）

「なぜならば**キリストもまた**（ὅτι καὶ Χριστὸς）**苦しみを受けた**」（三・一八）

↓　二・二一と対応

救いの意義（三・二二）　↓　一・三と対応

g　勧告④（四・一―一一）　迫害下への勧告

――キリストの苦しみと同じ心構えで武装し、慎みをもって生活する（四・一―六）

――終わりの時のために（四・七―一一）

頌栄（四・一一）「栄光と力とが、世々限りなく神にありますように、アーメン」

↓　五・一一と対応

三　**第二部　迫害下への「勧告」**（四・一二―五・一一）

h　勧告⑤（四・一二―五・一一）迫害に対する励ましと慰め

――「愛するものたちよ（Ἀγαπητοί）」（四・一二）↓ 二・一一と対応

――**試練の時こそ喜べ**（四・一二―一六）↓ 一・六―九と対応

キリストの受難と栄光（四・一三―一六）↓ 一・一一と対応

――「私は勧める（παρακαλῶ）」（五・一）↓ 二・一一と対応

長老と若者へ（五・一―五a）

――「みな」謙遜を身に纏い、悪魔に備えよ（五・五b―一〇）↓ 三・八―一七と対応

頌栄（五・一一）「力が世々限りなく神にありますように、アーメン」

↓ 四・一一と対応

四　**結びの言葉**（五・一二―一四）

2・2　第一ペトロ書の構造と「苦難の神学」

では、次に書簡の構造を確かめてみたい。この書簡において、「苦難の神学」なるものがどのように構造化されているのだろうか。右のアウトラインを見て分かるように、この手紙を俯瞰すると、全体に複数の語句の対応関係や内容上の囲い込み、枠構造が見て取れる。[26] これらを確かめることにより、書簡の志向や使信を正しく読み取ることができるだろう。

第一ペトロ書は、小アジアの広範囲に分布する不特定多数の読者に向けた「回状」である。先述したように、この地で何らかの迫害を経験している読者に向けて記されている。ただし、迫害の具体的な内容、発生場所、頻度や強度等を書簡から読み取ることはできない。

概観すると、右に記した「苦しみを受ける（πάσχω）」、「苦しみ（πάθημα）」以外にも、「試練（πειρασμός）」（一・六、四・一二）、「苦痛（λύπη）」（二・一九）など、直面する厳しい現実を示唆する言葉が散見される。手紙の後半部分に「あなた方への試練として生じるあなた方の中で燃え盛る火（ἐν ὑμῖν πυρώσει）」（四・一二）とある。[27] 迫害の現実の中で、「キリスト者として（ὡς χριστιανός）」（四・一六）どのように振る舞うべきかを解き明かすことがこの書簡の主題の一つである。[28]

ただし、苦しみに関する言及に際して、パウロのように具体性を伴う肉体的、かつ精神的な苦痛を念頭に置いているように思えない。[29] この書簡の宛先が小アジアの広範囲に及ぶことから（一ペト一・一）[30]、送り手は、社会的な軋轢の中でキリスト者として困難な生活を強いられている読者らが、日常的に遭遇するであろう一般的な苦難を想定して執筆しているように思える。[31]

書簡の受け取り手らは、おそらく、入信して間もない異邦人キリスト者を主としている（一・一八、二・二他参照）。送り手は「聖なるもの」（一・一六、レビ一一・四四引用）、「聖なる祭司団」（二・五）、「選ばれた民」「聖なる民族」「神のものとなった民」（二・九、出一九・五参照）と形容し、特別に選ばれた存在であることを強く印象づけている（一・一—二、二・四、六、九、五・一三参照）。旧約聖書からの概念を用いて、イメージ豊かに彼、彼女らは周辺世界とは区別され、神によって選別された存在であることを訴えている。[32] なぜ、このような自己理解を促す文言を、とりわけ書簡の前半部分で繰り返すのだろうか。この点について考察してみたい。

書簡の挨拶文に続き、古代の書簡の形式に沿って神への賛美を述べた後、読み手に対してバプテスマを通して希望へと生まれ変わったことが、一章三節で宣明されている。[33]

神であり、私たちの主イエス・キリストの父が誉め称えられるように。その方（神）は、その豊かな憐れみに基づき、死者の中からのイエス・キリストの復活を通して（によって）、私たちを生き生きとした希望へと新たに生まれさせた。

パウロ書簡においても頻繁に語られる「希望（ἐλπίς）」は、この書簡においても重要なキーワードである（一・一三、二一、三・一五参照）。[34] この希望はキリストの復活の確信に根差している（一テサ四・一三以下、一コリ一五・二〇以下参照）。ここではバプテスマそのものの効果や意味を解説するというよりは、バプテスマを通して約束される救済の意義を説いている（一・九以下）。救いは過去や遠い未来の出来事ではない。希望へと生まれ変わった読者らが今現に関わる事柄である。[35] まさに「救済の現在性（Gegenwärtigkeit des Heils）」（ブルトマン）が問題とされている。[36] バプテスマを通して希望へと新生したことを明示することにより、彼、彼女らが何者であるかを自覚させるのを助けている。

さらに書簡の冒頭で、読者はこの世において「仮住まいの者」と規定されている（一・一、二・一一）。彼、彼女らにとって敵対的なこの世は寓居に過ぎない。それ故、送り手は本来、属する共同体（神の家）とはいかなるものかを教示する。「霊的な家」（二・五）、「神の民」（二・一〇）[37]、「神の家」（四・一七）、さらには大牧者（キリスト）が牧する群れに属する羊であるとも教えている（二・二五、五・四）。[38] このように、書簡を通して読者が何者であるかを連呼している意図は、彼、彼女らの帰属意識を明確にさせるためである。[39] 書簡の送り手は、受け取り手に対して「神の民」等と呼びかけることによって、彼、彼女らが所属し、依るべき真の共同体を説き明かし、迫害という厳しい現実の中で生きるための拠り所を与えている。「神の民」という「選び」の中に受け取り手らが置かれていることを教えている。[40] それ故、害を加える者（三・一三）を前にしても、先の希望について勇んで弁明することが求められる（三・一五）。

苦難の現在の中にある彼、彼女らを励まし、鼓吹する言説は、書簡の初めから終わりまで一貫している。[41] 一章四節ではキリストの再臨の際、天上の栄誉を受けることが約束され、さらに、一章一一節では、読者に約束された救いを説き明かす文脈で、キリストの苦難とその後の栄光が語られる。書簡の後半ではこれが繰り返され、現在の苦しみに対して、将来の栄光が対峙され（四・一三、五・一、一〇）、読み手を激励する。[42] 苦難の先には栄光が待ち受けているのである。やがて受ける栄光を仰ぎ見ることによって、現在の苦難を耐えることができる。

そして、次に示す枠構造によって、読者らの自己理解をさらに強化させている。「試練の中での喜び」（一・六―九、及び四・一二―一六）と「キリストの受難と栄光」（一・一一、及び四・一三―一六）は明確な対応関係にあり、この書簡において枠構造をなしている。ここでは、「試練（πειρασμός）」、「受難（πάθημα）」、「栄光（δόξα）」という語句の反復も見られる。

この枠に挟まれる形で一章一三節以降、勧告の言葉が次々と綴られていく。「それ故に（Διὸ）」（一・一三）、読者らに求められるのは地上での正しい振る舞い、生き方である。命令形を用いた勧告が何度も繰り返される。一章一二節までの教義的内容（教義①）を踏まえてキリスト者への一般的な勧告が告げられる（勧告①）。「先祖伝来の虚しい生き方」（一・一八）を捨て、希望へと新生した読者らは、まず「互いに愛し合う」（一・二二）ことが命じられる。さらに、社会訓（勧告②）、及び家庭訓（勧告③）がそれに続く。迫害下での勧告を告げる際、「キリストの苦しみと同じ心構えで武装せよ」（四・一）とキリストの苦難との自己同一化を加えて促す。そして、「試練の中での喜び」と「キリストの受難と栄光」という枠で囲み、その後、長老らへの訓告（勧告⑤）が接続される。この言葉の前に「（読者に）勧める」（二・一一、五・一）と記して、その内容を印象づけている。書簡の最後にも再びこの勧告の導入句が繰り返され、念を押している（五・一二）。このように、書簡の大半はこの種の勧告で占められている。これらの勧告は、激しい迫害の中で胆力を練るための指針となる言葉である。勧告は単なる勧告ではない。「試練の中での喜び」と「キリストの受難と栄光」という枠で囲むことにより、その動機づけを明確にしている。

希望の確証を得て、艱難辛苦に耐え忍び、栄光を待ち望む。そして、模範として書簡の中心部分で二度示されるのが苦難のキリストである（二・二一―二五、三・一八）。ここでは、「なぜならばキリストもまた（ὅτι καὶ Χριστός）」とその理由を添えて語りかけている（教義②）。苦難を耐えるためのさらなる動機づけが、このキリストの受難の言葉である。ここでは、イザヤ書五三章の引用句を交えながら、キリストの受難の様相が語られている。妻と夫への訓告の後、一般的な勧告を述べるに際して、再度、キリストの苦しみがその根拠として語られる。

続いて「みな（πᾶς）」と呼びかけ、すべての読者を対象として、終末を意識したまとめの勧告を告げる（三・八―一七）。これは第二部の五・五b―一〇と対応している。苦しみを与える者を前にしても恐れず、動揺せず、かつ希望について弁明せよと励ます（三・一五）。

三章一八節からは、先ほどと同様に「なぜならばキリストもまた（ὅτι καὶ Χριστός）」という書き出しで、キリストが模範を示している。その後、勧告に従うことを再度促している（教義④）。模範としてのキリストの受難は、先の枠構造の中で訓戒の言葉に挟まれる形で二度言及される。キリストが苦しみ、死んだのは、「あなた方を神のもとに導くためである」と説明されている（三・一八）。

迫害下への勧告を告げる四章一節以降でも、「苦しみ」についての言及は多く見られる。キリストも苦しみを受けた故に、同じように武装し（四・一）、キリストの惨苦に与るほど喜べと説かれる（四・一三）。キリスト者として苦しみを受けても恥とせず（四・一六）、神の意思によって苦しみを被るのならば、善を行い、神に魂を委ねることが奨励される。書簡の最後、読者に対して苦難に遭遇したきょうだいたちと同じように（五・九）、耐えることによって整えられると約束される（五・一〇）。

書簡の後半部分、次の四章七節では終末の切迫感に満ちた言葉で読者に警告を与える。

万物の終わりが迫っている。それ故、思慮深く振る舞い、祈りのためにしらふでいなさい。

「しらふでいなさい（νήψατε）」という命令は、終末の接近を語る場面で何度も発せられる（一・一三、五・八）。終わりの日を迎えるための心の準備を求めている。四・一―一一にある第一部の終わりは、迫害を前にした勧告で締めくくられる（勧告④）。そして、二・一一と対応している「愛するものたちよ（Ἀγαπητοί）」という再度の呼びかけで開始される第二部（四・一二―五・一一）は、迫害下での励ましと慰めが語られる。ここで、各共同体の指導者である長老とその成員と思われる若者たちへの勧告を挿入する（勧告⑤）。書簡の最終部分で長老への訓戒を配置したのは、この書簡は共同体論（教会論）に重きを置いている故に他ならない[43]。そして、再び五・五bで「みな（πᾶς）」に対象を切り替え、読者全般に呼びかけて、書簡はその形式に則り頌栄によって閉じられる（五・一一）。

右に見てきたように、この書簡では、辛苦に耐え、厳しい現実の中で生きる上での動機づけのために、試練の中での喜び、キリストの受難と栄光が枠構造として語られ、さらに、模範としてのキリストの受苦がそこに付け加えられている。書簡全体を通して分かるのは、キリスト者として生きることと苦難は不可分であると読者に理解させていることである[44]。

これまでの考察から、第一ペトロ書の「苦難の神学」が書簡において構造化されていることを明瞭に読み取ることができるだろう。では、次に二章二一節にある苦難の言説を詳しく読み解いていきたい。

3　模範としてのキリストの苦難

> このために、あなた方は召された（呼ばれた）からである。キリストもまたあなた方のために苦しみを受け、彼の足跡に踏み従うよう模範を残されたからだ。

　この文言で始まる二章二一節から二五節に記されている模範としてのキリストの苦難の記述は、元来、キリスト賛歌（Christushymnus）と呼ばれる独立した伝承である可能性が考えられる[45]。書簡の送り手は、この伝承を一八節からの主人への服従を説く奴隷への勧告に接続させて記している[46]。ただし、二一節以降は奴隷のみに限定して向けられたメッセージではなく、この書簡の全体の読者（一・一参照）に向けたものだと考えられる[47]。

　まず、「召された（呼ばれた）」という言葉に注目したい。「召す（καλέω）」は、新約文書における頻出句だが、第一ペトロ書において冒頭（一・一五）から終結まで読者が神によって召命された（呼ばれた）存在であることが印象づけられている（二・九、三・九、五・一〇参照）。「召された」は、先に述べた「選びだされた」（一・一、二・四、六、九）と同じ意味内容を有している。終わりの時に救済へと至る選ばれた存在としての自己理解を促している[48]。それ故、今この世界で苦境に耐えるのは、召された者の大切な務めであることを訴えている。すべては終末に向けた試練なのである。

第一ペトロ書は紀元後九〇年代に執筆されたと考えられる。キリスト教がまだ社会的に認知されておらず、少数者として様々な抑圧下に置かれていた時代の文書である。この書簡において、受け取り手として奴隷や異教徒の夫を持つ夫人、または若者たちなど、当時の社会において地位の低い存在が念頭に置かれている。古代世界において奴隷は主人の所有物、つまりは物に過ぎない。そこから脱するのは奴隷解放の恩恵を享受するか、または主人の元から逃走するしかない。奴隷が主人にその有能さを認められ、解放という好機を得ることは少なくないが、しばしば劣悪な労働状況ゆえに密かに逃亡を試みる奴隷たちもまた存在していた(49)。奴隷の生殺与奪権を握る所有者である主人たちの力は絶大である。それ故、奴隷は日々、不当な仕打ちに耐えなければならない。そのような人々に向けて書簡の送り手は、抵抗の方策を教示するのではなく、やがて受ける栄光を伝え、少数者としてこの世界で生き延びる道を示す(50)。なぜ、抵抗をしないのか、不当な仕打ちを黙して耐えるのかと現代の読み手ならば訝るだろう。だが、書簡が記された時代はそもそも抵抗してもすぐに弾圧されてしまう圧倒的な力が振りかざされていた。だから生き延びるために堪忍することを学ばなければならない。

そのような過酷な現実の中で効力を発するのは「あなた方のために苦しみを受け」(二・二一)、「私たちの罪を自らの身をもって、木の上に運び上げた」(二・二四)というイエスの苦難と死にまつわる贖罪論的理解である。この贖罪論はここで苦しみに耐える根拠として説得力を持つ。自身の苦しみを理解する際、イエスが同じように苦しみ、それに耐え、死んだというイメージは、確かに読み手に勇気を与えたであろう。

そして、先ほど述べたように現在の苦しみは、ひと時のものに過ぎないという理解もここでは前提とされていることを忘れてはならない。苦しみは永遠に続かないのだ。終わりの日に栄光に満たされるために、意地の悪い主人にも仕えるのは、この世では「仮住まいの者」に過ぎない奴隷の読者らに対しての当座の処世術である。それ故、送り手は様々な表現で、読者を説得する。「神の意識（神を意識すること）ゆえ」（二・一九）耐え、「耐え忍ぶならば、これこそ神からの恵みである」（二・二〇節）と訴える。この書簡では終末への意識が通奏低音として響いている。

さらに、ここでは「模範、手本（ὑπογραμμός）」という語句が重要な役割を果たしている。この語句は、新約ではこの箇所のみに使われている。[51] ただし、使徒教父文書では確認でき、この箇所と同様にキリストの受難と忍耐の姿を語る文脈で用いられている。[52] また、「後に残す（ὑπολιμπάνω）」という表現も、新約ではこの箇所のみに見られる。ただし、「足跡」はパウロ書簡（ロマ四・一二、二コリ一二・一八）でも見出す語句であり、そこからの影響がうかがえる（その他、フィロン「徳論」六四）。

不当な苦しみを受けている（奴隷を含む）読者らに、その後に踏み従いつつ、今しばらくは辛抱することを訴える。「踏み従う」も新約では稀な語句であるが（マコ一六・二〇、一テモ五・一〇、二四）、キリストは読者らの先を行く先駆者として、その足跡に従うように先の勧告を根拠づける。この足跡が具体的に何を意味するのか、次に続く二二節からイザヤ書の「苦難の僕」のイメージを交えて詳細に語られていく。

このように、キリストの受難の姿を模範とすべきであると断言する二一節は、第一ペトロ書全体の使信を端的にまとめた言葉であると受け取れる。

まとめ

最後にこれまでの考察をまとめたい。降りかかる苦しみには意味があり、それは将来に約束されている恵みとしての救いを確かにするものである。このような苦難をめぐる理解は、新約文書の中でしばしば語られてきた。最古の福音書であるマルコ福音書には、イエスの死後、間もなくしてまとめられたと考えられるイエスの受難について記録する古い伝承が残されている。おそらく、ユダヤ教殉教文学の影響を受けたであろう受難物語は、十字架へと至るイエスの苦難の最期を細部にわたり語っている。この受難物語を福音書の核に据えているマルコ福音書では、イエスは自分に従うことを求める者に対して、自らの十字架を負うことを要求している（マコ八・三四）。イエスへの信従は、まず苦難を前提とする。同様にパウロもキリストの苦しみに共に与ることを求めている（フィリ三・一〇）。

第一ペトロ書においては、このパウロの言説を独自に発展させ、参与するだけではなく、受難のキリストを模範とするように教示される（一ペト二・二一）。このような生き方をこの書簡では強く勧められている。

第一ペトロ書には、第二パウロ書簡と異なり、パウロの「苦難の神学」と呼ぶべき苦しみ理解を継承し、拡大された痕跡を確認できる。だが、パウロの苦しみの理解をそのまま継承するのではなく、独自にアレンジして展開している。その理由は第一ペトロ書の成立事情が影響していると考えられる。パウロの苦しみ理解と異なるのは、キリストの苦しみを模範として、それを勧告句の形式で語ることである。また、殉教文学で奨励される死へ向かう模範とは異なり、第一ペトロ書は苦しみを忍ぶ模範である。パウロ書簡と同様に、第一ペトロ書の苦難の理解において、黙示文学に起因する現在の苦しみと栄光が対比されている。苦難を模範とする生き方を勧めるのは、将来、受けるであろう栄光が約束されているからだ。それ故、耐えることが再三にわたり強調されている。それは、奴隷の勧告句でも同様である。苦しみを受けている読者らに、イエスの姿に従いつつ、今しばらくは忍耐することを訴える。このような言説は、第一ペトロ書の成立状況とその終末論的背景から発せられものである。この手紙において、苦難の神学と終末論は切り離すことができない。「訪れの日」を仰ぎ見て、苛酷な現実を生きる読者にとって、この書簡は大きな慰めであったに違いない。

苦難のキリストを模範とすることを命じる言葉は、その後のキリスト教の歴史において少なからぬ影響を与えたことも最後に付け加えたい。第一ペトロ書の記述は、切迫した状況下での処世訓とも言えなくもない。しかし、この命題が歴史的状況から離れ、普遍化された時には危険な罠に陥る。不条理な苦しみが全肯定され、その理由づけとしてキリストの苦難が語られてしまうからだ。その点で、第一ペトロ書の記述は大きな問題を孕んでいる。[53] 奴隷への訓戒は、後の歴史において、奴隷制を擁護する根拠に用いられた。[54]「不当な苦しみ」（一ペト二・一九）が、聖書テキストに基づいて肯定されてきた歴史も決して忘れてはならないだろう。

注

（1）以下、本稿での翻訳はすべて私訳。丸括弧内は別訳を示し、亀甲括弧内は翻訳上の補い。

（2）二コリ四・一七等からの影響がうかがえる患難（θλῖψις）から栄光（δόξα）を伝えるエフェ三・一三、コロ一・二四にある苦難（πάθημα）の中での喜びを語る逆説的な表現は、二コリ一・五―七、フィリ三・一〇等にも見られる。また二テサ一・四―七にある迫害（διωγμός）によって被る苦しみ（θλῖψις）に関する言及は、一テサ一・三、六、二・一四以下、三・三等に見出せる。いずれも真正パウロ書簡で用いられている単語や逆説的な言い回しを用いている。

（3）イエスの苦しみ（πάθημα）と栄光（δόξα）について語るヘブ二・九―一〇以下、試み（πειρασθείς）を受けて苦しまれた（πάσχω）ことに言及する二・一八、キリストの苦悩を語る五・七―八、迫害を示唆する一〇・三二―三三、一三・一二他。

（4）第一ペトロ書とパウロ書簡との間には、内容的な共通点（地上の権力について：一ペト二・一三以下とロマ一三・一以下他）、語句の上での類似点（つまずきの石：一ペト二・四―八、ロマ九・三二―三三他）が存在している。だが、第一ペトロ書はパウロ神学を継承する、いわゆる「パウロ主義（Paulinismus）」に属するものではなく、あくまでパウロ的性格を有した書簡に過ぎない。吉田（二〇一六）、一四―一六頁参照。Vgl. Goppelt, 48-51; Brox, 47-51（ブロックス、五一―五七頁）.

（5）新約では四二回、第一ペトロ書以外では福音書や使徒言行録に集中して使われている。Vgl. Michaelis, ThWNT V, 910-922. 福音書では主にイエスが被る苦しみの文脈で用いられているが（マタ一六・二一他）、第一ペトロ書ではキリスト教徒の受苦を語る際にも使用されている。パウロ書簡ではキリストが受ける苦しみの文脈では用いられていない（一コリ一二・二六、二コリ一・六、ガラ三・四、フィリ一・二九、一テサ二・一四）。

（6）新約では一六回、パウロ書簡では八回。キリストの苦難は二コリ一・五、フィリ三・一〇、一ペト一・一一、四・一三、五・一。Vgl. Michaelis, ThWNT V, 929-934.

（7）ただし、真正パウロ書簡で一五回用いられ、なおかつ七十人訳聖書、及び新約文書で広く見られる名詞

「患難（θλῖψις）」を、なぜ第一ペトロ書の送り手が用いなかったのかは定かではないが、特に理由はないと思われる。「苦しみを受ける（πάσχω）」等も新約文書では同様に広く用いられている。Vgl. Achtemeier, 34-36; Guttenberger (2010), 17f.

（8）第一ペトロ書の成立状況に関しては、吉田（二〇一五）、九―一五を参照。

（9）散発的な迫害とは、社会との軋轢、抑圧、私的リンチ、嫌がらせ、偏見、誹謗中傷、非難等と考えられる。Vgl. Vahrenhorst, 20-23. 第一ペトロ書の読者の迫害の実態に関してウィリアムズは、当時の小アジア地域の社会経済的、及びキリスト者の法的地位等の複数の観点から浩瀚な研究を公にしている。Williams, 327-335.

（10）パウロ書簡には「共に（σύν）」苦しむキリスト（ロマ八・一七）が語られるが、模範という意味合いはそこにはない。佐竹、一九〇頁参照。

（11）殉教伝は、殉教者の死への道のみを語るものではない。死と共に、殉教者は永遠の命、復活することが約束されている。七人の兄弟と母の殉教伝において、この点をはっきりと表現している（二マカ七・九）。死者の復活という概念とは無縁であった旧約聖書は、ヘレニズム時代に入ると、終末論的世界観を背景として、死者の蘇りの表象が出現し始める。この復活概念は殉教伝にも流れ込んでいく。敵対する者に殺された殉教者は、確かに悲惨な最期を迎えるが、彼、彼女らは神によって永遠の命が保証されている。殉教伝が単に殉教を語るものではなく、最後には報われることを約束する。つまり、苦難の中にも救済の確信が堅持されているのである。この確信は、殉教伝の祖型とも呼ぶべきマカバイ記二においてすでに存在し、後のキリスト教の殉教伝へと継承、発展していく（ポリ殉二・二、一九・二他参照）。

（12）吉田（二〇一四）、四三五―四五四頁参照。

（13）キリストの受苦を模範とするという教説は、キリスト教の殉教伝の中核に据えられていく。自らの信条、信念を曲げず、または信仰を捨てなかったゆえに、敵対する者の手によって落命した者を殉教者と呼んでいる。日本語では「教え」に「殉じた者」の意だが、英語の「Martyr」、ドイツ語の「Märtyrer」である。これらの西洋語の語源は、ギリシア語の「μάρτυς」である。この語句は元来、「証言者」「証人」の意味である。その後、遺された人々に「模範を示す証人」として「殉教者」に対して用いられた。このような殉教者の生き様、及びその死に様は遺された人々に強い印象を与え、彼、彼女らの心を打ち、後世の人々にも語り伝えようと試みた。そして、そのような範に従って、自らもまた殉教者になることを誓わせるのである。このような殉教者の最期を記述した物語が初代キリスト教において多く残され、それらは殉教文学と呼ばれる文学類型へと展開されていった。この種の行伝はすでに二世紀頃からまとめられていたようだが、中世以降は聖人伝として信仰教育上の重要な役割が与えられた。聖人伝は聞き手（読み手）の信仰を育み、信者としての生き方の指針として、自身の霊的生活を整え、深めるものであった。このようなキリスト教の殉教者の祖型と言うべき存在は、先に見た受難のキリストの姿である。古代キリスト教における殉教者崇拝の歴史的研究は佐藤、一一三―一四二頁参照。

(14) ユダヤ・キリスト教の殉教伝において、苦難の中にも救済の確かさを受け取る姿勢は、同じような悲惨な状況に置かされている人々を鼓舞し、彼、彼女らに勇気を与えたことは容易に想像できよう。迫害下に置かれた初期キリスト教徒や日本におけるキリシタンらが、殉教伝を好んで読み、殉教者の生き様と死に様に感化され、目下の苦境を生き抜く力を得ていたことは歴史が示している通りである。イエス・キリストの受難をはじめとする殉教者らを模範とする生き方を貫くことが、彼、彼女らの生きる証であった。しかし、殉教者の死を意味づけ、その苦難を過剰に賛美することの危険性もまた存在する。勇者らの死を美化し、聖人として崇め奉ることにより、生ではなくむしろ死にこそ意義を見出すことを促してしまう。今日まで続く殉教思想の問題に関する言及は、以下を参照。Bergjan/ Näf, 9-21.

(15) 二マカ七・九、一四、一六―一七、一九、三四―三六、四マカ九・九、一五、一七、三〇―三二、一〇・一〇、一八―一九、二一、一一・四、一三、一二・一一―一八、一三・一五参照。

(16) ライヒェルトは三・一三―一八c、及び四・一―六の背後に殉教モチーフを読み取っているが、書簡全体の志向から殉教を意識しているとは思えない。Reichert, 352-354. ライヒェルトへの反論として以下、Guttenberger (2010), 20-23.

(17) 本書第II部第二章参照。及び佐竹、一八〇―一八四頁、『新共同訳　聖書辞典』、二四六頁参照。

HGANT, 315-318（『旧約新約　聖書神学事典』、二五八―二六一頁参照）.

(18) 佐竹、一八五頁以下。ここでの論述は佐竹の考察を参考にする。

(19) Vgl. Dubis, 68-70.

(20) Vgl. Brox, 64（ブロックス、七四頁）.

(21) 山上の垂訓のイエスの言葉のみならず、パウロの発言などとも響き合う（使五・四一、二コリ七・四、八・二、一テサ一・六、ヘブ一〇・三二―三四参照）。

(22) この「喜ぶのだ」を現在と取らず、四・一三と関係づけて、未来の意味として理解する案も提示されている。Windisch, 53; Michaels, 27f.; Goppelt, 98f. その際、六節の最初の「ἐν ᾧ」は直前の「最後の時に」を意味すると受け取る。しかし、この考えをここでは採用しない。Vgl. Brox, 63f. Anm. 210（ブロックス、三八〇頁註二一〇）; Feldmeier, 53f.; Vahrenhorst, 77f.; Elliott,339; Achtemeier, 100f.

(23) 吉田（二〇一五）、二―七頁において、論者はすでに第一ペトロ書のアウトラインを含む主題、内容を簡単に提示している。本稿では「苦難の神学」という視点からこの書簡の構造を再度、分析する。

(24) 土戸、一五三―一五四頁参照。本稿で提示したアウトラインの骨子は土戸のそれを参考にしている。教理と勧告を交互に繰り返す構成上の特性は、ヘブライ書にも見られる。川村（二〇〇四）、二九―三〇頁参照。

(25) 第一部と第二部は、もともと別々の文書として成立していたと推測され、かつ後半部分が後世の付加である可能性がかつて指摘されていた。Vgl. Perdelwitz, 26-28; Beare, 6, 162; Windisch, 76f; 川村（一九八一）、四一六頁参照。しかし、書簡の主題が明瞭に変化しているわけでもない。全体を通して苦難の意義や生活上の勧告という内容は一貫している。同種のモチーフや言い回し、後述するように書簡全体に対応関係も見出せるゆえ、連続性のある一つの手紙としてのまとまりを感じさせる。右の観点に鑑みれば、元来、四・一一以降も前半部分と続いていたと受け取るほうが適切だと思われる。近年の大半の研究もこの見解を支持している。Vgl. Conzelmann/ Lindemann, 417; Schnelle (2002), 454; Feldmeier, 20f; Vielhauer, 584; Martin, 101（マーティン、一二九―一三〇頁）. 書簡の主題もさることながら、一・三―四・一一と四・一二以下の言語的特徴の一貫性を説得的に論証した島田の研究も、書簡の連続性を考える上で極めて参考になる。Shimada, 33-56.

（26）第一ペトロ書の詳細な構造分析は以下を参照、Elliott, 68-80.

（27）一・六―七にも「試練」と「火」を関連づける類似した表現がある。「火」が何らかの具体的な状況を示唆するというよりは、読者らが直面する窮迫した現実を比喩的に表現したものであろう（箴二七・二一、ディダケー一六・五参照）。「πύρωσις」に関する詳しい研究は以下、Dubis, 76-95.

（28）ホレルも同様の意見。書簡の読者は「苦しみを経験している。手紙冒頭の感謝の言葉から（一・六）その終わりの部分に至るまで（五・九―一〇）、この苦しみはテキストにおいて重要なテーマ、つまりはライトモチーフである」。Horrell, 53. Vgl. Goppelt, 41.

（29）ロマ八・三五、二コリ六・五、一二・七「とげ」参照。

（30）宛先に記されたポントス、ガラテヤ、カッパドキア、アシア、ビティニアは（一・一）、アナトリア半島の大部を占める広大な範囲である。

（31）読者たちに起こるべきこととして、異邦人の間で「悪人として悪口を言われる」（二・一二）、「非難される」（四・一四）、「罵り」「誹られる」（三・一六）等が書簡内で指摘されている。本稿注（9）参照。

（32）「（第一ペトロ書の）共同体はこの世界では異質ではあるが、天上には故郷がある民である」。Schröger, 234.

（33）バプテスマを示唆する発言は一ペト一・三以外には、一・二三、二・二、三・二一参照。ただし、バプテスマ（βάπτισμα）という単語が用いられるのは三・二一のみ。

（34）冒頭に記されている希望への新生が、この書簡の「全体方向を決める鍵と言うべきもの」というブロックスの意見は正しい。Brox, 61（ブロックス、七〇頁）. Vgl. Goppelt, 94-96; Knoch, 42; Schröger, 198; Lohse (1988), 112-113（ローゼ、二〇〇―二〇一頁参照）.

（35）読み手らはこれまでの古い生き方から離れ（一・一八）、「朽ちない種子によって新生」（一・二三）され、「生まれたばかりの乳飲み子」（二・二）のような初々しい存在であることが印象づけられている。

（36）Bultmann (1953), 523（ブルトマン、一一六頁）.「生ける希望」以外にも、「生きた言葉」（一・二三）、「生ける石」（二・四、五）といったように、読者の現在との関わりを強調している。

（37）ホセ二・二五からの引用（ロマ九・二四―二六参照）。

（38）パウロ書簡と同様に（一コリ三・九―一一他）、共同体を語る際に家（οἶκος）のメタファーを用いている（一ペト二・五―八）。

（39）地上ではなく、天上への帰属性を強調するのはパウロ書簡等にも見出せる（フィリ三・二〇、ガラ四・二六、エフェ二・一二、一九、ヘブ一二・二二―二三参照）。

（40）「苦難の中で神によって選ばれることは、第一ペトロ書の中核をなす神学的テーマである」。Schnelle (2007), 566.

（41）同様の見解はタイセン。「ペトロの第一の手紙はキリスト教徒を闇から脱出して信じがたいような光へと神によって招かれた民とみている（一ペト二・九―一〇）。その神の民に課された任務は、この世のただ中の『異邦人の間で正しい生活』をすることである（一ペト二・一二）。『神の民』のイメージはしばしば、キリスト教徒たちが敵対的な世界のただ中で自分を堅持しなければならないという『過酷な現実』を明瞭に指し示すことがある」。Theißen, 352（タイセン、四九五頁）. Vgl. Kelly, 25.

（42）第一ペトロ書は「目下の困難に直面している人々に対して、試みの下でもくじけないよう、そして、精神が落ち込んだ時に元気を出すように訴えるという二重の意味で、本質的に励ましの手紙なのだ」。Martin, 88（マーティン、一一二頁）.

（43）吉田（二〇一八）、三六頁参照。

（44）「苦しみは社会において、キリスト者の新しい振る舞いの結果としてのみ現れるのではなく、むしろ、キリスト者の実存の本質的な構成要素である」。Schnelle (2007), 576.

（45）多くの釈義家がこのことを指摘している。Windisch, 65; Bultmann (1967), 295-296（ブルトマン、一三〇―一三二頁）；Lohse (1954), 87-89; Wengst, 83-86; Deichgräber, 140-143; Schweizer, 63. 速水、四二三頁、辻、六九一―六九二頁。

(46) 二章一八—二五節の細かな分析は以下を参照。吉田（二〇一七）、八一—九九頁。

(47) 同様の見解は以下、Weihs, 66f.

(48) 第一ペトロ書の読者のアイデンティティ構築に関して、次のグーテンベルガーの考察に詳しい。Guttenberger (2015), 115-123.

(49) 島、三九〇頁参照。

(50) 第一ペトロ書の奴隷への勧告は、奴隷の逃亡を暗に禁ずるものである。獄中にいるパウロが記したとされるフィレモン書には、逃亡した奴隷と思われるオネシモスをその主人であるフィレモンのもとに返すことを促している。逃亡した奴隷を諫め、主人に送り返すパウロは、奴隷制度そのものを否定する態度では全くない。むしろ、それを擁護している。このようなパウロの態度は、先の奴隷への勧告句を収める文書にも通じている。奴隷に対しては、多くの場合、「(主人に) 従い、畏れよ」と命じている。この種の勧告はコロ三・二二、エフェ六・五、テト二・九—一〇に記されており、第一ペトロ書も基本的にこの種の勧告句と共通している。

(51) Vgl. Schrenk, ThWNT I, 772f. 七十人訳聖書において、殉教者の模範を示す際、「模範（ὑπόδειγμα）」という単語が用いられる（二マカ六・二八、三一、四マカ一七・二三、シラ四四・一六）。新約文書において「模範を示す（与える）」ことを語る際、この単語が使われている（ヨハ一三・一五、ヤコ五・一〇、ヘブ四・一一、二ペト二・六）。第一ペトロ書がこの単語を用いず、どのような意図で「ὑπογραμμός」を使用したのかは定かではない。さらに、五章一節では、送り手（ペトロを称する者）が自身を「キリストの受難の証人（μάρτυς）」と述べているのも興味深い（一クレ五・四参照）。この語句の考察については吉田（二〇一八）、二六頁参照。

(52) 一クレ一六・一七、ポリ手紙八・二、一クレ五・七ではパウロが主語。

(53) 同様の問題提起は田川、八二七頁以下。Vgl. Corley, 349-360（コーレイ、二七二—二七九頁参照）.

(54) 例えば、一九世紀に奴隷賛成派は次のように述べている。「新約聖書をひも解いてみても、そこには奴隷を持つ正直な主人の良心を乱すような記述は全く見当たらない。人類が作り上げた制度に干渉しような

死のただ中にある命

預言者エリヤとエレミヤ

近藤勝彦✣著　東京神学大学名誉教授

使徒と預言者という土台の上に築かれた教会が、繰り返し思い起こしてきた旧約の二人の預言者。彼らの内的葛藤と、神の契約の回復にかけ、命の言葉を語り続けた喜びの体験が、今を生きる信仰者に新しい慰めと使命を告げる。列王記とエレミヤ書の説教25編を収録。

●本体1,900円　8月刊行

Catechiſmus

ハイデルベルク信仰問答との対話
信仰の宝を掘り起こす
G.プラスガー〔著〕　芳賀 力〔訳〕
教文館

ハイデルベルク信仰問答との対話

信仰の宝を掘り起こす

G.プラスガー✣著　**芳賀 力**✣訳
ジーゲン大学教授　東京神学大学教授

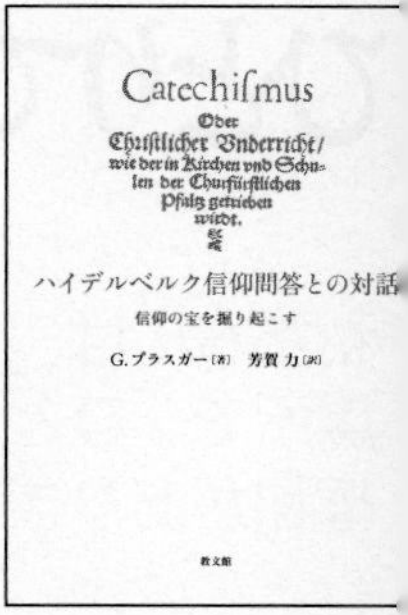

16 世紀に書かれた『ハイデルベルク信仰問答』を対話の相手としながら、キリスト教理解に大切な 14 の神学的主題を解説。多元主義社会を生きる現代人のための信仰入門書。

●本体2,900円　9月刊行

労働者の司教ケテラーとその時代

十九世紀ドイツの社会問題とカトリック社会思想

桜井健吾✣著
南山大学名誉教授

産業革命の時代に、宗教、政治、社会の諸問題と誠実に向き合い、教会の果たすべき役割を提起したマインツの司教ケテラーの思想と行動を解き明かす。

●本体5,000円　9月刊行

どという意図は、従順で謙虚な救い主にはまったくなかったことは誰の目にも明らかである。彼は堕落したこの世を救いに来たのであって、人々の黒い情熱を掻き立てるためではなかった」。Corley, 349（コーレイ、二七二頁）. ここにあるように、従順で謙虚なキリストを模範としつつ奴隷は主人に服従せよという命令を使って、奴隷制を擁護してきた闇の歴史もまた存在する。アメリカの黒人奴隷に対する宗教指導に際して、例えばエフェ六・五―九等にある奴隷への勧告句を用いて、奴隷を管理する方策が取られたこともこれと同じである。黒崎、五八―五九頁。このように聖書の言葉が都合よく使われてしまわないために、書かれた歴史的コンテキストを丁寧に検討し、それを批判的に分析する視座が必要である。

参考文献

田川建三『新約聖書――訳と註　第六巻　公同書簡／ヘブライ書』作品社、二〇一五年。

Berlejung, A. / C. Frevel, (Hg.), Handbuch theologischer Grundbegriffe zum Alten und Neuen Testament, Darmstadt 2016（A・ベルレユング、C・フレーフェル編『旧約新約　聖書神学事典』（山吉智久訳）、教文館、二〇一六年）.〔HGANT〕

Kittel, G. / G. Friedrich (Hg.), Theologisches Wörterbuch zum Neuen Testament, 1-10 Bde, Stuttgart 1933-1979.〔ThWNT〕

木田献一・山内真編『新共同訳　聖書事典』日本キリスト教団出版局、二〇〇四年。

Achtemeier, P. J., 1 Peter. A Commentary on First Peter, Minneapolis 1996.

Beare, F. W., The First Epistle of Peter. The Greek Text with Introduction and Notes, Oxford 1947.

Bergjan, S.-P. / B. Näf, Märtyrerverehrung im frühen Christentum. Zeugnisse und kulturelle Wirkungsweisen, Stuttgart 2014.

Bultmann, R., Theologie des Neuen Testaments, Tübingen 1953（R・ブルトマン『ブルトマン著作集五　新約聖書

神学Ⅲ』（川端純四郎訳）、新教出版社、一九八〇年）.

Ders., Bekenntnis-und Liedfragmente im ersten Petrusbrief, in: E. Dinkler (Hg.), Exegetica. Aufsätze zur Erforschung des Neuen Testaments, Tübingen 1967, 285-297（R・ブルトマン「ペテロ第一の手紙にある告白及び讃歌の断片」（杉原助訳）、『ブルトマン著作集　聖書学論文集Ⅲ』所収、新教出版社、一九八五年、一一六―一三七頁）.

Brox, N., Der erste Petrusbrief, EKK 21, Neukirchen-Vluyn 1979（N・ブロックス『ペテロの第一の手紙』（角田信三郎訳）、教文館、一九九五年）.

Chaster, A. / R. P. Martin, The theology of the letters of James, Peter, and Jude, New York 1994（A・チェスター、R・マーティン『公同書簡の神学』（辻学訳）、新教出版社、二〇〇三年）.

Conzelmann, H. / A. Lindemann, Arbeitsbuch zum Neuen Testament, Tübingen 2000[13].

Corley, K. E., 1 Peter, in: Schüssler Fiorenza, E. (Hg.), Searching the Scriptures. Volume Two: A feminist Commentary, New York 1994（K・E・コーレイ「ペトロの手紙一」（秋林こずえ訳）、E・シュスラー・フィオレンツァ編『聖典の探索――フェミニスト聖書注解』（絹川久子・山口里子監訳）所収、日本キリスト教団出版局、二〇〇二年）.

Deichgräber, R., Gotteshymnus und Christushymnus in der frühen Christenheit. Untersuchungen zu Form, Sprache und Stil der frühchristlichen Hymnen, Göttingen 1967.

Dubis, M., Messianic Woes in First Peter. Suffering and Eschatology in 1 Peter 4:12-19, SBL 33, New York 2002.

Elliott, J. H., 1 Peter. A New Translation with Introduction and Commentary, The Anchor Bible 37B, New York u. a. 2000.

Feldmeier, R., Der erste Brief des Petrus, ThHK 15/1, Leipzig 2005.

Goppelt, L., Der Erste Petrusbrief, KEK 12/1, Göttingen 1978[8].

Guttenberger, G.; Passio Christiana. Die alltagsmartyrologische Position des Ersten Petrusbriefes, Stuttgart 2010.

Ders., “Teilhabe am Leiden Christi”. Zur Identitätskonstruktion im Ersten Petrusbrief, in: M. Ebner/ G. Häfner/ K. Huber

(Hg.), Der erste Petrusbrief. Frühchristliche Identität im Wandel, Freiburg im Breisgau 2015, 100-125.

Horrell, D. G., 1 Peter, New York 2008.

Kelly, J. N. D., A Commentary on the Epistles of Peter and of Jude, London 1969.

Knoch, O., Der Erste und Zweite Petrusbrief / Der Judasbrief, RNT, Regensburg 1990.

Lohse, E., Paränese und Kerygma im 1. Petrusbrief, ZNW 45 (1954), 68-89.

Ders., Theologische Ethik des Neuen Testaments, Stuttgart 1988（E・ローゼ『新約聖書の倫理』（山内一郎他訳）、教文館、一九九五年）.

Michaels, R. J., 1 Peter, WBC 49, Waco, Tex. 1988.

Reichert, A., Eine urchristliche praeparatio ad martyrium. Studien zur Komposition, Traditionsgeschichte und Theologie des 1. Petrusbriefes, BET 22, Frankfurt am Main 1989.

Schnelle, U., Einleitung in das Neue Testament, Göttingen 2002[4].

Ders., Theologie des Neuen Testaments, Göttingen 2007.

Schröger, F., Gemeinde im 1. Petrusbrief. Untersuchungen zum Selbstverständnis einer christlichen Gemeinde an der Wende vom 1. zum 2. Jahrhundert, Passau 1981.

Schweizer, E., Der erste Petrusbrief, Zürich 1972[3].

Shimada, K., Studies on First Peter, Tokyo 1998.

Theißen, G., Erleben und Verhalten der ersten Christen. Eine Psychologie des Urchristentums, Gütersloh 2007（G・タイセン『原始キリスト教の心理学――初期キリスト教徒の体験と行動』（大貫隆訳）、新教出版社、二〇〇八年）.

Perdelwitz, R., Die Mysterienreligion und das Problem des I. Petrusbriefes. Ein literarischer und religionsgeschichtlicher Versuch, Gießen 1911.

Vahrenhorst, M., Der erste Brief des Petrus, Stuttgart 2016.

Vielhauer, P., Geschichte der urchristlichen Literatur. Einleitung in das Neue Testament, die Apokryphen und die

Apostolischen Väter, Berlin 1975.
Wengst, K., Christologische Formeln und Lieder des Urchristentums, Gütersloh 1973[2].
Weihs, A., Teilhabe an den Leiden Christi. Zur Soteriologie des Ersten Petrusbriefes, in: T. Söding (Hg.), Hoffnung in Bedrängnis. Studien zum Ersten Petrusbrief, SBS 216, Stuttgart 2009, 46-88.
Williams, T. B., Persecution in 1 Peter. Differentiating and Contextualizing Early Christian Suffering, Leiden 2012.
Windisch, H. / H. Preisker, Die Katholischen Briefe, HNT 15, Tübingen 1951[3].

川村輝典「ペテロの第一の手紙」、『総説新約聖書』所収、日本基督教団出版局、一九八一年、四一四—四二〇頁。

——『ヘブライ人への手紙——聖書註解』一麦出版社、二〇〇四年。

黒崎真『アメリカ黒人とキリスト教——葛藤の歴史とスピリチュアリティの諸相』ぺりかん社、二〇一五年。

佐竹明「パウロにおける苦難の理解」、同『新約聖書の諸問題』所収、新教出版社、一九七七年、一八〇—二一二頁。

佐藤吉昭『キリスト教における殉教研究』創文社、二〇〇四年。

島創平「ローマの奴隷とアジール」、弓削達・伊藤貞夫編『ギリシアとローマ——古典古代の比較史的考察』所収、河出書房新社、一九八八年、三八五—四〇九頁。

辻学「ペトロの手紙一」、山内真監修『新共同訳　新約聖書略解』所収、日本基督教団出版局、二〇〇〇年、六八六—六九七頁。

土戸清『現代新約聖書入門』日本基督教出版局、一九七九年。

速水敏彦「ペトロの手紙一」、川島貞雄・橋本滋男・堀田雄康編『新共同訳　新約聖書注解Ⅱ』所収、日本基督教団出版局、一九九一年、四一〇—四三一頁。

吉田新「ユダヤ教殉教文学とイエスの受難物語——復活の主題をめぐって」、日本聖書学研究所編『聖書学論集四六　聖書的宗教とその周辺　佐藤研教授・月本昭男教授・守屋彰夫教授献呈論文集』所収、リトン、二〇一四年、四三五―四五四頁。

――「『ペトロの第一の手紙』研究（一）――構造と内容、成立状況について」、『人文学と神学』第九号（二〇一五年）、一―一八頁。

――「Ｉペトロ書の主題――Ｉペトロ書一章一―二節に関する考察」、『東北学院大学キリスト教文化研究所紀要』第三四号（二〇一六年）、一―一九頁。

――「『ペトロの第一の手紙』における奴隷への勧告――Ｉペトロ書二章一八―二五節について」、『人文学と神学』第一二号（二〇一七年）、八一―九九頁。

――「長老たちへの勧告――Ｉペトロ書五章一―五ａ節に関する考察」、『東北学院大学キリスト教文化研究所紀要』第三六号（二〇一八年）、二一―三九頁。

第Ⅲ部　カルヴァンとキルケゴールにおける苦難の意義

――闇の後に光あり

第一章　私を見捨てた神を呼ぶ
——苦難を問うジャン・カルヴァンの祈り

ランダル・C・ザッカマン

本章は、カルヴァンが彼の敬虔な読者たちに、彼らが人生の中で蒙る苦難や苦痛、災難に対して、様々に助言する方法と、同様に教会に対する助言を、彼の『詩編註解』を通して検証する。カルヴァンは、詩編は「魂のすべての部分の解剖学」と語っていることは良く知られているが、彼は詩編が苦しみの経験によって生み出された魂の動きを効果的に描いていることを明らかにする。「聖霊は人生におけるすべての嘆き、悲しみ、恐れ、疑い、希望、思いやり、困惑、つまり、人の心を動揺させたくないような気を散らす感情すべてを描き出している(1)」。

カルヴァンは、ダビデが詩編の主要な作者であると考えているが、アンティオコス四世エピファネスの支配下にあったユダヤ人の迫害下では、他の預言者の声も詩編の中にある。しかしカルヴァンは、ダビデを敬虔な人々の蒙った苦難の典型例と見ている。「世界の創造以来、私たちは、神がこれほど多くの種々の苦しみによって試みた人を見出すことはまれだ(2)」。

カルヴァンはダビデの受けた苦しみを同様に体験することで、他の預言者も含め、ダビデの心を明瞭にすることができ、同様の体験は教会に属する人々からの抵抗〔例えばカトリック教徒たち〕からの苦難とも特に関連すると語る。

しかし、カルヴァンは、またダビデが経験した苦しみは、たとえその最も極端な形であっても、すべての敬虔な人々によって経験されうるものと考えている。「そして、今日の私たちが、ダビデが自分自身に関して述べていることを私たち自身の中で経験することを妨げるものは何もない。緩やかな程度であっても、永遠の死の恐怖と戦うことを感得する人は、これらの言葉が誇張でないことに満足するだろう(3)」。

カルヴァンが語るように、暗い影が人間の生活全体に及ぶように、誰も苦しみに対して免疫があるわけではない。「人間が老化して高齢になる前は、たとえ青春期であっても、彼らは多くの悩みに巻き込まれていて、この死すべき人生がその支配下にある、心配、疲れ、悲しみ、恐れ、悲観、不便、不安から逃れることはできない。そのうえ、このことは現在の状態における私たちの存在の全過程に言及されるべきである。そして、確かに、私たちが幼児期から墓に降るまで、私たちの生活の状態は何であるかを考える人は、あらゆる部分でトラブルと混乱を見出すだろう(4)」。

1　カルヴァンの理解する信仰と敬虔

1・1　約束の御言葉における信仰

苦難、災難、苦痛によって表現される試練を理解するためには、神との関係におけるキリスト者の生活を形作るカルヴァンの見解を把握することが必要である。なぜなら苦難の厳しさは、直接神と人間の関係に挑み、脅かしてくるからだ。カルヴァンにとって、キリスト者の敬虔の中心は、キリストによって啓わされ、完成されたところの、神の約束への信仰に依拠するからである。詩編では、この約束はアブラハムとそのすべての子孫とに自由に結ばれた契約における神の中に見出され、神は彼らの神になり、彼らは神の民になる。この契約は、地上の命に関する約束だけに、契約を制限する人々に対して、地上の命だけでなく永遠の命において、神の恵み、憐れみ、善意をイスラエルと教会の両者に約束している。それゆえ、信仰は、その約束にだけ頼ることができる。これが、神が敬虔な者たちに賜ろうとしているすべての良いことを含んでいるのである。

1・2　神の御言葉と神の御業

しかし、カルヴァンは、憐れみに関する神の約束の御言葉を、神がその約束に宣言されていることを実際に行う行為に一貫して結びつけ、それゆえ、憐れみに関する私たちの経験によって、神の憐れみに対する私たちの信仰を固くする。神の御業から神の善意を知ることは、約束の言葉に対する私たちの原初的な信仰に基づいている。それなしには、私たちの生活の中で神の御業を正しく認識することはできない。「私たちは、神の御言葉から引き出される理論的知識と彼の恵みの体験的知識との間にある区別を見つけなければならない。なぜなら、（よく言われるように）神は行為において御自身を啓わされるので、初めに御言葉の中で神は探求されるべきである」[5]。

神の働きを経験することは、約束における信仰を土台とするものではないが、それは神が御言葉の中に御自身を啓わされるという仕方で実際に働かれることを明らかにすることで信仰を確かなものとする。「神の好意についての知識は、神の御言葉の中に求められるべきであるとは確かなことだ。しかし、神が私たちを助けるために御自身の御手を伸ばされるとき、このときの感覚は言葉と信仰の両者に対して小さな確証になるなどということはない」[6]。

カルヴァンは、時に、私たちの信仰を満たすためには約束の御言葉で十分であると言っているように聞こえるが、信仰は、神の働きを経験することによって確証されるものであり、それ以外では神の言葉が真実であると知り得ないと言っている。「私たちが神の約束そのものを持っている限り、神の恵みと救いはまだ希望の内に隠されているが、これらの約束が実際に実現するとき、神の恵みと救いは鮮やかに示される」[7]。

神の約束を確証する神の働きの原型は、イスラエルの民がエジプトの捕われの身から脱出したことにあり、その働きの中で、彼らがはっきりと見て経験できる仕方で、神はイスラエルの神であることを鮮やかに明示されたのである。「神がヤハウェであることを宣言された後に、神が御自身の神聖を結果と経験から証明され――エジプトから彼らを導き出すことで明確で揺るぎがたい証拠から、とりわけ、神が祖父たちと結んだ約束を実行することによって証明されたのである」[8]。

彼らの経験における御言葉の確証なしには、神の約束のうちにある彼らの期待は確かに基礎づけられ、真実であることを知ることはなかった。よって、神の働きは約束の御言葉において信仰に続くが、敬虔な者たちは神の善意と憐れみにおいて知り、期待する道を基本とした。「神の約束を信頼することで、彼は神の恵みの伝達を受領する希望から生じる喜びで心が養われる。しかし、私たちのすべての希望は単なる希望に終わることはない。神が彼に約束したことの実現を要求して、神はようやく現れるのではない(9)」。

それゆえ神は、私たちが信仰において得る約束においても、私たちの生涯で見て体験する神の働きにおいても、この両者において啓示してくださる。「確かに、パウロが言うように、私たちが地上を旅する状態が続いている限り、私たちは見ることによってではなく、信仰において歩いている。しかし、福音書を通して神のイメージを観るばかりでなく、日々私たちに示される神の恵みの幾つもの証拠において神を観る(10)」。

これらの働きは、永遠の命のための益を含むばかりでなく、この人生の祝福も含んでいる。それはカルヴァンによれば、第一テモテ四章八節において、「『神の神性は総てのものに益し、現在ある命の約束においても、さらに来るべき命の約束においても益す』。要するに、神に真に仕える者は、霊的な事柄で祝されるばかりでなく、現在の生活における状態においても祝される(11)」。再度言えば、これらの見える神の善性の提示は、カルヴァンにとって単に付属の付け足しではなく、むしろ有限で体をもった被造物を神の善性の知識へ導くことに必要なのである。「必要なこの点が付け加えられるべきである。なぜなら神の善性の視覚的な提示がなければ、私たちは霊的にその理解に向かって立ち上がるに十分ではない」[12]。

1・3　過去の祝福の体験は未来の祝福の希望を生む

個人の生活における神の善意と憐れみの働きを体験することは、同時に敬虔な者たちを、神を呼び求めることへ導く。神から既に受けている善き物への感謝の気持ちから、また神がこれらの善き物を未来に、さらに永遠の命へと提供し続けて下さることから生じる。「繰り返すが、それゆえ、私たちが神に近づくことができるのは、神の善を介してのみであるという一般的な真理を引き出すことができる。だれも正直に祈ることはしないが、神の恵みを経験した者は神が自分にとって慈悲深いものであることを信じ、そして完全に説得されるのである」[13]。確かに、神の恵みと憐れみを個人的に経験することは、祈りの第一の動機である。カルヴァンによれば、善意に関する私たちの経験は、私たちの内に神の善意への無限の願望を目覚めさせるからである。「なぜなら、もし私たちが神の民に対する、そして私たち自身の経験において、自分に対する神の行動を真剣に振り返るならば、これは必然的に神の善意の麗しい影響の下で、神を追い求める私たちの心を導く」[14]。

そこでカルヴァンは、神の恵み、真実、そして力を確認するために、神が行ったことを自分の人生で思い出すことによって、神への祈りを支えとし、ダビデを例として従うよう信仰者に勧める。「神が過去になさった善い働きを思い起こすこと以上に、私たちの希望を活き活きとさせるものはない。それは、ダビデが祈りの中で、このような思索に沈潜している彼の姿を私たちはよく目にする」[15]。過去における神のなされた良い働きの思い出は、私たちが神の真実と誠実を体験することに至って、神は未来においても私たちに神の善と憐れみを引き続き示してくれるという私たちの希望を固くする。「神は絶えることなく御自分の民に向かって恵みを賜り続けておられるので、これまで私たちになされた善はすべて私たちに自信と希望を与えて奮い立たせ、来るべきときに神は私たちに慈悲深く、憐れみに富んでいるだろう[16]」。

1・4　神の本性と特性の体験

神の御業は、信仰者に対して神の御力や完全性が明らかにされることによって、神の約束に対する私たちの信仰を固くする。これらの力には、豊かな神の善意と憐れみと、さらに神の本性と特性を明らかにする他のすべてが満ちている。それゆえカルヴァンは、信仰者たちを、「私たちの眼に理解でき、神の特性の生きた考察に向かえる神の完全なその顕現へ深く注意を向けさせる。たとえどんなに人間の心に適用できる主題があろうとも、神の知恵、善、義、および慈悲に対して持続的に瞑想することより、大きな利点を引き出すことができるものはない[17]」。

したがって、敬虔な人たちは、神の御業の中で熟考し、自分自身の中で感じる神の力によって自らの内に明らかにされた神の本質を自分自身で体験するのである。「預言者の例から、神が私たちに対して慈悲深いという確かな証拠を様々に得る体験から、神の本質を知ることを学ぼう。そして、実のところ、私たちの日常の経験から神の恵みに気づかなければ、誰があえて神に近づくだろうか？[18]」。また、敬虔な者たちは神が彼らの祈りを聞かれるとき、そのことを学び取る。なぜなら祈りを聞いて下さることが、神の本質、御自身そのものだからである。「ここで神に与えられた称号は非常に重要な真理を伝える。私たちの祈りに答えて下さることは確かなことである。それを拒絶すれば、ある意味で神が御自身の性質を否定することになるからである[19]」。

神の力や完成を私たちが経験することによって神の本質を知ることは、約束の御言葉が神の側の恣意的な決断にあるのではなく、神の基本的な性質の表現であることを顕している。「もし、神がそうなさることは約束されているとか、私たちがそれに値するからといって神が約束を実行されると仮定すれば、疑念や不信が私たちの心を覆い、私たちは祈りに対して扉を閉ざすことになる。しかし、私たちに救いを約束するために神が動かれる唯一の原因が神御自身の本質に内在する憐れみであると徹底的に説得されるならば、神は御自身の御心から私たちに結びついて下さるので、なんら躊躇なく疑いもなく神に近づけるだろう[20]」。神の御言葉はまた、「神の永遠性」に根ざしている。つまり、神は約束されたことを成し遂げないことが不可能だからである。「神の永遠性は、私たちの幸いを維持する義務の下に自らを置くことにより、記念物か言葉に刻み込まれたものとして考察される。そのうえ、神には力が不足することはなく、御自身を否定することもできないので、私たちは神が約束したことを、御自身の時間の内に、成し遂げることを心配するには及ばない[21]」。

敬虔な人は「神の永遠性」を体験するので、神が創造された世界がいくら変わろうとも、神は常に変わらないことを知っている[22]。神の善と憐れみは永遠だから、敬虔な人は体験を通して神が御言葉と御業の中で彼らに憐れみを示してくださることより、神は彼らに最後まで憐れみを示し続けることを知っている[23]。したがって、彼らの未来への希望は、神の約束と祝福に関する彼らの原初的体験だけに止まらず、神の本質についての彼らの経験と知識にも根ざしている。「かつて神の憐れみによってもたらされたことを通して、神の本質は変わらず、そして御自身に属する善意を御自分から捨てることはできないので、神のなされたことは完成されると結論できる[24]」。

2　チャレンジ——苦難が信仰と敬虔に寄与する

私たちは今、なぜ苦難と苦痛が信仰者の生活に、そして神との関係において実存的危機を引き起こすかを理解すべきところに立っている。苦しみ、逆境、そして苦悩は、信仰者の生活における神の善意、慈悲、そして好意の経験を大きく揺り動かす。敬虔な人々は神の善意と憐れみの働きをその生涯を通して見ることを期待しているが、今や逆のことを経験する。すなわち、神の好意の兆候に取って代わって怒りの兆候が、さらに神の存在の光に代わって神の不在の暗闇が広がるのである。「この内的な闘いの中で、神が彼らから神の好意の徴を取り去るたびに、敬虔な者は必ず鍛えられなければならない。それゆえ、彼らがどんな方向に目を向けても、彼らは夜の暗闇を見るだけである[25]」。カルヴァンによれば、神の怒りによって生じる苦難は、敬虔な者にとってのあらゆる苦痛の中でも最大であると考える。なぜなら神の怒りは敬虔な者たちが以前に経験した神の善意、慈悲、恵みを彼らの視界から奪い去るからである。「すべての苦悩の中でも最大のものは、神の手によって下された重圧であり、罪人は、多くの死ととりわけ永遠の死を含む憤りと厳しさがある裁きに関連していると感じる[26]」。神が怒っているという思いは、神に見捨てられ、葬られたという経験が伴う。「神は、しばらくの間、私たちから神の善意のすべての徴を取り去るだろう。そして、明らかに、私たちを苦しめている惨めさとは無関係に、あたかも神と私たちは疎遠で、御自分の民ではないかのように、私たちを見捨てるのである」[27]。

ダビデは詩編全体を通じて、神の御業がもはやダビデに対して神の善意を明らかにせず、むしろ神が彼を忘れ、捨て去ったと感じるときに、この種の不満を訴える。「したがって、彼は、神の援助や恵みが私たちのために実際に現れないときはいつでも、神は私たちから遠いと思われ、神が自分を見捨てた、無視していると訴える」[28]。ダビデが経験した同じことが、イスラエルの人々全員に経験されるのであり、この人々は神に見捨てられ、彼らを破壊しようとする彼らの敵の力に渡されたと思われたのである。「敵の悪巧みに慣れるために御自身の民を捨てるという仕方で、神は彼らを見捨て、手助けなしで訓練されるように思える。その結果、彼らは散らされた羊の群れのようであり、羊飼いなしでここかしこにさまようのである」[29]。

カルヴァンは、このことを教会においても例外的なこととは考えず、神から見放されることは信仰者にとって日常体験することであると語る[30]。神に見捨てられたと最も強く感じるときは、神に祈っても聞かれないときである。それは泣いて頼んでも、神は聞く耳を持たず、答えてくれないと思えるときである[31]。「さらに悲しい試練は、信仰者の叫びが全く無駄骨に見えるときである。なぜなら、災いからの唯一の解放が神に依り頼むことであるのに、もし私たちの祈りから何も生じないなら、他にどのような処置があるというのだろうか。そこでダビデは、神は自分の祈りに耳を塞ぐと不満を言うのである」[32]。

苦難と苦痛によって生じる最大の危険は、それが最終的に祈りを混乱させるか、あるいは私たちの祈りを絶望的な沈黙の中で終わらせるという点である。苦痛は、神が私たちを見捨てたと私たちに確信させ、また神の沈黙は、もはや神は私たちの祈りを聞かないと私たちに思わせ、神の不在は、神は私たちに関わらないと私たちに確信させるのである。その結果、私たちは苦痛の中の祈りにおいて神に向かわないばかりか、嘆きながら考えているうちに、もはや苦難を心の奥にしまい込む。そこで、ダビデが私たちの心を神に向かって注ぎだすようにと告げるとき、カルヴァンは、このことを、ダビデが私たちに苦難を自分の内にしまい込むことがないように忠告していると受け止める。

「ここで、私たちの祈りと不満を神の前に注ぎだすことによって解放されることをしないで、病んでいて、しかも特に私たちの本性に深く宿る性質そのものが、私たちの嘆きの中に隠されてしまい、考え込んでしまう例として、ダビデがみなされている。その結果、私たちは、さらに自分たちの悩みで混乱し、希望のないあきらめに陥っていく(33)」。

そのような気の塞ぎは、神との関係に悪い影響を与え、それがたとえ口にし難い苦痛と逆境への、人間の自然な応答に見えたとしても、それがいかに危険であるかの理由である。「私たち誰もが、そのようなときにあまりにも早く自分たちの苦痛を自分の胸の中にしまい込みがちである――それはただ問題を悪化させ、神に対する心を傷つける状況でしかない(34)」。

２・１　祈りは苦難と苦痛に対する唯一の解決である

カルヴァンは、苦難と苦痛に対する唯一の解決策は祈りであると確信している。なぜなら、祈りだけが、私たちが神の前に私たちの心を開き、私たちの心配や疑問を神に投げかけるのである。カルヴァンがダビデと他の詩編の預言者たちの祈りを研究しようとしているのは、このためである。なぜなら、彼らは私たちが苦しみの中で心を閉じたいと思うときに、神に心を注ぐ仕方を教えてくれるからである。「この例によって、私たちは最大の難局に陥るとき、私たちの惨めさのために常に備えられている救済策があることを教えられる。すなわち、神を呼び求めるという策である[35]」。このように、逆説的だが、私たちにとって祈りのための最高のときはまさに私たちが神によって見捨てられたときであり、自分を自分自身の中に閉じ込めるように試みられるときであることを知る。「私たちが、光と人の存在を避けようとして悲しみの中に塞ぎこむとき、私たちの祈りを閉ざしていることから開く門はひどく離れており、そのときこそ、祈りに取り組むために最も相応しいときである。なぜなら、私たちが神の御前で自分の心を自由に注ぎだす機会があるときに、私たちの悲しみを特別に軽減することになるからである[36]」。

祈りは自分の心を神に向かって開くことができる。それによって、神は私たちの悲しみと苦悩を御覧になり、よって私たちを苦しめる負担を軽減することができる。祈りはまた、神が私たちを見捨て、断絶しているように思えるときに、神との関係を持続させることを可能にする。それゆえ、なおダビデは彼らに、神の憐れみは決して失われないことを思い起こさせる。なぜなら、私たちは祈りにおいてすべての病の慰め、解毒剤を持っているからである。「ダビデは、嘆願してまさにが、それはまた、悲痛な逆境の下で最も祈りを放棄したくなる苦悩のときであった、と私たちに教えている[37]」。これが、ダビデと詩編の他の預言者たちが、神が聞いていない、あるいは神がもはや気にかけて下さらないと確信しているときでさえ、神を呼び求め続ける理由なのである。

彼らは、祈りこそが、彼らが経験している苦しみに対する唯一の解決策であることを知っている。なぜなら、祈りは神との関係を維持するからである。それは苦難が終わりを告げるときである。すなわち「預言者は自分の悲しみの苦さから、慰めも軽減も見出せなかったが、それでも神に手を伸ばし続けた。このようにして、不治のように見えても、悲しみが私たちの口を閉ざすことなく、神の前に私たちの祈りを注ぎ出すことをやめることのないように、絶望に対して格闘することを得させる」(38)。それゆえ、神が私たちを見捨て、もはや私たちの泣き声を聞いていないと断言できるときこそ、祈りにとっての最善のときなのである。なぜなら、ダビデが「神からまさに見捨てられていると思えたとき、それは本当に適切なときであり、彼が自分自身を祈りに向かわせる最も良いときだったのである」(39)。

2・2　私たちを見捨てた神をいかに呼ぶか

しかしながら、これは本論において中心的な問いを生じさせる。祈りは、苦難が私たちと神との関係を作る、危機に対する唯一の解決であるなら、しかも、神が私たちを見捨て、もはや私たちの祈りを聞いて下さらないという確信によって生まれた危機であるなら、神が私たちを見捨てたときに、どのように神に祈ることが可能になるのだろうか。カルヴァンは、この問題の深刻さを知っている。というのは、ダビデが、彼の神が自分を見捨てたと語った後、直ちに、ダビデがこの困難に詩編二二篇で遭遇している様子をカルヴァンは見ているからである。「ダビデの泣き声が単なる骨折りのようにしか見えなかったのは、さらにいっそう悲壮な試練だった。なぜなら、私たちの災難の下での唯一の救済手段は、神を呼び求めることにあるからである。もし私たちが祈りから何の利益も得られない場合、他にどのような救済策が残っているか？　それゆえ、ダビデは、神は彼の祈りに耳を塞いでいると不平を言う」[40]。神がもはや私たちの祈りを聞かず、神に向かって叫ぶことは無益な行為であると思い込むとき、問題は最も深刻である。しかも、苦難と逆境によって引き起こされた危機は、そのような苦痛がどんな形をとろうとも、敬虔な人々の祈る力を脅かす。「人々にとって耐えがたい悲惨の中に置かれているとき、終点の見えない絶望を積んでいる列車が行き着く惨めさは、祈りをする彼らの心をかき乱すため、これ以上困難なことはない」[41]。

2・3　苦痛の真っただ中で慈愛への信仰が残る

カルヴァンのこれに関する答えは一見とても簡単である。彼は、いくら敬虔な者たちが神に苦しめられていようとも、神が彼らを見捨てたと確信したとしても、彼らが神の憐れみに対する信仰を失うことは決してないと主張する。そして、この信仰は彼らに自分たちを見捨てた神を呼び求める希望と自信を与えているのである。カルヴァンは、ダビデが苦悩の最も深い闇から神に呼びかけているので、彼をこの信仰の模範と見ている。「ダビデがほとんど死の淵に陥ったときに、祈りによって自分の心を天に向けたことは、ダビデの信仰が常軌を逸している明白な証拠だった。だから、そのような模範は私たちの前にあるので、どんな災難でも、たとえそれがどれほど大きく重たくとも、私たちの祈りを妨げたり、嫌悪を起こすことがないように学ぼう」[42]。そのような苦しみの中でダビデが神に頼んだということは、私たち自身にとっても同じことをする方法を教えてくれる。「これが私たちの敬虔さの真の試練だということを心に留めておこう。悲惨の最も深いところへ飛び込んだとき、私たちは目を、希望を、そして祈りを神だけに向けよう[43]」。

カルヴァンによれば、ダビデは世界の創造以来ほとんど誰よりも苦しんだので、ダビデが神によって見捨てられた暗闇の中で、神を依り頼むことができたことは模範的で、例外的なことと見ている。「ダビデが間近に迫った死を前にしながらも、しかも神の名を呼び求めることを止めなかったことの内に、彼の不屈の信仰の力が示されている[44]」。しかし、ダビデと他の詩編の預言者たちの祈りに出会うことによって、私たちは、絶望の危機に瀕しているときに、私たちの苦しみの中で私たちが神を呼び求めることができる方法が示される。「聖徒たちの境遇がこのようであったからこそ、私たちもまた、たとえ災禍に苦しめられ、極度に圧迫され、絶望の内にあるように思えても、神に身をゆだねるべきである[45]」

私たちは、詩編に記されている祈りの中に、苦悩がその最も深刻なときでさえ、残っている信仰と希望を見るのである。その結果、私たちもまた、彼らが自分たち見捨てた神を呼び求めるように、そのような信仰と希望が私たち自身の中にもあるという確信を持てるだろう。「ダビデが憂いによって涸れ果て、すべての力を失ってしまったことと、にもかかわらず彼が支えられ確かにされたという固い希望を持って神を呼び求めることを止めない、というこの二つのことは、一見矛盾するように見えるが、一つに結びつけられなければならない[46]」。そのような信仰は、詩編八八篇においても見ることができ、そこでは預言者が神に全く聞かれずに終わっており、代わりに暗闇が彼の唯一の仲間であるとさえ言っている。「この詩編には惨めな苦しみに会い、ほとんど絶望に至った人間の、深い嘆きが含まれている。しかし、同時に、彼は悲しみに戦いをいどみ、彼のうちにある信仰による不倒不屈の平常心を明らかにしている。彼の死の深い暗黒の中にあっても、なお救い出してくださった神を呼び求めるのも、そのためである」[47]。

2・4　聖霊は私たちに苦悩の中で祈りの形を付与する

カルヴァンは、聖霊がダビデと他の詩編の預言者たちに、苦しみと辛い苦悩の暗闇の中で、私たちすべての者が神の前に心を注ぐように教える祈りの形を作るよう促したといえる。つまり、ダビデは神に自分の苦悩を見つめるように願うとき、「私たちもまた、同じように、試練と苦難によって試されるとき、私たちが祈ることで神に向かって心を高く上げることをしなければならない。なぜなら、私たちが多くの苦悩や重圧でくずおれることがないように、聖霊が私たちの面前にこの光景を示しているからである」[48]。この詩編において、ダビデは、「極度の苦痛を被り、悲しみに喘ぐ」。それゆえ、ダビデが私たちに残した祈りは、神があらゆる善意の徴を退け、実際に私たちを見捨てたと確信しているときに、私たちが神を呼び求めるのを助ける。「この祈りの形は、神が私たちから御顔を隠し、私たちに何の益ももたらさないと思われるときでなければ、特に妥当性をもつことはないのである」[49]。

聖霊はまた、神が神の民全体を捨て、もはや彼らの叫び声を聞かないと思われるとき、教会全体のために祈りの形を与える。詩編七七篇にあるとおりである。「この詩編の作者が誰であろうとも、聖霊は作者の口を通して、教会が出合う苦悩に対する祈りの共通の形を口述したように思われる。それはもっと残酷な迫害下にあっても、信仰者が天に向かって祈ることを止めないためである」[50]。また、私たちの罪深い意識や苦しみの重さによって私たちが絶望の危機に瀕しているときでも、霊は私たちが祈るように促す祈りを形作るように預言者を鼓舞する。「それゆえに、その絶望は私たちが最大の苦痛の中にあっても私たちの心を圧倒しないだろう。聖霊が貧しい人々や苦しむ人々のためにこの祈りを指示したと考えて、私たち自身の支えとしよう[51]」。

同じことが、絶望の危機に直面する詩編八八篇についても当てはまる。「しかしそれだけでなく、神の霊がここで、ヘマンの口を通して、祈りの形を定めていると確信しよう。祈りによって神は、いわば絶望しきった者をみもとに招かれる[52]」。確かに、この詩編が、神の善意と憐れみに対する新たな思いに感謝することで終わらず、それどころか、「あわれみの場所が残っていないかのように、それでも私たちを祈りの義務に従わせるための手段としてさらに役立つのである[53]」。

カルヴァンは、詩編における祈りの形は、修辞学と雄弁による傑作であるとは考えていなかった。これはまさにすべての敬虔な人たちのための祈りのガイドとして役立つものある。なぜなら、私たちの苦痛の中で私たちは雄弁ではなく、洗練された語りよりも、うめき声として祈りは発せられるからである。私たちが御霊によって動かされた祈りの形において、同じような言葉にならない言葉を見つけるとき、それは私たちに苦しみの中で自由に神に祈ることを得させる。「言葉は決してなめらかではない。聖徒たちが祈りにおいて常に言葉に詰まるように。しかし、この言葉の詰まりは、修辞的な言い回しや、あらゆる美辞麗句にまさって、神に喜ばれるものなのである[54]」。

カルヴァンはまた、預言者たちが自分の人生における神の不在という彼らの経験に基づいて、神と自由に語ることにも注意を向けている。それは預言者が、神はなぜ自分を助けるのではなく眠りこけておられるのかと尋ねるとき、己のなんらかの不敬虔に気づいて神に告白している。[55] 神はそのような過失を許してくださる。なぜなら、神は誠実に神の前で心を注ぎだすことを望んでおられ、彼らを捨て去ることに代えて、疑いと恐れを神に委ねることを求めるからである。[56] それで、神は彼らに、彼らの悩み、心配、悲しみ、恐れを告白するために、より効果的に彼らの心に重荷を負わすことをなさる。[57]

これらの心配には、神はもはや祈りを聞いて下さらない、神がもはや慈悲深くなろうとなさらない、あるいは神は私たちを本当に苦悩の暗闇に捨てられた、という思いを含んでいる。「彼らは自分たちの弱さを告白することを恥じたり、彼らの心の中に生じる疑念を隠したりすることは相応しいことではない」[58]。預言者が自分は神から嫌われ、拒否されていると訴えるときにそうであるように、私たちは、これらの疑いを口に出して祈ることにより、私たちが重く被っている痛みの証人を神とすることで、重荷を下ろすことができる。「預言者が神に異議を唱えるというこの自由さの中で、彼は神の御前で重荷を下ろすことにより、何にもまして、効果的に、あらゆる不信や焦りに抵抗することができたのである」[59]。

ダビデが神に自分から離れてくれれば笑顔になるかもしれないと頼んだときのように、聖霊もまた、敬虔な者に祈りにおいて許容される自由の限界を超えて祈りの形があることを示唆したのである。これはカルヴァンがヨブ記において見つけたひどい不平の一つでもある。「それゆえ、ダビデは肉の欲望を抑えるために懸命に努力したが、それでもこれらは多くの失望と悩みを抱かせたので、このことが彼の悲しみの限界を超えるほど強かったのである」[60]。限界があるとしたら、神が唯一の敵であるかように振る舞い、神の憐れみへの信仰に訴えることなく、神に不満を言うことにあるだろう。そのような不満は、最後に神に依り頼むことを挫くので、絶望の淵を渡り、絶望の中で死へと向かっていく。

2・5　私たちを打つお方の御手を見る

カルヴァンは、聖霊によって私たちに与えられる祈りの形の範囲内で、ダビデと他の預言者たちを見捨てた神を呼び求めるために彼らが用いた様々な手立てを探る。その一つが、預言者イザヤによって使われた仕方で、苦難の中のイスラエルの人々に対して彼らを罰するお方の御手を見るように告げたものである（イザ九・一三）。カルヴァンはこれを、私たちの苦しみの経験を神の内にある原因へと引き入れるべきであることを示唆する。それは私たちの苦難を私たちの罪に対する神の応答と見なすことである。「神がいつでも私たちにむちをもって訪れ、私たち自身の良心が私たちを非難するときには、それは特に私たちに神の御手を見ることを求める」(61)。

私たちの受けている苦痛を私たちの心を非難する罪の罰と見ることを学ぶことは、私たちの苦難の意味を神との関係で捉えることになる。それは、神が私たちを悔い改めへと招かれることを意味する。「苦痛が訪れたとき、私たちはそれを神から来たと考え、明らかに私たちの善のために意図されたものと考えることは殊更重要である」(62)。苦悩は私たちの心の中に隠れている罪を明らかにする。それは敬虔な者たちが神によって苦しめられることにより、益であると見ることを求める(63)。苦しみが私たちの罪に由来し、神の御手によるものであれば、私たちは、私たちを襲っている同じ御手からの救済を神に訴えることができる。[64] さもなければ、私たちの苦痛は偶然の出来事によってもたらされると結論づけることになるが、それでは、そのことから少しも意味や目的を見出すことにならず、なんら解決の源にもならない[65]。

私たちの良心が私たちを苦しめ、私たちを罰する神の御手を見つめるように促すとき、私たちは苦痛を悔い改めるように求められる機会として見ることになる。その結果、私たちは憐れんで下さるように神に訴える。「神の御手によって苦しめられたダビデは、自分の罪のゆえに神の怒りを引き起こしたことを承認したが、また解放を得るために、赦しを祈った[66]」。

ダビデは私たちが自分の罪のゆえに苦しむときに、私たちすべての者に赦しを願って神を呼ぶ模範を示す。それにより、私たちも自分の苦難の深みから同じように神を呼ぶのである。「酷く扱われたダビデを見るとき、私たちは学ぼう。私たちが極限の苦痛とその呻きの中に置かれたとき、へりくだって私たちの裁き主に恵みと憐れみを乞い願おう[67]」。私たちの苦痛を生み出す怒りの印は、神が私たちの罪に敵対しているということを明らかにしている。苦難からの唯一の解放は、神と和解することにある。「これこそいかなる反逆に対しても役立つ崇高な治療薬なのである[68]」。

2・6　神の御業を離れ、約束だけを見上げよう

しかしこれは敬虔な人々の生活においては、もう一つの問題を生じさせる。苦痛とは、神の恵みと憐れみの印が私たちの個人的な経験から取り去られ、神の怒りの印によって置き換えられたときに生じるというなら、私たちはどのようにして神に憐れみを祈れるのだろうか？　先に述べたように、神

の憐れみへの信仰は神の約束に基づいている。神の御業はその約束を確認するためのものだが、その御業がその約束と矛盾するようになったときには、私たちはその御業から転じて、約束だけに目を向けるべきである。「これこそ神が探究されるべき道である。神の御手の働きは我々の視野から隠されているが、神の真の約束こそ我々の安らぎである」[69]。

神の憐れみを明らかにする神の御働きがなく、神の約束までも取り去られたなら、私たちはすべての希望を失うであろう。「これらの約束が取り去られ、神の恵みが必然的に私たちの視界から消えてしまえば、その結果、私たちの心は落胆し、絶望に打ち負かされるだろう」[70]。私たちの苦悩の中で、神の約束の言葉にだけ目を向けるなら、神が真実な方であると本当に私たちが信じているかどうかを明らかにする。なぜなら、私たちの苦悩の体験は、憐れみの約束と矛盾するからである。「このような精神の中で、私たちが神の言葉を尊重するとき、彼の善意または彼の御力によるどんな現在の経験を奪われたとしても、私たちは『神が真実であることを私たちの心に記す』（ヨハ三・三三）[71]」。

神の真実の約束への信仰は、私たちが苦痛に苛まされている中に、喜びすらもたらしてくれる。それは、神によって見捨てられるという私たちの感覚の中で、神の憐れみを明らかにするからである。「信仰者の喜びの根拠は『神の言葉』にあると言われる。そしてこれは、たとえ信仰者が神によって見捨てられ、遺棄されているように見えても、神の約束の真実性を振り返ることによって自分自身を満足させることを意味する」[72]。逆境の真っただ中にあって、神を呼び求めることは信仰の証であるとしても、それでもなお、「最も深い暗闇の中でその光だけによって導かれるために、神の約束に専念するのも真の信仰の証である」[73]。そのように、まさに私たちが神に見捨てられているときがまさに祈るにふさわしいときであり、また「神の約束も静けさと平安のときではなく、厳しい、恐るべき闘いの真中に置かれているのである」[74]。

2・7　過去の幸いを想起し、未来の希望へ向かう

しかし、カルヴァンは、神が「約束の言葉」を奪うことによって、引き起こされる苦難や苦しみの形があることを知っている。奪われなければ、それは逆境の闇の中で唯一の光となる。「私たちは、私たちの幸福と救いを含む神の約束から神が私たちを引き離したら、私たちは確かに絶望の淵に投げ込まれる」[75]。このことが起こると、敬虔な者たちは聖書全体の中に、少しの慰めも見つけることができない。それはもはや彼らに何も告げないからである。「次のことを心に留めるべきである。すなわち、神が御自分の民をそのような驚くべき仕方で試みるということ、また、民らが聖書全体の適切な目的から逸らされることを想像すること、さらに民らが、神が語ってくださることを聞きたいと望んでいても、神の言葉を彼らの特別の出来事に当てはめることができないでいるということを心に留めるべきである」[76]。では、神の御言葉と約束が私たちを見捨てると思われるとき、人はいかに神に呼びかけられるのだろうか[77]。

カルヴァンによれば、私たちは、私たちの過去に経験した神の良き働きに注意を向けるべきであり、そのことは、神が将来においても同じように良くしてくれるという希望をもつことにつながると言う。私たちは、もはや自分の苦痛の中で神の善意と憐れみを見ていないから、私たちが現在体験していることの中で、その希望について問うべきである。しかし、神がなされた過去の慈愛を思い起こ

すことによって、私たちは再びそれらの慈愛についての将来の啓示への希望に導かれる。これはダビデが、神が自分を見捨てたと叫んだときにとった戦略である。「自分自身が神によって見捨てられたと認めるのは危険な誘いだった。いつまでもそう考えないために、彼はそれを養い、神の恵みから賜った不変の証拠を思い巡らすように心を傾けたのだ。神の恵みから、彼は自分を勇気づけ、救済を得る希望を抱いた(78)」。

これが、私たちが詩編の中で、神の恵みについて自分自身の過去の経験を思い起こす多くの預言者を見出す理由である。預言者たちは、神が自分たちを見捨てたと感じたとしても、神の恵みを期待する能力を見出したと思われる。「まさに聖霊が、神の善意の証拠を集める知恵を信仰者たちに教えている。すなわち、彼らが恐れと悩みの状況の中にあるときに、彼らの信仰を支え強めるためである(79)」。約束が撤回されているように見えるとき、私たちは私たち自身の生活の中で経験した神の働きについて、回想するように目を向ける備えをすべきである。このことが、苦難の闇の中にあっても、神の慈愛が未来に顕現する期待へ私たちを導く。「もし過去の経験から、神はその僕らに対して彼らの祈りを同情して聞かれ、必要な場合には、いつでも助けを与えて下さるということを学ばないならば、私たちの信仰は逆境のもとに、たちまち屈服し、悲しみは心を窒息させてしまうだろう。特に、恵みを絶えず与えてくださる理由は、同様にそこにある(80)」。

2・8　神の御言葉と御業を超える神の本性を見上げて

しかしながら、神の過去の恵みを思い出しても慰めがもたらされず、むしろ私たちの苦難や痛みが増すというほどの逆境もある。これは詩編七七篇にあり、その箇所で、カルヴァンは、預言者が神を覚えると、苦しめられる、と言っていることを見出す。「預言者は自分の悲しみを和らげるための唯一の救済策となっていたものが自分にとって不快の源となったと不平を言っている。確かに、真剣な信仰者の心が、神を思い出すことによって悩まされるとは奇妙に思えるかもしれない(81)」。これはかなり矛盾しているように思われるが、カルヴァンによれば、私たちが神の憐れみと善に関する過去の経験を現在の神の怒りの経験と比較するときに起こることと考えている。「例えば、預言者たちは神が自分たちに怒っているという思いを抱くときに、逆境のときの神の記憶が敬虔な人の苦悩と悩みをさらに悪化させることはしばしば起こる(82)」。

私の過去の幸せの記憶は、今私が失い、決して回復されないことを思い起こすことにより、私の現在の苦痛をさらに苦いものにするかもしれない(83)。「しかし、このことは、悲しみを別の言い方で敷衍しているように思われる。人間にとって、高貴な身分でありながら、極端な惨めさに転落するほどの苦痛は、他に存在しないので、預言者はここで、かつては神が卓越した恵みの賜物をもって飾られた神の民が、今やこれを奪われてしまったことを、悲しみ嘆く。その結果、神の恵みの記憶が、かつては民を慰めることに役立ったのに、今や一層激しい悲哀を与えるものとなっているのである(84)」。

これほどの苦悩は、カルヴァンが詩編で見つけた、苦難に関する以前の解決方法から得られるすべての慰めを取り去ってしまうと思われる。苦しんでいる人は、約束の御言葉に慰めを見出せず、神の臨在に対する証言がさらに大きな苦痛となることに気づく。「しかしなぜか、神が私たちに近づかれれば近づくほど、一層私たちの悲しみを悪化させるように見えるということがある。したがって、多くの人が、このことから何の利益も得られないと思い、神を忘れるほうがまだましだと想像する人も少なくない。このように、人々は自分たちの悲しみが軽減されるよりもむしろ悪化するということを耳にし、御言葉を嫌悪し、さらに悪いことには、彼らの嘆きを激化させ、燃え立たせる神から遠く身を引くことを望んでしまう[85]」。

このようなことが起こるときに、カルヴァンは、信仰者たちの注意を神の御業から逸らすように指示する。今や彼らを苦しめているように思える神の記憶から、これらの働きが示す神の本質へと向かわせる。なぜなら、敬虔な者は、神の御業によって、すなわち、神の御業が表現される力と完成によって、神の本質を経験させられるのである。約束の御言葉が私たちにもはや希望を与えず、神の働きが私たちの苦痛の激しさを増すなら、カルヴァンは私たちに神の本質に注意を向けるように諭す。なぜなら、神は決して変わることなく、我々の希望を失望させることがないからである。

したがって、神が私たちを見捨てたように見えるとき、私たちはダビデの例に従い、神が私たちに憐れみを示さないことは不可能なので、神の憐れみが神の性質と本質に根ざしていることを見て取るのである。「しかしながら、ダビデが体験した断絶は、彼が自由に神に近づくことを妨げるので、彼はこのような妨げを最もよい治療法によって、すなわち本来憐れみに富む神は、たとえしばらくの間みずからを制し、その御手を引き下げるようであっても、ご自身を否認されること、つまり神のまことの性質において憐れみの念を脱ぎ捨てることは決してない、ということを考えることによって、乗り越えるのである。つまり憐れみの念を捨てることは、神の永遠の本質を失うことに他ならないからである[86]」。

神が私たちを見捨てたように思え、もはや私たちが神の善意を感じなくなったら、神の慈悲と善意を神の性質と本質から取り去ることが本当に可能であるかどうか自分自身に尋ねるべきである。「私は、まるで預言者が鋼鉄の心をもっていたかのごとく、少しも動揺しなかったわけではないことを強く認める。しかし、彼が激しく攻められれば攻められるほど、それだけ彼は、いっそう堅固に神の善意は御自身の本性と深く結びつけられているので、神が憐れみに富まれないはずがない、というこの教えにより頼む。それゆえ疑いが私たちに心のうちに忍び込み、私たちが憂え、悲しみに打ちひしがれる度ごとに、神がその本性を捨て、憐れみ深さを放棄するはずはない、という点に向かうことを常に学ぼう(87)」。

私が、一旦神の性質、本質を知るということにおいて、神が私を本気で見捨てることは不可能であると結論できるので、神に見放され、見捨てられたという私の感覚に対して、私は神の本性に訴えることができる。「そういうわけで、これは、苦しむ人の祈りであり、すべての救いを奪われたとき、神によって軽蔑され見捨てられたとしか結論できないようなときでさえ、それは神の本性に反し、その常の仕方とは異なることを、自分の中で確信する(88)」。

これが、預言者が、シナイ山でモーセに明らかにされた神の本質に関する生き生きとした描写に絶えず戻っていく理由である。すなわち、主は恵み深く、思いやりがあり、確かな愛と憐れみに満ちているという理解である（出三四・六）。神の性質についての知識は、預言者ハバククが怒りの最中であっても、神は憐れみを覚えていてくださる、ということを私たちに告げてくる。「聖なる族長たちも共通して貫い視点に立ち、神ははなはだ忍耐心に富み、怒るに遅く、いつくしみを及ぼすのに早く、赦しに満ちたもうとしばしば語られた。このことについてハバククがその詩の中で、『神は怒るときにも憐れみを思い起こされる』と言うのもここからの引用である（ハバ三・二）[89]」。

私たちの苦痛がたとえどんなに耐えがたくとも、神が怒りをもって終わることはない。なぜなら、特に苦しみの中にある人々に慈愛深く同情的であるのは神の性質だからである。[90]「神が私たちに怒っているときには神が私たちに慈悲深く、神が私たちから身を引かれたときには私たちの近くにいる、とはにわかに信じ難いことである。これを知っているダビデは、このような不信の念に対置させることの可能な事柄を寄せ集める。そしてダビデに対する神の慈愛と大いなる同情とを行使することを懇願しつつ、彼が固い望みを抱くのは、神が慈愛と慈悲に富まれる、という理由以外にはないことを明らかにしている[91]」。

カルヴァンによって示される私たちの苦難と苦痛からの本当の救済策は、究極的には神の本質的な性質と性格に根ざしている。神の真実の約束は、神の永遠の憐れみと善性に基づいており、神の恣意的な決定に基づいてはいない。「ユダヤ人が、彼らの不誠実さと裏切りによって、神から離反したとき、それは神の性質の完全な不変性に基づいていたので、契約は無効にされなかった。それでも、今日においても、私たちの罪が天にまで積まれるときでさえ、それは天よりもはるかに上にあるので、神の善性は彼らの上を行くことに支障をもたらすものはない[92]」。

教会においても私たちの個人の経験においても、私たちの過去における神の御働きは、すべて神の永遠の善性、憐れみ、知恵、力の表現なのである。「神は世界に多くの変化を加えるが、御自身は不動のままである。そして御自身だけでなく、敬虔な人においても、経験から言えるが、最初からそうであったように、神は揺れ動かず、御自身の力、真実、義、および善意において確固としておられる」[93]。

過去にあった神の善意の経験に基づいて、未来への希望を持つ私たちの能力は、神の永遠の本質的善性に根ざしている。それは、神が始められた御業は神が完成してくださる必要があるからである。「かつて神の憐れみの行為によってもたらされたことなら、神は御自身の性質が不変であり、御自分に属するその善性を自らの内から取り去ることはできないので、なされたことは完成するであろうと結論する。私たちが危険にさらされても良い希望を持続させる方法は、私たちの救いが置かれている神の善性に目を向けること以外の何ものでもない」[94]。

私たちの心を神に注ぎ出すことによって苦しみに慰めを求める私たちの能力でさえも、祈りを聞き入れて下さる神の性質に基づいている。「私たちの祈りに対する答えは、その祈りを拒絶することによって、ある意味で、神御自身が自らの性質を否定することになるという事実によって確証される」[95]。だから、神が私たちを見捨てたと確信したとしても、私たちの心の真ん中に神の本質をすえれば、私たちは神が私たちを見捨てることは不可能であると結論づけなければならない。詩編七七篇の預言者の例によっても明らかである。すなわち、「たとえ預言者は、願ったような成果は直ちに感得できないとしても、神を自分の目の前に置くことを止めず、このような良き瞑想をもって、慎重に保とうとするので、神は慈愛と御自身の本性を変えられない方なので、最後には御自身の民に対し憐れみ深いことを示さないはずはない」[96]。

したがって、神が私たちを見捨てたと確信しても、私たちが神を呼び求めることができる究極の理由は、私たちが神の性質と性格を経験したからであり、神が私たちを本当に見捨て、放棄することは神の性質と矛盾するので不可能なことなのである。

2・9　怒りの中での神の慈しみと放棄の中での存在

私たちの祈りを常に聞き入れ、善性と憐れみを決して捨てられないことが神の本質であるならば、これは神の恵みが、私たちの苦しみと苦悩の月日が終わった後に現れるだけではなく、むしろ神は苦痛の最も暗い時間に存在して下さるということである。これが、神が怒りの只中で慈愛を覚えていて下さる理由である。なぜなら神の憐れみは怒りの暗闇の中に隠されているよりも、私たちの苦しみの中に存在しているからである。このように、「神は公然と無視しておられるように見える人々を密かに顧みて下さる」とカルヴァンは主張する。[97]神の密かな顧みとは、神によって放棄されることで引き起こされた苦悩がそれほど深刻ではないという意味ではないが。

ダビデが、神は砕かれた心の人々の近くにあると告白したとき（詩三四・一八）、カルヴァンは、傷ついた心を持つことの重大さを減少させるのではなく、神が近くにいることを信じることがどれほど難しいかを示唆している。「神の恵みの到来が遅いと、それにより非常に厳しい試練となり、それまで積まれた経験はすべて消え去る。私たちの心は挫け、さらに言えば、神は忠実な人に近づいているというのに、彼らの心はあやうくなり、消えかかり、死ぬ準備ができているとなると、人間の感覚と理性においては、もはや全く信じられなくなる」[98]。苦痛によって引き起こされた痛みは本当に彼らの心を壊し、神の前に謙らされ、衰えさせる。

それでもなお、彼らが放棄されているように感じられても、神が彼らから離れたり、愛と憐れみにおいて考慮することをお止めになることはないのは確かである。「たとえ悲惨さが連続してそれに圧倒されても、人生をほとんど奪われても、神は私たちから離れることがないということは、最も喜ばしい慰めに満ちた教えである」[99]。これは、たとえ神がもはや彼らの叫び声を聞いていないかのように、彼らが神によって完全に捨て去られたと感じたときでさえ、神の恵みは彼らを助けるためにあるということを意味する。

それゆえダビデは、自分が神によって見捨てられたと思っても、神は自分の近くにいたと告白している。「神が明らかにダビデを見捨てて放棄し、彼から遠く離れたところに立っていたときでさえ、神はいつも彼の近くにいて、彼にふさわしく、必要な助けを提供してくださった。そして、確かに、彼の貧困と苦悩は、神が御自身の親愛を取り下げ、隠したかのように、神から彼は見捨てられたと疑う何らかの理由を与えた。このように見える展開であったにもかかわらず、ダビデは、自分の苦しみと貧困の日々に、神が彼を助けるために存在してくださったことを認めるのである」[100]。

敬虔な人々は神の隠された力に支えられているので、彼らは自分たちにまだ現れない憐れみを望み続けることができる。この隠された恵みは、彼らの苦しみの中で彼らに最も暗い試練を通して彼らの心を支える、説明不可能な喜びを与える。「信仰者は、二つのまったく異なる心の状態を意識している。一方で、彼らは様々な恐怖や不安に苦しんでいる。他方、上から彼らに伝えられる密かな喜びがある。これは彼らの必要に応じて、彼らを襲うかもしれないどんな複雑なことや災いの力によっても飲み込まれないようにするためである」[101]。

神に見捨てられている真っただ中にあっても、神の愛と憐れみに対するこの神秘的な感覚は、敬虔な者たちの心の中に、どんな暗闇をも越えて強い光を生み出す。「信仰深い人々は、多くの悩みの中に投げ込まれているが、実に幸せである。それ以外の根拠はない。父なる神の御顔が彼らに輝きわたり、暗闇を光へ変え、いわば、死せる者をそこから蘇らせるのである」[102]。

（野村信訳）

注

（１）本稿は、二〇一九年五月一八日に東北学院大学で開催された『闇の後に光あり』というシンポジウムでランダル・C・ザッカマンが発表した論文を翻訳したものである。本文中におけるカルヴァンの文章は、すべて以下の英訳『詩編註解』からの引用である。邦訳もあるが、今回すべて英訳から翻訳した。John Calvin, "Psalms Preface," *Commentary on the Book of Psalms*, translated by the Rev. James Anderson, five volumes (Edinburgh: Calvin Translation Society, 1844-1856), Volume 1, p. xxxvii. 以下、Comm. と略し、詩編の章句に続いて、ＣＴＳの後に、英訳の巻、頁の順に記す。

（２）Comm. Ps. 18 Preface, CTS 1:257.

（３）Comm. Ps. 6:6-7, CTS 1:72-3.

（４）Comm. Ps. 90:10, CTS 3:470.

（５）Comm. Ps. 27:9, CTS 1:459.

（６）Comm. Ps. 43:2, CTS 2:146.

（７）Comm. Ps. 48:8, CTS 2:225.

（8）Comm. Ps. 81:10, CTS 3:319.
（9）Comm. Ps. 119:76, CTS 4:457.
（10）Comm. Ps. 17:15, CTS 1:256.
（11）Comm. Ps. 25:13, CTS 1:428.
（12）Comm. Ps. 132:15, CTS 5:158-9.
（13）Comm. Ps. 5:7, CTS 1:58.
（14）Comm. Ps. 143:6, CTS 5:253.
（15）Comm. Ps. 61:3, CTS 2:412.
（16）Comm. Ps. 9:1, CTS 1:110.
（17）Comm. Ps. 103:8, CTS 4:133.
（18）Comm. Ps. 119:132: CTS 5:13.
（19）Comm. Ps. 65:1, CTS 2:452.
（20）Comm. Ps. 119:156, CTS 5:33.
（21）Comm. Ps. 102:13, CTS 4:109.
（22）Comm. Ps. 90:2, CTS 3:462.
（23）Comm. Ps. 77:7-8, CTS 3:211.
（24）Comm. Ps. 138:8, CTS 5:205.
（25）Comm. Ps. 22:1, CTS 1:357.
（26）Comm. Ps. 32:4, CTS 1:529.
（27）Comm. Ps. 25:6, CTS 1:418-19.
（28）Comm. Ps. 6:3, CTS 1:69.
（29）Comm. Ps. 75:2, CTS 3:184.
（30）Comm. Ps. 22:1, CTS 1:357.

（31）Comm. Ps. 28:1, CTS 1:466.
（32）Comm. Ps. 22:2, CTS 1:362.
（33）Comm. Ps. 62:8, CTS 2:425.
（34）Ibid.
（35）Comm. Ps. 74:21, CTS 3:181.
（36）Comm. Ps. 102 Argumentum, CTS 4:96-7.
（37）Comm. Ps. 118:5, CTS 4:379.
（38）Comm. Ps. 77:2, CTS 3:207.
（39）Comm. Ps. 116:1, CTS 4:361.
（40）Comm. Ps. 22:2, CTS 1:362.
（41）Comm. Ps. 130:1, CTS 5:128.
（42）Comm. Ps. 18:6, CTS 1:266.
（43）Comm. Ps. 44:19.
（44）Comm. Ps. 54 Argumentum, CTS 2:321.
（45）Comm. Ps. 85:7, CTS 3:372.
（46）Comm. Ps. 31:14, CTS 1:510.
（47）Comm. Ps. 88 Argumentum, CTS 3:405-6.
（48）Comm. Ps. 25:18, CTS 1:433.
（49）Comm. Ps. 25:6, CTS 1:418-19.
（50）Comm. Ps. 77 Argumentum, CTS 3:205.
（51）Comm. Ps. 86:1, CTS 3:381.
（52）Comm. Ps. 88:1, CTS 3:407.
（53）Comm. Ps. 88:14, CTS 3:416.

(54) Comm. Ps. 5:4, CTS 1:55.
(55) Comm. Ps. 44:23, CTS 2:172.
(56) Comm. Ps. 73:11, CTS 3:138.
(57) Comm. Ps. 80:4, CTS 3:299.
(58) Comm. Ps. 38:21, CTS 2:70.
(59) Comm. Ps. 89:38, CTS 3:447.
(60) Comm. Ps. 39:13, CTS 2:88.
(61) Comm. Ps. 79:5, CTS 3:286.
(62) Comm. Ps. 66:10, CTS 2:472.
(63) Comm. Ps. 77:6, CTS 3:210.
(64) Comm. Ps. 44:10, CTS 2:159.
(65) Comm. Ps. 88:6, CTS 3:411.
(66) Comm. Ps. 6 Argumentum, CTS 1:65.
(67) Comm. Ps. 40:12, CTS 2:108.
(68) Comm. Ps. 79:8, CTS 3:289.
(69) Comm. Ps. 119:123, CTS 5:4.
(70) Comm. Ps. 130:5, CTS 5:133.
(71) Comm. Ps. 56:10, CTS 2:356.
(72) Comm. Ps. 56:4, CTS 2:350.
(73) Comm. Ps. 71:14, CTS 3:90.
(74) Comm. Ps. 37:14, CTS 2:29.
(75) Comm. Ps. 77:7-8, CTS 3:212.
(76) Comm. Ps. 77:7-8, CTS 3:213.

(77) Comm. Ps. 116:11, CTS 4:367.
(78) Comm. Ps. 22:9, CTS 1:369.
(79) Comm. Ps. 22:9, CTS 1:369.
(80) Comm. Ps. 85:1, CTS 3:368.
(81) Comm. Ps. 77:3, CTS 3:207.
(82) Ibid.
(83) Comm. Ps. 77:6, CTS 3:209.
(84) Comm. Ps. 102:10, CTS 4:106.
(85) Comm. Ps. 77:11, CTS 3:217.
(86) Comm. Ps. 25:6, CTS 1:419.
(87) Comm. Ps. 77:9, CTS 3:213.
(88) Comm. Ps. 119:132, CTS 5:12.
(89) Comm. Ps. 77:9, CTS 3:213.
(90) Comm. Ps. 85:5, CTS 3:370.
(91) Comm. Ps. 69:16, CTS 3:62.
(92) Comm. Ps. 89:34, CTS 3:444.
(93) Comm. Ps. 90:2, CTS 3:462.
(94) Comm. Ps. 138:8, CTS 5:205.
(95) Comm. Ps. 65:1, CTS 2:452.
(96) Comm. Ps. 77:11, CTS 2:217.
(97) Comm. Ps. 85:9, CTS 3:374.
(98) Comm. Ps. 34:18, CTS 1:571.
(99) Comm. Ps. 34:18, CTS 1:572.

(100) Comm. Ps. 109:30, CTS 4:294.

(101) Comm. Ps. 94:18, CTS 4:28.

(102) Comm. Ps. 4:6, CTS 1:48.

第二章　苦難の学舎で神の愛を習う
――キルケゴール、苦難を通して神と親しむ

ランダル・C・ザッカマン

1　宗教改革における苦難の理解のどこが間違っていたか？

ゼーレン・キルケゴール（一八一三―一八五五年）は、ルターによって始められた一六世紀宗教改革には限界があり、その中心は苦難の問題で、一九世紀デンマークにおいてさらに悪化したと考えた。彼によると、ルターの神学の中心は、罪を明らかにし、それによって良心を苦しめる律法に対して、罪を赦し良心を慰めるのが福音ということであった。それによってルターとその追従者は、一度罪が赦されれば、信仰によって永遠の生命を保証され、この現世において人生を楽しむことができる(1)。しかし、これはキルケゴールの考えとは全く正反対であり、彼はキリスト教的生活とは、死ぬまで絶え間なく続く苦難であり、「キリスト教とは、人生を苦しめる永遠そのもの(2)」であった。キルケ

ゴールは考える、ルター自身は二〇年間良心に苦しめられ、福音の主要な役割は苦しむ良心を慰めることであるとしたから、それでよい。しかし問題は、その後のルター派が、これを当たり前のこととし、そもそも苦しんだことのない良心を慰めたことである。(3)

キルケゴールのルター批判はさらに続く。ルターは苦難を殉教までは徹底せず、政治的に妥協し、また妻帯者として老いてベッドで亡くなるまで人生を楽しんだ。それはルターが説いた慰めのメッセージゆえであり、ルターは彼の仲間たちに、キリスト者であることは、神の赦しを得て、現実世界の人生を楽しみ、永遠の生命の確信を持ってこの世を去ることであると説いた。キルケゴールは、「ルターは、この世で幸福な男でいい仲間であり、聖職も俗人も彼を思い出すときには、彼の〈酒と女と歌を愛することを知らないものは一生愚か〉という言葉を思い出した(4)」と記している。ルターに従って、福音を説きながら生活し、妻帯して家族を持つとなると、人生を楽しむべきというメッセージの意味は明らかである。キリスト教は永遠の希望に支えられる人生の最も洗練された享楽ということになり、人生を楽しむことに成功すれば、それは神に愛されている印となる。(5)

キルケゴールは、当時とくにコペンハーゲンで説かれ実践されているキリスト教の生活は、洗練された文化的な成功者の生活で、良きものと享楽を与えてくれる神に感謝する成功者の生活になっていると見た。神の愛は苦難とは関わりなく、神があなたを愛している印は生きる喜びであると見なされた。苦難が言及される場合でも、それは人生において避けることのできない苦難であり、人生の楽しみを根本的に邪魔しない程度の普通の苦難を癒すのに福音の慰めが使われた。「説教は苦難を考えない。苦難は、居心地のよい楽しい人生の印象を決して邪魔しない程度の低い調子でしか考えない(6)」。

その結果、ルターが始めたキリスト教の妥協によって、キルケゴールの時代にキリスト教は破棄されるに至るのであり、キリスト教は、彼の言う「キリスト教世界」に取って代わられる。つまり人は福音によって赦され、人生を楽しむ許可を得ているのである。[7]

2　キルケゴール自身の苦難の体験

キルケゴールは、この「キリスト教世界」に、キリスト教を持ち込むことを自らの使命とした。まず最初に、彼は父から静寂主義の極めて厳しいキリスト教を知った。それは自己否定と自己放棄を強調したキリスト教である。若き日のキルケゴールは、このようなキリスト教に反発していたが、父が亡くなってからは、そのキリスト教観を受け入れ、キリスト教を廃棄してしまった「キリスト教世界」に対して、若き日に知った父のキリスト教観を主張することに一生を費やした。事実キルケゴールは初期から一生を通じて、肉体的心理的悩みに苦しんでいたのであり、それによって彼は人生を楽しむことはなく、初期から彼を宗教的にしたのもそれ故であった。「彼らの苦難は特別な苦難であり、始めから世界から疎外されており、人生を楽しむことを拒否されている」[8]。キルケゴールは使徒パウロの言葉（一コリ一五・五五）を借りて、自分を一発で破壊した肉のなかの「刺」と書いている[9]。彼はまたそれを、人生の楽しみの「すべてを汚す黒い点」とも言い、それは彼の言う、「もっとも惨めな憂愁」に関連している[10]。それによって彼自身が不安の対象、さらには彼自身が彼の重荷となる。この苦難は深い鬱状態とも説明できよう[11]。キルケゴールは特に若き日々に、友人たちと人生を楽しもうとしたのに、いつも内面の苦難ゆえに他の人たちとは違い、それゆえ「人間的生活と呼ばれるすべて、快活、喜び」から分離されていると思っていた。(12) それゆえ、キルケゴールが、キリスト教とは神によって許される人生の楽しみであるとの考えに疑問を呈することは、神の御心によって定められていたとも言える。「私はこうするに理由がある。人生の初期に、口にも出せない苦難と、神との関係のみへの渇望ゆえに、私は広く人間的なものから外されていたからである(13)」。

3　通常の苦難と最も厳密な意味での苦難

キルケゴールは自身の一生続く苦難の体験によって、生活の喜びを基本的に妨げない日常生活での苦難と、本質的に苦しめる最も厳密な意味での苦難とをはっきり区別した。キルケゴールによると、「キリスト教世界」での説教で議論されるのは日常生活での苦難だけであり、それは「病や経済的困惑や来年への心配ごとや、何を食べるか、あるいは〈まだ支払いが終わっていない昨年の食事〉だったり、あるいはこの世でなりたいものにまだなっていないことへの心配、あるいはなにか災害についてだったりする。(14)」これらの苦難は、一時的な困惑でしかなく、時が経つと過ぎ去るもので、この世の人生の楽しみをなんら根本的に否定するものではない。それとは違って、最も厳密な意味での苦難は、この世での楽しみの可能性をすら取り去るもので、他のほとんどの人には理解不可能な、人生を通じての苦難である。「全人生が苦難である人々について語ろう、あるいは自然によって最初から虐待されている人々、我々がよく言うように、最初から無駄な苦難が与えられている人々、他の人々の重荷となり、ほとんど自分自身にも重荷である人々、そう、もっと悪く、神のよき計らいへの生まれつきの反抗であるような人々について語ろう」[15]。そのような終わりのない苦難は、現実の時間のなかで何の目的もないので、無駄に見える[16]。キルケゴールは自分の苦難は、最も厳密な意味での苦難であり、だから同様に苦しんでいて、全人類から見捨てられている人々に共感できると考えた。「私は単純で孤独な人に深い共感を持ってきた。特に苦しむ人々、不幸な人々、障害を持った人々である。この共感は神の恩寵なのであり、私は神に感謝してきた」[17]。キルケゴールは決して、自分はキリスト者であるとは言わなかった。彼が言ったのは、彼の人生は最も厳密な意味で苦しんでいる人々に共感しているということだけであった[18]。

4　福音は貧しいものに伝えられるべきである

キルケゴールは、福音は、人生を楽しもうとしている人々の通常の悩みを慰めるのではなく、彼自身のように、本質的に苦しんでいる最も厳密な意味での苦しむ人々を慰めるためであると主張した。まさに真のキリスト教は、福音（よき知らせ）を貧しい人々に伝えることから始まったのであり、「ここで〈貧しい〉とは、単に物質的貧困を意味しているのではなく、苦しんでいる人々、不幸な人々、みじめな人々、不当な扱いを受けている人々、障害のある人々、足なえ、ハンセン病、悪魔に取りつかれた人々のことである」[19]。キルケゴールによると、福音は苦難によって他の人々から見捨てられた人たちを慰めるために伝えられたのであり、そういう人たちの苦難は、この世での楽しみを求める人々には脅威となる。「そうではない。世俗的には、人間的な共感から見捨てられた不幸な人々は自らの罪ゆえとされるが、この世の不幸はむしろ神との関係を示しているというよき知らせ（福音）なのであって、福音は、貧しいのは己の罪ゆえと考えて世間が残酷に区別する貧しい人々、まさにそういう人々のためである」[20]。福音が与えられたのは、我々がそのような本質的に苦難している人々を見つけて、神が愛しているのはまさに彼らであるとの良き知らせで彼らを慰めるためであり、キリストがその生涯で成したこともそれであった。「必要なのは慰めを見つけることではなく、慰めとなることであり、障害者、軽蔑された人、罪人、収税人と共に歩むことである」[21]。キルケゴールは、自らの無駄な苦難を、最も厳密な意味で苦しんでいる人々に慰めを与えるために役立てようとした。「わたしは自分の人生を次のように理解している。私は他の人々に慰めと喜びを伝える、しかし私自身、痛みのなかで捕らえられているのであり、私がこのように働くことができるという以外に慰めはない」[22]。「キリスト教世界」の残酷な悲劇は、本来、貧しい人々や想像もできない苦難の人々のための慰めであった福音を、人生を楽しみたいと思っている人々の慰めとしたことである。その結果、「キリスト教世界」で伝えられる福音は、本来の目的である苦しんでいる人々を慰めるものではなくなった。伝道者も彼らのことを考えない。「事実は、人々は、厳密な意味で悲惨な人々と関係を持とうとせず、彼らの存在を知ろうともしないことである。しかしキリスト教はまさにここに始まるのである」[23]。残酷なのは「キリスト教世界」が、無駄に苦しんでいる人々を除外し、彼らを見れば人生を楽しむことを邪魔されるから、彼らを見ようとしないことである。「我々は通常、細心の注意をもって足なえ、悪魔に取り付かれた人、収税人、極悪人を人間社会の外部に留め置く。しかしキリスト教こそ、そういう人々のためである」[24]。だから現実の「キリスト教世界」における伝道は、そこで真のキリスト教が始まるところ、そこに至る前にすでに終わっている。「しかし真のキリスト教は、人間社会がそのような苦難が存在することを知ろうとしないところ、そこに始まる」[25]。

貧しい人々に伝えられるべき福音とは、神の愛は世界から無視され捨てられて苦しんでいる人々にまず向けられているということである。「あなた、苦しんでいる人よ、あなたは世界から捨てられていると感じている。誰もあなたのことを気にかけない。それであなたは断言する、神もまた私を気にかけない。しかし文句ばかりのあなたは愚かだ。神についてそんなふうに語ることに恥を知りなさい。そうではないのだ。文字通り、すべての人々のなかで最も捨てられていると言える人がいるとするなら、その人こそ、まさに神が愛しているその人である」[26]。キルケゴールは、神は永遠の愛であり、それゆえ神はすべての人々を同じように愛していると考えているが、しかし彼はまた、神は最も厳密な意味で苦しんでいる人々に特別の関心を持っているのであり、良き知らせは特にそういう人々に伝えられるべきであると主張する。「もしキリスト教が特に誰かに関わるとするなら、それは苦しんでいる人々、貧しく、病の、足なえ、心の病の、そして罪人、犯罪人たちである」[27]。キルケゴールは、イエスが生涯において人間社会の除け者たちと自由に関わったことに、この本質的に苦しんでいる人々への彼の強い関心があると見る。「さらに彼の仲間は、皆が避けるハンセン病患者たちや、恐怖を呼び起こすだけの狂人、病人、みじめで貧困、悲惨の人々である」[28]。

だからキルケゴールは、神の愛はすべての人のために伝えられるべきというときでも、神は本質的に苦しむ人々に語りかけていると思っていた。なぜなら彼らこそ福音が伝えられるべき人々なのに、

「キリスト教世界」ではまったく考慮もされていなかったからである。「キリスト教が伝えるのは、神の人類への愛である。それはすべての個人への愛であり、最も貧しい人、最も悲惨な人、最も見捨てられた人への愛である[29]」。キルケゴール自身、若き日の苦しみ以来、神との親密な関係によって慰めを得ようとした。そして無駄な苦難に苦しむ仲間に、世界が彼らを捨てるとしても、神が見捨てることはないと言った。「苦しんでいるあなた。人々から見放されたあなた。世界で孤独なあなた。あなたはまだ、あなたを創造した神からは見放されてはいません。神は親しくあなたをどこでも見守っています。神の親しみは常にあなたに与えられています[30]」。ヨブの友人のように、苦難はその人の罪ゆえと考えて苦しんでいる人を残酷に責め、そして生きる喜びを守る「キリスト教世界」に対して、キリスト教は苦難こそがその人への神の愛の印であると教える。「愛は、苦しんでいる人々を特に愛するのではないのか？[31]」。

5　神は苦しんでいる人々を愛する。そして神を愛する人々は苦しむことになる

しかし苦難が神の愛の印であるとしても、神は苦しむ彼らを、苦難を取り去ることで、彼らを慰めると考えてはならない。慰めは、神が苦しんでいる人々を愛することにあるのであって、神の愛は彼らの苦難を取り去ることにあるのではない。「否、苦難は変わらない。しかしキリスト教的には、苦しむこと自体が神との関係の印である[32]」。これは苦しむ人には逆説的な状況となる。彼は苦難の慰めを求めて神に至る。しかし神との関係は苦難を長引かせ、あるいは強めることすらある。「あなたは

苦しんでいる。ああ、神以外の誰に救いを求めることができようか？　しかし神と深く関われば関わるほど、苦難はますます確かなものとなる」[33]。つまり苦しんでいるものが神に愛されるのであるが、神を愛する人は、必ず苦しむことになるのである。

これはキルケゴールによると、旧約聖書と新約聖書の違い、あるいはユダヤ教とキリスト教の違いである。「なぜなら新約聖書によると違いは次の通りである。異教徒はそもそも苦しむことがない。一方、ユダヤ人はしばらくは苦しむが、結局はこの世界の勝利者となり、生活を楽しむ。それに対してキリスト者は、生涯を通じて苦しむ」[34]。キルケゴールは、旧約においてアブラハムやヨブのような人物がこの世での苦難によって試されたのち、それが終われば、最後に慰みを得たことを考えている。アブラハムはイサクを取り戻し、ヨブは失ったものをすべて取り戻したのである。キリスト教はそうではない。神と関係する者は、その生涯を通して苦しむ。なぜなら神は永遠によって慰めるのであって、この世における喜びによってではないから。「神が望むことは、あなたが神を愛すること、つまりあなたが神と関わっているがゆえに、人間的に言うなら、畏れをもって苦しむことである」[35]。これこそ宗教改革が教会にキリスト教を取り戻そうとして失敗した究極の理由である。宗教改革は、神との関係を旧約でもキリストでも同じと見た[36]。同じことは、カルヴァンの苦難解釈に重要な詩編に見られる信仰にも言える。キルケゴールによると、詩編はあくまでユダヤの信仰であり、苦難はこの世で救済される。キリスト教では、我々が愛する神と関われば関わるほど、我々は苦しむのである[37]。

6　神と同類となり似姿となるために必要な苦難

キリスト教は、本質的に苦しむ人々に、神は彼らを特に愛していると説く慰めに始まる。しかし神が彼らを愛するのは、彼らが神を愛し、神に関わり、神と親密になるためである。そして苦しんでいる人が、彼を愛する神を愛し始めると、彼はさらに苦しむことになり、神と関わる限り、ずっと苦しむことになる。「我々にわかるのは、キリストが苦しんだのは、神と同類となること、すなわち苦しむことであったから[38]」。キリスト教の逆説は、次のように言い表すことができる。「あなたが苦しんでいるゆえに、神はあなたを愛する。あなたが神を愛するゆえに、あなたは苦しまねばならない[39]」。しかしなぜこうなのか？　なぜ神が苦しんでいる私を愛してくれることに対して、私が神を愛することで答え、そのお返しに私は苦しまねばならず、神を愛する限り苦しみ続けるのか？　キルケゴールの答えはこうである。神の愛は、自然状態の人間から精神へと我々が変わるためである。そもそも我々は精神となるために創造された。そして精神になるということは、人間が経験できる最も辛い苦難である。「ただ永遠によって慰められるように形作られ変えられるということは、精神となることであり、精神となるということは、すべての苦難の中で最も苦しいものなのであり、それは旧約の〈試み〉よりももっと苦しい[40]」。

キリスト教は、人間は神の形に創造され、それゆえ神の似姿となると教える。「しかし神は愛である。我々が神のようになることができるのは、ただ愛することによってのみである[41]」。問題は、キリスト教は、神の理解するところの人間になることの意味を伝えるのであるが、それは、キリスト教以前から形成されてきた人間について人間が理解してきたところとは衝突する。(42) さらに重要なのは、我々は、愛について、友人や愛する人々や同時代の人々から教えられる人間的理解で育ってきている。(43) キリスト教によると、「世界が愛の名前で尊重し愛していることは、自己愛でしかない(44)」。神は、人間になることの意味、そして愛の意味を変えることを望んでいる。それは神と同類となり、神の似姿になることである。しかし神による、精神としての人間理解、自己愛ではない神の本当の愛理解は、我々の理解とは衝突し、我々を苦しめる。「神は人間によって、居心地のいい、人間的な神に変わることを望んでいない。神は人間を変えることを望んでいるのであり、それは愛ゆえである(45)」。神の似姿になることとは、「人間的に言うなら、人間の最も大きな苦難よりもさらに大きな苦難なのであり悲惨であり痛みである。加えるに同時代人から見るとほとんど犯罪である(46)」。神の似姿になるには、我々は神を愛さねばならず、その目的のために神は、本質的に苦しむ人々を愛してくださり、神を愛するようになるために罪を赦してくださる。「今や、キリスト教が本当に始まる。今より後、神を愛するように変えられ、神の似姿に作り変えられる。つまり、次のような事態がここに始まる。もし神があなたを愛し、あなたが神を愛するならば、神はあなたを、人間的に言うと不幸にする(47)」。神を愛することは苦しむことを意味するのであり、たとえ神がこのことを知って苦しむとしても、神はそれを変えることはない。(48)

7　神はイエス・キリストとして我々のところに模範として来る

我々が神の似姿に変えられ、神と真に同類となり親密となることの意味を示すために、神は愛ゆえにイエス・キリストとして我々のところに来た。それは神の愛は本質的に苦しむ人々のためであることを宣言するだけでなく、神の似姿はどのようなものであるかを我々に示して、我々が彼を原型として模倣して、彼にますます似て生きることができるためである。人間とは何かとの人間的な理解に抗して、我々が真の人間性を判断する際の基準に神がなるために、神は人間となった。「本質的に自己とは自己の基準そのものである。キリストが基準であるとは、自己のもつ不安定な現実が神によって明らかになるということである。なぜなら、キリストにおいてのみ、神が人間の目標であり基準であるといえるからである」(49)。だから無駄に苦しむ人々への神の愛を知る者は、自分も神の像として創造されていることを知るようになり、神の似姿となるために原型を与えられるのである(50)。

キリスト者は模倣によって、できるだけ目の前の原型に似ようとする。目的は神の似姿になって、神と真に親密となることである。「原型に似ようと努力すれば、この原型が、彼を神とますます親密な関係の同類とし、単に他の被造物のように神を自らの創造主とするだけではなく、神を兄弟とするに至る」(51)。キルケゴールは、神の愛を求めるならば、原型の前で単独者となって、原型の像が目の前で生き生きとし、人であることの人間的理解、そして愛についての人間的理解が、キリストによって根本から否定されることを求める。「キリスト者となり、キリスト者であることの現れの最初は、その人にとって他人はもはや誰も存在しないかのように内面化し、世界の中で文字通り単独となり、神の前で、また道しるべとしての聖書の前で、そして目の前の原型の前で単独となることである[52]」。そうでなければ、また他の人々、特に最も親しい友人や愛する人に向いて、彼らから人であるとはどういうことかを学び、単独者になることの意味を原型から学ぶ能力を失ってしまう危険がある。「地上でのキリストの生涯は模範である。わたし、そしてすべてのキリスト者は彼に倣うように努めねばならない[53]」。

原型は人であるだけでなく神でもあり、原型は「愛」であるから、その原型は神が理解する愛が人間の生のなかで何であるかを示している。人間が理解する愛は、自己愛と繋がったものでしかないから、その繋がりが世界規模ほど大きくとも、その愛が我々の愛の理解と矛盾するのは当然なのである。その衝突が愛を苦しめる原因となる。「それゆえ、彼の全生涯は、愛についての単なる人間的理解との恐ろしい衝突であった[54]」。要するに、キリストは、愛は完全な自己犠牲であると明らかにしたのであり、神を愛する人は自分自身を完全に神に対して犠牲にせねばならず、この犠牲には何ら現世的利益はない。なぜなら神の利益は永遠であるから。日頃我々は人間的にしか愛を理解せず、それは自己愛であり、だから無条件の犠牲などという考えは完全な狂気であり、我々には到底理解できない。「違う、それは人間的には全くの狂気である。彼が自分自身を犠牲にするのは、愛するものを、自分と同じく不幸にするためなのだから[55]！」。

8　キリストの苦難の神秘

愛についての神の考えと人間の考えの衝突は、キリストの存在によって明らかとなる。つまり愛についての神の考えは、本質的に苦しむ人々と罪人たちの慰めであり、それは我々に魅力的であると同時に、神への愛ゆえに、目先の利益が全くなく、しかもさらなる苦難を伴う自己犠牲を求めるので、我々を躓かせる。キルケゴールによると、我々はキリストによって躓く可能性しかないとキリストが知っていたことは、我々には理解不可能な彼の苦難の神秘である。「苦難の神秘は誰も理解できない。信仰の対象となるために、自分が躓きの印となるとは！」(56)。キリストの最大の苦難は、彼が十字架に付けられて、人生全体が失敗だったと見えたことではない。そうではなくて、その前に彼が救おうとしたすべての人々が、彼の弟子たち、特にペテロも含めて、彼に躓き、彼を見捨てたことであった(57)。この苦難は、キリストが、彼が救おうとした人々や弟子たちによって捨てられただけでなく、神によってもまた捨てられたことでさらに強められる(58)。神が自分を捨てたというキリストの叫びは、キリストの敵たちが正しかったことを証明するかのようにみえる。キリストは「愛」ではなかった。キリストは神から我々を救うために遣わされたわけでもなかった。キリストは父と一体ではなかった。キリスト自身、最も必要なまさにそのときに、神は自分を捨てたと認めたのであるから(59)」。

キリストの苦難の深さは、それが完全に自発的であったことから、さらに注目すべきである。神の御子は人間となることを自由意志で決めた。そして自発的に途方もない苦難を引き受けた。キルケゴールは『フィリピの信徒への手紙』のキリスト賛歌にしばしば注目する。「キリストは神の身分でありながら、神と等しい者であることに固執しようとは思わず、かえって自分を無にして、僕の身分になり、人間と同じ者になられました。人間の姿で現れ、へりくだって、死に至るまで、それも十字架の死に至るまで従順でした」（二・六―八）。このように彼の苦難は完全に自発的なものなのであり、彼に襲いかかった悲劇などでは全くない。さらに彼が神から我々のところに来たのは、我々の罪を償うためだけではなく、我々にとって、我々を完全に愛してくださった神を愛すること、また真に人間になること、そして精神になるとはどういうことなのか、その愛を示すことであった。「キリスト教世界」が残酷で自己愛という最大の過ちをおかしたのは、ここなのである。苦難はキリストひとりに任せて、我々は苦難から逃れて、彼の苦難の結果をいただいて人生を楽しむからである。キルケゴールはこのことを決して理解しようとしなかった。キリストの苦難を共有することなど考えもせず、どうして我々がキリストを愛していると考えることができようか？　彼の苦しみを理解できないのに、彼の苦しみによる利益を享受して、永遠の生命の希望をもって人生を楽しんでよいと考えて、彼の苦しみを見ることなんかできようか？　「否、単純なことだ。キリストを愛する人は、彼が苦しんだように苦しむことが何を意味するかは容易く理解できる」[60]。さらに、キリストを愛する人は、この苦しみによって驚くことはなく、むしろ苦しみを祝福とみる。「彼を見よ。卑しめられた人。これを見て打たれ、彼とともにどんな苦しみでも受けようとするなら、そう、私はあなたに言うだろう。あなたは彼と苦しむべきである。そしてこのように語れることが恵みなのである」[61]。

9　キリスト者の苦難は完全に自発的である

キリストに倣い、キリストを愛し、可能なかぎり彼のようになろうとする人の苦難は、他のあらゆる苦難、貧しさの苦難を含む苦難とは区別される。それはキリストの苦難と同じく完全に自発的であるからである。「苦しむことは特にキリスト教的では全くない。しかし避けることができるのに、自ら苦難を選ぶこと、よき理由のためにそれを選ぶこと、それがキリスト教的である」(62)。「キリスト教世界」はキリストの苦難と死を利用するだけで、愛としてのキリストを廃棄してしまい、無駄な苦難を含めて、キリスト教の苦難と他の苦難を区別することもしない。「不可避な喪失を受け入れることは異教にもある。神への信仰を失わず、信仰において神の愛を崇め賛美するような形で受け入れるのはユダヤの信仰である。しかしすべてを自発的に放棄すること、これがキリスト教である」(63)。しかし「キリスト教世界」は愛に倣うことをやめ、自発的な苦難をやめて、それを通常の受動的な人間的苦難に替え、このような不可避な喪失を苦しんでいる人々に、自分たちが愛に相応しいとして慰めを説いた。しかしキリスト教の苦難とは、キリストの愛に従って、自発的なものであることが重要で、同時代の人々や愛する人々には狂気に見えるのである。「なぜあなたはこんなことに関わり、そんなことを始めるのですか？　うっちゃっときなさい。これが特にキリスト教的な苦難なのだ。通常の人間的苦しみよりもずっと深い」(64)。キリストが、人間の生活と愛についての神の理解を表わして、反発される可能性があるように、キリストに倣えとの呼びかけもまた反発されるだろう。それが永遠のそし

て完全な自発的苦難の生活を我々に要求するからである。(65)

10 「〜に死ぬ」こととしての自発的苦難

キルケゴールはキリスト教的苦難の自発性について幾つか別の言い方をしている。福音は、本質的に苦しむ貧しい人たちへのメッセージであり、それこそがキリスト教の始まりであると彼が見ていたことを思い出すならば、そのような無駄な苦難から、特にキリスト教的な苦難への違いはなんだろうか。答えは、特にキリスト教的な苦難は、その世「に死ぬ」ことであり、そしてこの「〜に死ぬ」こととは、最も激しい形式の本質的苦難であっても、受け身では決してなく、個人の責任ある決定に基づいた常に自発的なものでなければならない。「注意せよ。誰も完全に自発的苦難なしではキリスト者になることはできない。なぜならキリスト者になることはこの世〈に死ぬ〉こと、そしてそれは自由な行為である。つまり死ぬことは必然であるが、この世〈に死ぬ〉ことは自由であるから(66)」。この世「に死ぬ」ことは、単に苦難に忍耐強く耐えるようなことではない。それはまだこの世でうまく行くことを望んでいるにすぎないから。そうではなくて、神は愛であり、神は特に最も厳密な意味での苦難者として私を愛してくださるのである。

この世「に死ぬ」ことは、むしろ幸福や人生の楽しみを諦める決心をすることである。なぜならこの決定だけが、我々をこの世に縛りつけている自己愛を根本的に否定することを可能にするからである。キルケゴールは「〜に死ぬ」ことをこのように語るときには明らかに、レギーネ・オルセンとの婚約を解消したときのことを念頭に置いていた。彼は恋に落ちた人を想像してこう書く。「彼は対象を見る。それで恋に落ちたのだ。対象は彼にとって目の喜び、心の希望となる」[67]。愛された人は、彼が望むこの世の喜びを一身に体現しており、彼女こそ真に彼のものであり、彼女も彼に愛を返す。「そこで〈昔話ならよくあるように〉命令が下る。〈対象から離れよ！〉ああ、彼女は目の喜びであり、心の希望であったのに」[68]。事態をさらに悪くしたのは、愛された人は彼が離れることを望まず、彼に再考をうながすよう、彼の亡き父とイエス・キリストにお願いする。そして彼が彼女を去らせることができれば、彼は自己愛を最も深く傷つけることになる。なぜなら愛する人と愛される人の間の愛こそ自己愛の繋がりの原型だから。そしてこの繋がりこそ彼が放棄したかったのである。これこそ「〜に死ぬ」ことである。「実現した欲望を個人的に捨てねばならないこと、自分のものとなった愛する人を自分から奪わねばならないこと、それは自己中心をその根底から傷つけることである」[69]。キルケゴールは、イサクを犠牲にしようとしたアブラハムも、そしてまた父をはじめすべてを捨ててイエスに従ったペテロも同じだったと考える[70]。

これは、苦難によって世界「に死ぬ」ことを意味している。無駄に苦しむ人はすでに世界から捨てられていることはすでにみた。世界は、この世を楽しむことを邪魔されたくないから、彼らを見ない。そのような苦難者たちがこの世「に死ぬ」というのなら、神はその苦難で充分としただろう。「つまり無限の愛である神は彼を憐れみ、彼に言う。よろしい。彼を助けよう。見よ、苦難はそのためなのだ」[71]。愛である神は、我々は、キリストに愛を見たように、この世「に死ぬ」ことで、初めて神を愛することができることを知っている。だから神は愛ゆえに、我々が真にこの世への愛と希望「に死ぬ」ことができるように、我々の苦難をさらに強めるのである。(72) しかし、この世「に死ね」ば、我々は真に神を愛することができるというのは、まったく残酷なことに違いない。特に私の苦しみが生を求めて神に叫ぶときに、神は「いや、まず徹底的に死ぬことだ。あなたの問題は、いまだ自己中心で生に執着していることである。だからまず、あなたが苦しみであり重荷であるという生に、徹底的に死にたまえ」(73)と言うのだから。われわれが自己中心「に死ぬ」こと、自己中心による自然な信仰と希望と愛の形「に死ぬ」こと、それだけが「愛」である神との愛する関係に入ることのできる唯一の方法なのである。(74)

11　蓋然性を超えた賭けとしての自発的苦難

「〜に死ぬ」ことの必要性と関連するのが、賭けということである。我々は自己欺瞞的に愛と呼んでいる自己愛で繋がって、居心地よく生き、この世を楽しむことを目指していることをキリストは知っている。見込みに従って生活を組み立て、常に極端を避け、常に安全であるよう、望まない苦しみを避けて生きている。「キリスト教世界」は、この世での成功は神が我々を愛してくださっている証拠であるといい、この世での楽しみを永遠の約束によって強めて、キリスト教が救ってくれることをも約束する。キリストは、我々が永遠と繋がって、永遠によって慰められ真に祝福される唯一の方法は、蓋然性と繋がりに頼るすべてを放棄し、我々自身深く賭けることであると知っている。だからキリストは弟子たちにすべてを捨てて、自分に従え、そして敵を愛せよと命令したのである。なぜなら彼はこの命令に従えば、自己愛の繋がりを断ち切って、彼と直接関係することになると知っていたからである。「この行動と同時に、あなたはある程度までは意味のある周りの世界と衝突することになるだろう」[75]。この衝突によって誰も私を理解できなくなる。私は私が愛する人々にとって躓きの印となる。繋がりの自己愛から捨てられて、私の唯一の頼みはキリストだけとなる。この賭けを命じたのは彼なのだから[76]。

12　自己否定としての自発的な苦難

「～に死ぬ」ことも賭けも自己否定の形式としてよいだろう。我々の自己は永遠への希望によって支えられて人生を楽しむよう意味づけられていると欺瞞的に考えてきた。この自己欺瞞は、神の愛から我々を遠ざけ、自己愛の繋がりの深みに導いた。それゆえ、我々は我々自身を否定し、特に自己愛の自己を否定して、神を愛さねばならない[77]。自己否定の最も顕著な例はキリスト自身である。「なぜなら彼は神の形を捨てて、己を虚しくして、自ら苦しむことを望んで苦難する人間となり、自らと仲間たちを苦しみから救うために、すべての力を放棄して自ら死を望んだのだから」[78]。だからキルケゴールは「キリスト教世界」の聖職者たちに反感を持ったのである。自分を否定することなど考えもせず、福音の説教を生活の糧とし、結婚し家庭を持って、この世でいっぱしの人物となろうとする。自己愛との繋がりで生活して、とりあえずは聖書で利益を得ている、そういう人に自己犠牲なんて不可能である。逆だ。「キリスト教を宣言することは犠牲となること、喜んで苦しむことである」[79]。

自己否定から真に自己愛を排除するために、我々の自己否定は、なんらこの現世的利益をもたらしてはならない。他者からの賞賛を受けてもならず、そういう自己否定もまた同じく自己愛に繋がっているから自発的に拒否されねばならない。そうではなくて本当の自己否定あるいは自己犠牲は、世俗的にはそもそも自己中心であって罪として罰せられる。キルケゴールはこれをキリスト教の自己否定に潜む「二重の危険」と呼んだ。それは彼自身コルサル問題で経験することになる。『コルサル（海賊）』とはコペンハーゲンの風刺雑誌で、無署名で文化的エリートを風刺した雑誌で、キルケゴールは『あれかこれか』の著者として賞賛されているようであった。しかしキルケゴールはエリートを擁護して、『コルサル』の彼への批判に火をつけた。その結果、彼は一年にわたってその雑誌で笑い者にされ、コペンハーゲンの一般民衆まで、道行く彼を馬鹿にしたのである。文化的エリートもまたこの問題全体をキルケゴールの自己愛に由来するとみた。「ここ故郷には、貧しい人々に共感する者は私以外誰もいない。しかし彼らは興奮して私を攻撃した。やはり変わったことをすれば、誤解されるのだ。私は批判を受けて立った。そして有難いことに彼らはそれを虚栄と解釈した(80)」。キルケゴールは自分がやったことは真のキリスト教の自己否定であるとは思っていない。しかし彼が受けた嘲りによって、彼は真の自己否定とは自己愛と見えるのであり、罪として罰せられねばならず、あるいは自己愛の別の形になると確信するに至った(81)。それゆえキルケゴールは、修道院生活を高く評価していたにもかかわらず、それを本当の自己否定とは完全には認めなかったのである。なぜなら本当の自己否定とは、自己否定そのものであったイエス・キリストと同様、罰せられるためであったから。「これがキリスト教の信仰である。神のみに仕えるために、すべてを捨て、自己自身を否定する。そしてそのために苦しむ。よきことを為し、そしてそのために苦しむ。それこそが原型（としてのキリスト）が示していることである」[82]。キリスト教の自己否定は、キリスト教の苦難の自発的性格を強める。なぜなら、自己愛に由来するすべてを進んで否定することによって内面的に苦難する。内面的な自己否定によって憎まれ迫害されて外面的にも苦しむのである[83]。

13　神によって捨てられる苦難

それゆえキリスト教は、苦難の強化であり、そこに慰めは全くない。すでに見たようにキリスト教は貧しい人々、また苦難は自らの罪ゆえの自業自得と考えられたゆえに人間社会から閉め出され罪人と見られた人々への慰めから出発した。しかし一度慰めが与えられると、キリスト教は苦難する人々に、今度は自分の自由選択と自己決定によってさらに大きな苦難を与える。なぜなら苦難は自発的なものであるからだ。「彼らは〈言葉〉に救いを求める。そして〈言葉〉ゆえに苦難する」[84]。苦難の人々を、自らの決定によるさらなる苦難に呼び込むとは、一体どんな種類の慰めなのであろうか?「助けは苦しみのようにみえる。安堵は重荷のようにみえる。他から見ると誰もが、こう言うだろう。自分をそんな状況に置くなんて狂っているに違いない。苦難者は救われると信じて当然なのに」[85]。

しかしキルケゴールによると、苦難はますますひどくなるばかり。忍耐してキリストの自己否定に従えば、二重の危険に曝されることになる。すべての人々から、キリスト者と自らを見なしている人々からも孤立し、さらに不可視の神のための自発的苦難はそもそも狂気であるから、キリスト以外の誰からも理解されない。「全人生を苦難と犠牲に捧げることは狂気であり理解不能である」[86]。そしてまさに神を最も必要としているとき、自発的に神以外のものすべて「に死に」、すべてを神の愛に捧げるとき、神は、原型としてのイエス・キリストを捨てたように、その人を捨てる[87]。これは原型としてのイエス・キリストについてだけでなく、それに従う使徒たちや初期のキリスト者たちについても同じである。彼らはすべての人々に捨てられ、そして神に捨てられる。しかし神はそれでも「愛」なのである。これが起こるとき、嘲る人や迫害者たちは、まさに正しい。すべては狂気で幻想なのだ[88]。キリスト教全体が詐欺のようだ。神は神を愛するように誘うが、最も神を必要としているところで我々を見捨てる。「あなたは人を虜にする。そのあと、その人を騙す。すべてが、あなたが彼を騙したことを示し、彼は騙されたことでみんなから嘲笑われる。そして彼は、神は私を見捨てたということになる。究極の辱め！[89]」。

14　苦難が祝福であるとの聖霊の証

しかしキルケゴールは言う。それは神による試みなのだ。神から見捨てられても、「愛」としての神に従うかどうかの試みである。それが可能なら、神は究極の慰めを贈られる。それは苦難の深みにおいての神の愛についての聖霊の証である。「否。神との関係の印が苦難であるなら、神の愛が、私の苦しみで現れるのなら、慰めは〈聖霊〉であるはずだ[90]」。キルケゴールは、彼の苦難を、神に捨てられたという苦難も含めて、愛する神は当然増やすということを知ったとき、この聖霊の証を個人的に極めて重要と考えた。「聖霊の証によって、神は、苦難を取り去ることなく、苦難を恵みとされることを思い出さねばならない」[91]。キルケゴールは、ここに『ヨハネによる福音書』で、聖霊が「慰め主（弁護者）」と呼ばれている（一四・一六）理由があると考える。聖霊は、神が彼らを捨てても、神に従う人々に神が与える最後の慰めであるから、聖霊は苦難を取り去るのではなく、苦難のただ中で、慰めと神の祝福をもたらすのである[92]。聖霊による慰めはキリスト教によって与えられる究極の慰めである。なぜならそれは苦難の最悪の形を恵みに変えるからである。「しかし聖霊は〈慰め主〉である。そこで我々は止まる。慰められよ！[93]」。聖霊が唯一の「慰め主」であるのは、聖霊が私の霊（精神）に、私は神を愛している、そして私が神を愛するなら、すべて最悪の苦難もまた私に益となると確信させるからである[94]。

聖霊の証とともに、聖霊の他の賜物も与えられる。それはこの世「に死ぬ」ことができて初めて与えられるものである。自分自身と世界への自然状態の信頼が死ぬやいなや、聖霊は永遠の信仰を与え、苦難の最も暗いときでも神を見ることができるようになる[95]。聖霊の証はまた、苦難は終わるだろうという自然な人間の希望が死ぬやいなや、なおも希望をもたらす（ロマ四・一八）。これがこの世の苦難のただ中での永遠への希望である。「あなたはもっと要求するのですか？　あなたの苦難に対してこれ以上の処置があるでしょうか？[96]」。最後に「愛」である神が、彼が救おうとして来た世界によって残酷にも十字架に付けられたことを見、そして彼の自己犠牲ゆえの世界の憎しみと敵意を経験して、あらゆる形の自己愛「に死ね」ば、聖霊は愛の賜物を与え、憎しみと対立のただ中においても、「愛」を十字架に付けた世界を神が愛し続けたように、神から与えられた他者を愛する力を与えてくれる。キルケゴールはこの神の愛の賜物を使徒たちに見た。その愛は人間が神の似姿であり神と同類となることの究極であり、それはすべてのキリスト者の苦難の目的である。「彼らは愛を知らないこの世界に対して永遠の敵意を誓ったか？　そう、ある意味では諾である。なぜなら神の愛はこの世界への憎しみであるから。しかし別の意味では否、否である。彼らは神を愛し続けるために、神を愛して、いわば神と一体となり、この愛を知らない世界を愛したのである。命を与える聖霊が愛を彼らにもたらしたのである。だから使徒たちは、原型であるキリストと同じく愛し、すべてを耐え、愛を知らないこの世界を救うために犠牲となる。それが愛である[97]」。

（鐸木道剛訳）

注

（１）Soren Kierkegaard, *Soren Kierkegaard's Journals and Papers*, Seven Volumes, edited and translated by Howard V. and Edna H. Hong (Bloomington and London: Indiana University Press: 1975), Volume 3, p. 103; henceforth *JP* 3:103.

（２）*JP* 3:103.

（３）*JP* 3:101.

（４）*JP* 3:85.

（５）*JP* 4:411.

（６）*JP* 3:598-9.

（７）Soren Kierkegaard, *Practice in Christianity*, translated by Howard V. and Edna H. Hong (Princeton: Princeton

University Press, 1991), p. 36.

（8）*JP* 4:305.

（9）*JP* 5:385.

（10）*JP* 5:446.

（11）*JP* 6:41.

（12）Soren Kierkegaard, *The Moment and Late Writings*, edited and translated by Howard V. and Edna H. Hong (Princeton: Princeton University Press, 1998), p. 344.

（13）*JP* 6:331-2.

（14）*Practice in Christianity*, p. 113.

（15）Soren Kierkegaard, *Upbuilding Discourses in Various Spirits*, translated by Howard V. and Edna H. Hong (Princeton: Princeton University Press, 1993), p. 108.

（16）*Upbuilding Discourses in Various Spirits*, p. 102.

（17）*JP* 1:446.

（18）Soren Kierkegaard, *Judge for Yourself!*, translated by Howard V. and Edna H. Hong (Princeton: Princeton University Press, 1990), p. 110.

（19）*JP* 4:410.

（20）*JP* 4:410.

（21）*JP* 2:316-17.

（22）*JP* 5:444.

（23）*JP* 3:598.

（24）*JP* 3:596-7.

（25）*JP* 3:597.

（26）*JP* 2:133.

（27）*JP* 1:159.
（28）*Practice in Christianity*, p. 54.
（29）*Judge for Yourself!*, p. 156.
（30）*Upbuilding Discourses in Various Spirits*, p. 107.
（31）*JP* 4:409.
（32）*JP* 4:409.
（33）*JP* 4:423.
（34）*JP* 4:424.
（35）*JP* 4:552.
（36）*JP* 2:510.
（37）*JP* 6:74.
（38）*JP* 2:378.
（39）*JP* 4:412.
（40）*JP* 2:506-7.-
（41）Soren Kierkegaard, *Works of Love*, edited and translated by Howard V. and Edna H. Hong (Princeton: Princeton University Press, 1995), pp. 62-3.
（42）Soren Kierkegaard, *For Self-Examination*, translated by Howard V. and Edna H. Hong (Princeton: Princeton University Press, 1990), p. 86.
（43）*Works of Love*, p. 113.
（44）*Works of Love*, p. 119.
（45）*Practice in Christianity*, p. 62.
（46）*Practice in Christianity*, p. 63.
（47）*JP* 3:57-8.

(48) Ibid.
(49) Soren Kierkegaard, *The Sickness unto Death*, edited and translated by Howard V. and Edna H. Hong (Princeton: Princeton University Press, 1980), p. 114.
(50) Soren Kierkegaard, *Christian Discourses*, edited and translated by Howard V. and Edna H. Hong (Princeton: Princeton University Press, 1997), p. 41.
(51) *Christian Discourses*, p. 43.
(52) *Practice in Christianity*, p. 225.
(53) *Practice in Christianity*, p. 107.
(54) *Works of Love*, pp. 109-110.
(55) *Works of Love*, p. 111.
(56) *Practice in Christianity*, p. 99.
(57) *Practice in Christianity*, p. 105.
(58) *For Self-Examination*, p. 64.
(59) Ibid.
(60) *Practice in Christianity*, pp. 172-3.
(61) Ibid.
(62) *JP* 4:376.
(63) *Christian Discourses*, p. 178.
(64) *Practice in Christianity*, p. 109.
(65) Ibid.
(66) *JP* 3:748-9.
(67) *For Self-Examination*, p. 78.
(68) Ibid.

（69）Ibid., p. 79.
（70）*Christian Discourses*, p. 183-4.
（71）*JP* 4:415-17.
（72）Ibid.
（73）*For Self-Examination*, p. 80.
（74）Ibid., p. 77.
（75）*JP* 4:536.
（76）Ibid.
（77）*Works of Love*, p. 120.
（78）*Upbuilding Discourses in Various Spirits*, p. 224.
（79）*Judge for Yourself!*, p. 130.
（80）*JP* 5:403.
（81）*Practice in Christianity*, p. 213.
（82）*Judge for Yourself!*, p. 169.
（83）*Works of Love*, p. 194.
（84）*Practice in Christianity*, p. 114.
（85）Ibid., pp. 114-15.
（86）*Practice in Christianity*, p. 116.
（87）*JP* 2:343.
（88）*JP* 4:422-3.
（89）*JP* 4:434.
（90）*JP* 2:224.
（91）*JP* 6:472.

(92) *JP* 4:424.
(93) *JP* 4:414.
(94) *Christian Discourses*, pp. 194-197.
(95) *For Self-Examination*, p. 82.
(96) Ibid., p. 83.
(97) Ibid., p. 85.

第三章　闇の後に光あり（post tenebras lux）

野村　信

序

「苦難と救済」というテーマは神学を論じる上で重要な課題である。聖書は苦難を人間にとって最も深く探求すべき課題の一つとして扱っており、その背後に何よりもキリストの十字架上での苦難がある。十字架の苦難がどのような意味を持つかは神学上様々な角度から論じられ、今日代表的と言える幾つかの見解が明らかになっている。この議論の幾つかは本書でも扱われている。そこで、本稿は、一六世紀のヨーロッパにおける宗教改革においてこのテーマがどのような意味を持つのかを考えてみた。すると、スイスで宗教改革に生涯を捧げたジャン・カルヴァンとジュネーヴの町が浮かび上がる。この町は、幾重もの苦難を経てようやく安定し、落ち着いた状態を獲得した歴史があるが、それはおおまかに言えば、「苦難から救済へ向かう」という方向をとったのであり、人々はこれを独特な表現で口にした。「闇の後に光あり（post tenebras lux）」という表現がこの町において人々の口に上るようになったのは、ある意味で当然である。ローマ・カトリック教会の巨大な支配と圧力に抗し、長い忍耐の年月を経て、福音主義の神学に立脚するプロテスタントの信仰を告白する町を完成させたその喜びと満足は計り知れない。post tenebras lux は、「苦難と救済」というテーマをより視覚的に表現していると言ってもよい。そこで、この用語のもつ聖書的意味と用法、さらに人々の中でどのように用いられるようになったかを述べ、最後にカルヴァンの生涯にも触れたい。

1　post tenebras lux という用語の意味

1・1　言語的分析

post tenebras lux の言語分析をしておきたい。post はラテン語の「後に」の意で、acc（対格）を取る前置詞である。続いて、tenebras（闇）とは、tenebra（女性形第一変化、単数）を原形として、その複数形、対格である。しかしここで興味深いのは、post tenebras とは、「諸々の闇の後に」というのが直訳である。最後の、lux（光）は、単数形の主格である。すると、日本語で直訳すると、「諸々の闇の後に、光あり」が正確な訳である。世界の言語で「闇」を意味する言葉が複数形を持つという言語はあまりないと思われるが、その点、フランス語では、ténèbres（闇）がもともと複数形であり、この表現を取ることが可能である。[1] フランス語訳では、Après les ténèbres, la lumière となり、ラテン語のこの言葉を正確に表現できる。

post tenebras lux は、どこから派生した言葉かと言えば、旧約聖書ヨブ記一七章一二節からである。日本語訳では「夜は昼となり、暗黒の後に光が近づくと人は言うが」である。[2] 原文のヘブライ語では、לַיְלָה לְיוֹם יָשִׂימוּ אוֹר קָרוֹב מִפְּנֵי־חֹשֶׁךְ と書かれている。[3] これをラテン語のヴルガータでは、noctem verterunt in diem et rursum post tenebras spero lucem と訳した。[4] ラテン語を直訳すると、「彼らは夜を昼に変えるので、再び私は闇の後に光（が来ること）を望む」となる。そこで、後半の文章から、supero を除いて、post tenebras lucem（闇の後に光を）となり、「光」を主格にして、post tenebras lux（闇の後に光あり）とした。post tenebras lux は、ラテン語訳聖書から派生したことが判明する。

１・２　聖書的背景

post tenebras lux は、そもそも聖書が示す世界観である。創世記の一章二節には、世界の創造にあたって、まず「闇が深淵の面にあり」と描かれる。それに続いて、三節で「光あれ」と神は語り、光が世界に登場する。こうして「夕べがあり、朝があった。第一の日である」と続く。すなわち、闇の後に光が登場するという順序である。今でも、ユダヤ人たちは、一日を日没から始めて日没で終わるという日の数え方をしている。それは彼らが聖書に忠実であり、創世記の一日に関する記述に従って生活を定めているからである。続いてイザヤ書九章一節には、「闇の中を歩む民は、大いなる光を見」とある。苦しく、虐げられた奴隷状態にあるユダヤ人たちの様子を「闇の中を歩む民」と表現した。その民に「大いなる光」、すなわち「救いの光」の到来する希望が語られる。ここにもまさしく、暗い闇の後に到来する解放の、喜びに満ちた光に期待する様子がある。詩編一一二篇四節では、「まっすぐな人には闇の中にも光が昇る。憐れみに富み、情け深く、正しい光が」とある。これも苦しくても正直に生き、特に神に忠実な人々が、たとえ闇の中に置かれていようとも、いずれ救いの、憐れみの光が彼らに到来するという希望が語られているところである。

新約聖書では、コリントの信徒への手紙二、四章六節で、「『闇から光が輝き出よ』と命じられた神は、わたしたちの心の内に輝いて、イエス・キリストの御顔に輝く神の栄光を悟る光を与えてくださいました」とパウロは語る。創世記一章三節の言葉を意訳して、あの最初の光が、キリストであることを言う。ここにも闇の後、到来する「光なるキリスト」が語られる。ヨハネの手紙一、二章九節においては、ヨハネが、「闇が去って、すでにまことの光が輝いている」と言う。これはそもそも福音書において、「その光は、まことの光で、世に来てすべての人を照らすのである」（ヨハ一・九）と語っている。いずれにせよ、闇の中に光が到来する、ないしは、闇の後に光が到来することを旧約・新約聖書のいずれもが語っていることを我々は確認するのである。

1・3　光とは何か

闇に続いて到来する「光」という理解が聖書的理解であることは確認できたが、そこで、ここで言われている光とは何か。この問いに対して、新約聖書では、キリストが「まことの光（φῶς τὸ ἀληθινόν）」であると言われる。先に述べたとおり、ヨハネによる福音書一章九節とヨハネの手紙一、二章八節がそう宣言する。そのことは、同時に「まことの光」ではない光があることを暗示している。すなわち、人間が放つ光であり、すなわち肉眼で見える光と言ってもよい。つまり、新約聖書においては、ゆるやかな意味で、世界には二つの光があり、尊い光は、人間に救いをもたらし、愛と真実に生きるように促す「キリストのまことの光」であり、他方、陽光や、人間が火やローソクなどによって明るくする日常の光がある。では旧約聖書においては、この光をどのように理解しているのだろうか。ここで少し、旧約聖書における「光」について触れておきたい。

前項で創世記一章三節の、光の到来について述べた。この光に関するヘブライ語の使用は意図的である。それは、同章一四節に登場する、日本語では「光る物」と訳したヘブライ語が独特だからである。

一四節以下に語られる「光る物」とは何かと言えば、具体的には「太陽」と「月」を指す。「大きな光る物」は昼を司るから太陽であり、「小さな光る物」は夜を司るから月である。しかしなぜこのような表現を取ったかは、旧約学者たちの中でも多少意見が異なる。最もよく語られるのは、異教の国々において「月」という言葉や「太陽」という言葉そのものが神を意味し、月神礼拝や太陽神礼拝が行われていたので、この語から神を連想させるので、創世記の記述にあたっては使用をあえて避けたという説である。[5]

しかし、ここで言語そのものを分析すると面白いことに気づく。すなわち、光を表す言葉として、一章三節で用いられたヘブライ語は「オール אור」であり、一章一四節で用いられたヘブライ語は「マオール מאור」であるが、実際に一四節に記されたヘブライ語は、「マオール מאור」の複数形である

「メオローツמאורת」である。すなわち、「オールאור」という光を表現する語に「מ マ」という接頭語を付けて、「マオールמאור」とし、「オールאור」とは異なることを表現している。これは捉えようによっては、世界の最初に登場した「光」と、その後太陽や月によってもたらされた光とは異なるということを言おうとしたのではないかと考えられる。

すなわち、旧約聖書の最初の書である創世記は、世界には二つの光があり、世界の誕生の時に登場した光は、その後太陽や月が登場して人間の眼に可視的に映る光とは異なると伝えている。

だからこそ、ヨハネは創世記の最初を改めて福音書で書き留めようとした時に、「暗闇は光を理解しなかった[6]」と書くことによって、天地創造の最初の光は神の光であり、地上の光とは異なることを言おうとしたと推測することができる。その神の光とはイエス・キリストであるとヨハネは伝えている。

旧約聖書の創世記と新約聖書のヨハネ福音書の最初に焦点を当てて、「光」について短く考察したが、そこには、旧約聖書においても新約聖書においても、つまり聖書は、ゆるやかな意味で二つの、あるいは二種類の光を語ろうとしている。最初の光は、天地万物の誕生の時に神によってもたらされた光であり、それはすべてに先立って現れた光であり、いずれ新約聖書で明確にイエス・キリストの光として理解された。だからこそ、コロサイの信徒への手紙一・一六においても、万物はイエス・キリストによって成ったと宣言できるのであり、他の箇所にも当然のごとくに、キリストによる万物の創造を語ることが可能なのである。先在のキリストに関する教理を語る信条[7]においてもしかりである。

総じて、闇の後に登場する光とは、単にサイクルによって登場する昼のような光を語っているのではなく、まことの、尽きない永遠の光であり、それは神御自身を指していると言えよう。それがはっきりと見えるようになるのは、パウロが言うように[8]、神の国における出来事であるという点で、地上に生きるすべての人間が生きている限り、希望としてもつ光であると言えよう。

2　ジュネーヴにおける post tenebras lux

2・1　宗教改革記念碑の刻印

スイスのジュネーヴ大学は、今でこそ大学の施設は市内に点在するが、大学として最も古い建物がローヌ川の南、旧市街の真ん中に位置し、現在は文学部が置かれている。中央の部分が講義棟であり、その北東側には宗教改革研究所（L'Institut d'histoire de la Réformation）が、南西側には州立図書館がある。大学の正面は南西の方向を向いており、北東に広がるキャンパスには、各国から寄贈された樹木が植えられ、今では植物園となっている。これをぐるりと取り囲むように高く、長い塀が広がり、中央に四人の宗教改革者の像が建立されている。ジュネーヴの宗教改革者ジャン・カルヴァン（一五〇九―一五六四）の生誕四〇〇周年の記念の年、すなわち一九〇九年に建てられたものであり、宗教改革記念碑（Monument international de la Réformation）と呼ばれ、今日では観光の名所になっている（写真）。

建立をめぐる経緯や賛否についてはここでは省くが、左からギョーム・ファレル、ジャン・カルヴァン、テオドーレ・ベーズ、ジョン・ノックスの順に、それぞれ一〇メートルの像が整然と並んでいる。背後に広がる壁には、この改革者たちを囲むように、左側に、post tene の文字が大きく刻まれ、右側には bras lux と配置されている。このデザインは、宗教改革が四〇〇年経っても、ジュネーヴ市民にとって忘れることのできない思い出として残っており、重要な出来事であったことを物語る。いずれにしても、宗教改革者たちによって、暗く塞がれていた世界に新しい光がもたらされることになり、いずれヨーロッパに近代社会を成立させる端緒となる。(9)

2・2　カルヴァン生誕四五〇周年記念演劇

日本では、一九五九年の、カルヴァン生誕四五〇周年記念として出版物が刊行されたが、(10)世界のプロテスタント教会においてもイベントや記念出版があった。ジュネーヴでは、どのような記念出版があったか、現在把握していない。ただ、一九五九年に、ジュネーヴ大学の裏側の公園と、その奥に建てられた宗教改革記念碑の改革者像を前にして、「post tenebras lux ―― 音と光のスペクタクル」(11)という題の大掛かりな演劇が夜に上演された。この年は、カルヴァン生誕四五〇周年と同時に、ジュネーヴ大学誕生四〇〇周年でもあるということで、この劇の構成も特にカルヴァンの生涯とジュネーヴ大学に焦点があてられた。シナリオの作者は、アンリ・ルデンバックであり、この兄弟の、男優のピエール・フレネが演劇の中でカルヴァン役を演じている。

ルデンバックの post tenebras lux は、小冊子として製本され、一九五九年にジュネーヴ大学出版部より刊行された[12]。その本の中に、ストーリーの展開に沿ってスポットライトが当てられている四人の改革者像の写真などが六枚ほど挿入されている。この年、九月一一日付のスイスの時事雑誌 *THE SWISS OBSERVER*[13]が、当時の舞台の様子を紹介しているので、これらを参照して、このスペクタクルについて概説しておこう。

舞台の時代設定は、一五三六年から一五六四年という、カルヴァンがジュネーヴに到着した年から、死去するまでを主に描いたもので、最終に至っては、他の改革者らも登場し、アメリカ独立宣言の起草者の一人、トーマス・ジェファソンにまで及び、短く二つの悲惨な戦禍にも触れて閉じられる。舞台設定が良い。夜に上演することで照明による効果は抜群で、話に登場する改革者たちの姿をストーリーに沿って順に浮かび上がらせる。しかも、「闇の後に光あり」というタイトルにふさわしく、夜の上演は暗い世界を舞台背景に設定できる。スポットライトを当てる対象が一群の改革者像だけではなく、背後に広がる高い壁がジュネーヴ共和国時代（Civitas Geneva）の管区域の外堀と施設であるため、これも大いに利用されている。さらにスイスの有名なオーケストラ、Suisse Romande（スイス・ロマンド管弦楽団）が迫力のある「音」の部分を担当して演劇を盛り上げた。

さて「声」として登場する人物たちは、カルヴァン役を筆頭に、ファレル、ベーズ、ノックスはもとより、ツヴィングリ、ビレ、ルターにまで及ぶ。さらに「時」、「サヴォワ」、「ジュネーヴ」、「宿屋」、「ヘラルド（布告者）」などの登場もあり、ストーリーの展開に必要な声を担当する人々が次々と登場する。

ストーリーを短く紹介したい。すでに触れたように、ジュネーヴにおけるカルヴァンの生涯を中心に話が進む。対外的な面もよく強調されており、一六世紀初期のサヴォワ公国からの干渉から第一場面は始まる。それも公国の保護のもとにあれば、金銭的な豊かさを引き続き享受することができるという誘い文句でジュネーヴを支配下に置こうとする。しかし、ジュネーヴは断固として自由と独立を得たいと主張する。第二場面からカルヴァンのジュネーヴ到着とファレルの説得など、カルヴァンの活動を順次展開する。第七場面の一五五六年より、カルヴァンが熱望したジュネーヴ学院の創設の話へ向かう。この後詳しくジュネーヴ学院の創立当時とそこで学ぶ生徒たちの宣誓の声も登場する。第一一場面には、カルヴァンがルターやツヴィングリ、ビレと会話する場面がある。第一四場面には、ジュネーヴが外敵の侵入を防いだ、いわゆる「エスカラード」[14]のエピソードも登場する。最終の第一七場面では、四〇〇年経った一九五九年の現在について触れ、二つの戦争を経たが、ジュネーヴがいかに平和と社会正義をもった、世界に開かれた国際都市となったかを語り、ジュネーヴのモットー、post tenebras lux が今も人々の心に生き続けていると締めくくる。

2・3　ジュネーヴ憲章第七条（二〇一二年一〇月一四日制定）[15]

鷲を左に、鍵を右に並べて構成されるシンボルは、ジュネーヴ州を象徴する。これにさらに上部に陽光が上り、その中央にＩＨＳ（イエスの意）を描き、下方に、POST TENEBRAS LUX の刻印を据える。今日、州旗としてジュネーヴ市内の様々なところに登場し、市内を訪れた人は皆これを目にする。これは、一九一八年の市議会で確定され、さらに二〇一二年一〇月一四日に制定されたジュネーヴ憲章第七条で再度確認されている。

ジュネーヴ憲章の第七条は次のように謳う。

ジュネーヴ憲章第七条

第一項　ジュネーヴの紋章（州旗）は、黄色地の上に黒い鷲と赤地の上に金色の鍵を合わせたものである。頭部には縁から上昇する陽光と、その中にギリシア語のＩＨＳ（イエス）の三文字をあしらう。

第二項　標語は、Post tenebras lux である。

鷲と鍵を組み合わせたデザインの由来は以下である。すなわち、ジュネーヴは一一世紀頃から、鷲を紋章としていた神聖ローマ帝国の支配下に置かれていたことを意味する。つまり当時、ジュネーヴの紋章は鷲だけであった。他方、鍵であるが、これはペトロの鍵を意味する。マタイによる福音書に登場するエピソードである。(16) すなわちジュネーヴの司教が徐々に力をつけて、帝国内でジュネーヴが多少の自治権を獲得しはじめている様子が窺え、一三八七年頃から、両者の組み合わせを用いることが許容され、徐々にこの町のシンボルとなったと言われる。

さて、post tenebras lux は、一六世紀の半ばから用いられるようになった。その経緯については具体的には次のような資料から判明する。

2・4　post tenebras lux の由来

post tenebras lux は、いつどこで人々の口に上るようになったかを確定することは難しい。それは、流行語や格言の由来を調べると、はっきりとした文献や証言がある場合もあるが、多くの格言はいつの間にか人々の間で語られるようになったという性格のものが多い。例えば「棚からぼたもち」と言えば、思いがけず幸運が手に入るという意味であるが、それはすでに人々の中で慣用的に使用されており、誰が最初に言ったかを確定することは難しい。外国の良く知られている表現では、「ローマは一日にしてならず Rome was not built in a day」などは、誰かの文献に紹介されているといっても、当時すでに使われていた可能性があり、由来を確定できるわけではない。大体は推測であり、仮定とならざるを得ない。

post tenebras lux については、一六世紀半ば頃から使われるようになったという推測ははずれてはいない。なぜならジュネーヴの町の論争や陰謀が下火となり、この町の福音主義化が落ち着きを見せ始め、行政も教会も市民の文化や生活、教育などに力を入れるようになるのは、やはりその徴であると言えよう。その典型がジュネーヴ市民の児童は一六歳までに無償で教育を受ける義務を有するというジュネーヴ学院の創設とその学校規則の制定である。(17) これは一五五九年に実施されたのである。

そのような視点で、post tenebras lux の由来を調査すると、一五五六年の市参事会記録に出会う。それは、次のような内容を語っている文章の中にある。「エノク校長はブルジョアの権利を獲得した。ベリー地方出身のロイ・エノク氏がそのような状態に置かれていたのは、いわばジュネーヴが長い間置かれていた状態、すなわち幾重もの闇の後に、大きな光が到来したのと似ている。それは、鷲と鍵の紋章に、post tenebras lux のモットーが描かれているが、鷲は太陽を見つめ、鍵は望んでいるものを開く。氏はブルジョアの称号をついに手に入れたのである」[18]。

ブルジョアという身分は、この時代の身分制度の中でも特別に優遇された地位にあった。詳細は省くがはっきりしていることは、陸続きの町々にあっては、そこの住民になり市民権を獲得することと、すなわち選挙権や税控除、その他の資格を得るためには幾つもの身分を経て到達する厳密な規定があった。ベリーはフランスの地方名であることから、この人物がジュネーヴに亡命した可能性がある。移住者が正式に身分を認められることがどれほど大変かがよくわかる。いずれにせよ、post tenebras lux が、一五五六年には人々の口に上っていることを確認することができる上、すでにこの標語が紋章と共に用いられていたことが判明する。

3　カルヴァンの生涯における post tenebras lux

3・1　初期の状況――蟷螂（とうろう）の斧のごとく[19]

カルヴァンがジュネーヴにおいて福音主義のキリスト教に立って、宗教改革運動を成功させたことに関しては、しばしば結果ばかりが独り歩きする。すなわち、神権政治に徹した非情な改革者であったとか、予定論を説く厳格な牧師であったとか、今日でも様々に評価されている[20]。しかし、実際カルヴァンの生涯を丹念に調べれば、見通しは暗く、先行きは不透明で、文字通りに闇の中を行くような心細さの中を生きた人物であったことに気づかざるを得ない。改革初期に死を覚悟して活動を行っていたことに関して、宗教改革研究の碩学ハイコ・オーバーマンが次のように語ることは傾聴に値する。

特にカルヴァンは、ドイツ・ルター派の失敗により顕在化した失望感の拡大にも対処しなければならなかった。（中略）カルヴァンは、改革の真の成功が死者の蘇生に匹敵するほどの奇蹟であることを率直に認めている。だが同時にカルヴァンは、「われわれのなすべきは成功の確率の計算」ではなく、祈り、働くことだと言っている。「われわれのなすべきは福音の宣教である。賭けの行くえはどうであれ、ただその結果を受け入れればよい」[21]。

一六世紀の西ヨーロッパである。キリスト教一色の世界である。そこにはカトリック教会という巨大な組織が人々の日々の生活だけではなく社会の隅々にまで浸透し、生死の問題を含め、魂の救済を支配していた。教会だけではなく、町や村に建立された幾つもの修道院は、人々の霊性の拠り所であったばかりでなく、慈善、救貧、子供の教育や音楽、芸術、筆写、その他様々な文化的な機能も有しており、教会と修道院の目に見える巨大な組織に対抗して、改革、刷新運動を起こすことは「蟷螂の斧」のごとく小さく、いつ消失するかわからない心細さがあった。

ルター以前に改革的な行動や著作を発表した人々がいた。さらに各地に広がる原始的な生活をする素朴な信仰者の群れが現れるようになった[22]。一四世紀ルネサンスの新しい動きは、ある程度カトリック教会に動揺と揺さぶりを起こす力にはなった。イエス・キリストの登場以前の、紀元前のギリシア・ローマ時代の遺産を掘り起こそうとし、古代文献を原典から読むことを目指した姿勢は、結果的にはキリスト教の世界にヴルガータ聖書ではなく、ヘブライ語旧約聖書やギリシア語新約聖書を読むことを促した。これは後に福音主義教会が「聖書のみ（*sola scriptura*）」を旗印として掲げる主要因となった。

それにしても、地続きの、大陸の国々にとって、世俗の支配者の大きな権力から独立し、都市の自治を確立し、維持することは容易なことではなかった。比較的裕福で、自治意識の強いジュネーヴは、一五三六年五月二一日に、サヴォア公国の支配から脱却して、独立宣言をしたが、その際、宗教改革を受け入れることで独立都市として新たに出発することが可能となった。すでにドイツ、スイスの各地で、宗教改革を受け入れた独立都市がいくつか誕生していたことも心強いことであった。カルヴァンが赴任して翌年一五三七年に、ジュネーヴ市会に提出した「教会規則」は、カルヴァンの教会論のみならず社会的働きを考察する上で、最も基本的な第一次資料であるが、その規則は当時としては抵抗勢力の前ではほとんど受け入れられるものではなかった。[23]しかし、「あれかこれか」しかないのである。福音主義の町づくりを完成させるか、さもなくばカトリックに戻るか、この二者択一であった。

混乱する中で両者の中間であろうとする内部からの抵抗が当分続くのであるが、それは、一六世紀の、時代の風の強いヨーロッパでは都市を存続させない曖昧な姿勢であった。特に、地理的にもフランス国内に位置するかのように内部に入り込んだ地域は、フランスからの影響を直接受けやすい場所にあったが、カルヴァンは、妥協を許さない、意志の統一した町をつくることを目指した。結局それがこの時代に功を奏し、「ジュネーヴ――プロテスタントのローマ[24]」を確立させた。フランスがこの後一〇〇年にわたってユグノー戦争を続けたことを考えてみれば、ジュネーヴがプロテスタントの牙城となったことは、西ヨーロッパにとっていろいろな点でかけがえのない出来事であった。

さて、もう一点、確認しておかなければならないことは、カルヴァンと牧師たちは、(1)権力の執行にあたっては全くの無力であったという点である。規則で決定してもそれを行使する力は持ち合わせなかった。そこでこの決定事項の履行には強権を発動しなくてはならず、そのためには市政府と共同して取り組まなければならなかった。これは、緊急かつ重大なことであった。そこで、(2)カルヴァンは聖書に基づき、これを規範とする法的な規則を作成して、福音主義に立脚する町づくりに励み、このためにかつて学んだ法律の知識を存分に活用し、細部に至るまで規定することで、進展を図った。これは、政治の領域では法的な整備がかなり広まっていたとはいえ、教会の領域では、旧来のカノン法に代わって、福音主義の教会法を新たに制定し、それを実現することでもあった。武力や権力よりも、聖書と教理を規範とし、福音主義の同志たちの意見に耳を傾け、法廷に訴えて問題を処理するその姿勢は、やはり近代的な取り組みへとつながる方法であったと言えよう。

3・2　中期の状況――忍耐の日々[25]

ジュネーヴで活動を開始して二年にも満たない、一五三八年四月のことである。カルヴァンとファレルら三人の改革者たちは、市政府の圧力を逃れてジュネーヴを後にした。この後バーゼルに滞在中のカルヴァンをマルティン・ブーツァーがシュトラスブルグでの改革に協力するよう説き伏せた。カルヴァンはドイツ領内のこの町で、フランスからの大勢の亡命者たちの生活や信仰の指導を行う。大学で講義し、著作活動を再開し、『キリスト教綱要』の改訂版と最初の聖書註解書である『ローマ書註解』を出版した。

一方ジュネーヴ市は改革者たちを追放したが、カトリック側からの干渉に手を焼くことになり、カルヴァンに対処を依頼し、カルヴァンは『サドレの手紙に対する返答』をもって応じた。一五四〇年に、フランスからの亡命者で、二人の子を連れた未亡人イドレット・ド・ビュルと結婚するも、幸せもわずかで、初子は夭逝、妻は九年後に死去し、悲しみを胸に秘めて過ごす日々が続く。

三年ほどシュトラスブルグで過ごした一五四一年、ジュネーヴ市は、嫌がるカルヴァンを説得して再復帰させることに成功した。カルヴァンは、再度『ジュネーヴ教会規則』を作成し、教会行政を整え、本腰を入れてこの町の福音主義化を目指すが、道のりは険しく、次々と反論する者たちや抵抗勢力との論争に明け暮れることになる。

主な事件や論争を列挙してみよう。一五四三年に自由意志をめぐる問題で、アルベルトゥス・ピギウスに対して『意志の束縛と自由に関する教理の擁護』を出版する。さらに神学的見解の異なるセバスティアヌス・カステリョを追放する。翌年一五四四年にローマ・カトリック教会の神学的牙城であるパリ大学神学部に向けて、『パリ大学神学部への解毒剤』を発表する。一五四六年にはカルヴァンを中傷するピエール・アモーを告訴する。一五四七年には、カルヴァンを脅迫するジャック・グリュエを告訴する。一方、こうした中で、フランスは、特設異端審問法廷を設け、プロテスタントの弾圧を強化する。

先に触れたように、緊張の連続の中で、妻イドレットが死去した。対外的には、聖餐論をめぐってチューリッヒ協定を結ぶ。一五五一年には、医者であるのジェローム・ボルセックが、カルヴァンの予定論を攻撃し、論争の果てに彼をジュネーヴから追放することになる。これを機に『神の永遠の予定』が執筆された。

この時期の論争の頂点となる事件は、一五五三年、ミカエル・セルヴェトゥスの反キリスト教的思想との闘いであった。裁判の末、セルヴェトゥスは有罪判決を受けたが、彼は自身の主張を撤回せず、ジュネーヴのシャンペルの丘で処刑された。この出来事を巡っては今も様々に論じられる。一五五五年の市議会の選挙でカルヴァン派が優勢になると、カルヴァンの教会行政に反抗する市内の貴族や有力者たちによる、いわゆる、アミ・ペランら「リベルタンの反乱」が起きた。これを鎮圧することで、ようやく市内における神学論争や教会行政への不満が弱まり、落ち着きを見せるようになる。この時期になって人々は、post tenebras lux と口にするようになったことは既述した。

3・3　晩年

カルヴァンは、論文や著作を精力的に出版するかたわら、法廷闘争を繰り返し、他の町々に意見を求め、一つ一つ打開していく作業をこなして二〇年も経つと、ジュネーヴの町ではカルヴァンの薫陶を受けた人々が市議会で多数を占めるようになった。こうして、カルヴァンは一五五六年にかつて過ごしたシュトラスブルグ市の行政や教育などを視察しに出かける余裕ができた。しかし、苦労が長引き、何度か病に伏す。回復すると、一五五八年には、カステリョに反論し、イタリア人の反三位一体論者の医師ブランドラータにも反論する。

一五五九年には、最も気がかりであった祖国フランス教会のために、信条と教会規則の制定を行う。さらに念願の、ジュネーヴ学院が開設され、ジュネーヴの安定した人材の育成に励めることになった。この年に、カルヴァンがようやくジュネーヴの市民権を得られたのも驚きである。ジュネーヴが落ち着きを見せ始めた頃、他方フランスのプロテスタントへの迫害が激化する。カルヴァンは、フランスのプロテスタントの支援を進めるが、一五六二年のヴァシーの虐殺の悲惨な知らせを耳にする。これを機にフランス国内のプロテスタントへの迫害が激化し、争いが長引く様子に心を痛めつつ、彼は一五六四年五月に死去した。それは、アウグスティヌスが晩年、カルタゴの町がバンダル族に包囲され、町が破壊され、侵略される中で生涯を終えた姿とどこか似る。

カルヴァンはプロテスタントの立役者として後世に名を遺すことになり、勝利者として今日、高く評価もされれば、恐るべき独裁者として描かれもするが、カルヴァンの内面は、祖国フランスのプロテスタントの行く末を憂える気持ちが強かった。ジュネーヴ学院を卒業した多くの牧師たちをフランスに送った。確かにジュネーヴの福音主義の教会行政は軌道に乗り、市内は安定し、異端、批判者との論争ももはや大したものでなくなった。しかし、六人の子をもうけ、幸せを口にしたルターとは違って、結婚生活も家庭においても幸せな日々を送るという様子とはほど遠かった。もともと病弱な体を酷使して福音主義の運動に専念した結果、五五歳という若さで生涯を終えた。地上で光を見るというよりも、はるかな大いなる光を見つめて生涯を終わるという人生であった。

カルヴァンの大量の文献から post tenebras lux という言葉は見つからない。カルヴァンにとって

post tenebras lux は、神の光において見るものであった。それは先に解説したように、この lux は、肉眼ではなく信仰の眼をもって見る光であり、神の国の光なのである。

注

（1）『仏和大辞典』白水社、一九八一年参照。

（2）本文中の聖書の日本語訳は、『聖書　新共同訳』日本聖書協会、二〇一六年を使用している。

（3）本文中のヘブライ語は、*Biblia Hebraica Stuttgartensia* (Deutsche Biblestiftung, Stuttgart), 1977.

（4）本文中のラテン語は、*Biblia Sacra Vulgate* (Deutsche Bibelgesellschaft), 1994.

（5）例えば、R・デヴィッドソン『ケンブリッジ旧約聖書注解　創世記①』（大野恵正訳）、新教出版社、一九八六年、三三頁。

（6）ヨハ一・五。

（7）ニカイア信条（三二五年）、ニカイア・コンスタンチノポリス信条（三八一年）など。

（8）一コリ一三・一二。

（9）マックス・ヴェーバー『プロテスタンティズムの倫理と資本主義の精神』（大塚久雄訳）、岩波文庫など参照。

（10）カルヴァン著作集刊行会が発足し、『カルヴァン著作集』を新教出版社から刊行中。

（11）POST TENEBRAS LUX: SPECTACLE SON ET LUMIÈRE

（12）Henri Laudenbach, *POST TENEBRAS LUX* (Genève: Librairie de L'université), 1959.

（13）Post tenebras lux - e-periodica (https://www.e-periodica.ch).

（14）L'Escalade. 参照：https://fr.wikipedia.org/wiki/Escalade_(Gen%C3%A8ve)

（15）https://www.ge.ch/legislation/rsg/f/s/rsg_a2_00.html を参照。Art. 7 Armoiries et devise: 1. Les armoiries de la République et canton de Genève représentent la réunion de l'aigle noire à tête couronnée sur fond jaune et de la clé d'or sur fond rouge. Le cimier représente un soleil apparaissant sur le bord supérieur et portant le trigramme IHS en lettres grecques. 2. La devise est « Post tenebras lux ».

（16）マタ一六・一九。

（17）*Joannis Calvini Opera Selecta*, vol. II, (Ed. Petrus Barth, CHR Kaiser, 1970), p.364~74.

（18）Calvini Opera in *Corpus Reformatorum*, Vol. 21, p.626 (Annales 1556, Mardi 21).

（19）「蟷螂の斧」という表現は、ルターがローマ法王と対峙する様子を大塚久雄が使った表現である。参照、大塚久雄『宗教改革と近代社会』みすず書房、一九八四年、六七頁。

（20）カルヴァンについての近年の過激な批判者たち、例えば、一九世紀のアラード・ピアソン、二〇世紀にはシュテファン・ツヴァイクなどに対する冷静な評価は、ハイコ・オーバーマン『二つの宗教改革――ルターとカルヴァン』（日本ルター学会・日本カルヴァン研究会訳）、教文館、二〇〇七年、二四八頁以降を参照。

（21）『二つの宗教改革』、二〇〇頁。

（22）原始的信仰集団は、一三世紀に始まるワルドー派（Waldensians）、一四世紀にはオランダでの「生活兄弟団 Broeders van het Gemene Leven」、一五世紀にはフスの流れを汲むボヘミア兄弟団（Fratres Legis Christi; Bohemian）などヨーロッパ各地に登場し、宗教改革に少なからず影響を及ぼす。ルターも幼少期に関わっている。

（23）「教会規則（一五三七年）」と一般に呼ばれているが、正式名称は「ジュネーヴにおける教会と礼拝を執行するための条項　牧師たちから市参事会への提言 *Articles concernant l'Organisation de l'Église et du Culte à Genève, Proposés au Conseil par les Ministers*」（*OS*.I, p369）である。邦訳は、「ジュネーヴ教会規則」（一五三七年）渡辺信夫訳『カルヴァン篇』（新教出版社、一九五九年）。

（24）例えば次を参照。https://www.swissinfo.ch/eng/geneva---the-protestant-rome/6622792

(25) 以下の、カルヴァンのジュネーヴでの働きは、多くの著作が解説している。簡潔なものは、ヴルフェルト・デ・グレーフ『ジャン・カルヴァン――その働きと著作』(菊地信光訳)、一麦出版社、二〇一七年、二三九頁以下。ベルナール・コットレ『カルヴァン――歴史を生きた改革者』(出村彰訳)、新教出版社、二〇〇八年。ウイリアム・モンター『カルヴァン時代のジュネーヴ――宗教改革と都市国家』(中村賢二郎・砂原教男訳)、ヨルダン社、一九七八年。なお、本文中のカルヴァンの著書名は短く略したものもある。

第Ⅳ部　カルヴァンと苦難の歴史

――戦争と平和を見据えて

第一章　カルヴァンにおける戦争と平和

吉田　隆

はじめに――「苦難」としての戦争

宗教改革者ジャン・カルヴァン（一五〇九―一五六四）をめぐる「苦難と救済」というテーマには、様々なアプローチの仕方がある。人間（とりわけ信仰者）の内面における苦難と救済も大きなテーマであるが、本稿ではむしろ外的な苦難、人間の存在を外から脅かす苦難の最たるものである戦争の問題、そして平和の問題についてのカルヴァンの見解を考察してみたい。

0・1　一六世紀におけるフランス・スイス関係の戦争

果たして、カルヴァンが生きていた一六世紀ヨーロッパ、とりわけ彼が生活をしたフランスやスイスにおいていったいどれほどの戦争が起こっていたのだろうか。参考までにインターネットで概観しただけでも次のような戦争が列挙されている。[1]

・イタリア大戦争／ハプスブルク・ヴァロワ戦争／ルネサンス戦争（一四九四―一五五九）
・カンブレー同盟戦争（一五〇八―一五一六）
・ムッソ戦争（一五二四、二六／一五三一、三二）
・コニャック同盟戦争（一五二六―一五三〇）
・第一次カッペル戦争（一五二九）
・第二次カッペル戦争（一五三一）
・ユグノー戦争（一五六二―一五九八）

それぞれの戦争の括りの中に多くの個々の戦闘が含まれていることを考えれば、ほとんど毎年いずれかの地で戦争が行われているような状況であったことを改めて思い知らされる。まさにヨーロッパ全体が戦争につぐ戦争を経験した時代であったと言えよう。[2]

0・2　宗教改革による「正戦」の変質？――J・H・ヨーダーによる批判的考察

いつの時代にも絶えることのない戦争という現実に対して、一六世紀の宗教改革者たちは――再洗礼派を除いて――絶対平和主義でも中世カトリック的聖戦理解でもなく、基本的には「正戦（just war）」伝統に立っていると考えられてきた。しかしながら、本来「正戦論（just war doctrine）」と呼べるような確固とした教理などはなく、その意味するところも時代によって異なると、メノナイト派伝統に立つ神学者ジョン・H・ヨーダーは指摘する。[(3)] そして、彼によれば、本来戦争を抑制する機能を持っていたはずの「正戦」伝統が、体制的宗教改革者たち（Magisterial Reformers）によって、無意識のうちに変質させられたのだと言う。[(4)] 主な論点は次のとおりである。

第一に、統一性を保っていた〝キリスト教世界（Corpus Christendom）〟が政治的また宗教的に分裂していく中で、本来の古典的な（内輪の争いにおいて正義を守らなくてはいけないという）「正戦」概念が失われ、[(5)] 同じキリスト教の近隣諸国同士がまるで外敵と戦うように戦い、[(6)] しかも宗教的要因（すなわち福音主義をめぐる戦い）がそこに加わったために信仰を守るにも拡大するにも戦争や外交手段に訴えるという事態が生まれた。[(7)]

第二に、後述するルターの二王国論に代表されるように、宗教改革者たちがこの世の政治的統治と教会の統治とを区別したことで市民的秩序の領域において為される戦争が世俗化してしまい、中世の時代に教会がコントロールしていた「正義」が今や世俗の為政者たちが考える「正義」の戦争へと変質してしまったのではないか。とりわけ一五五五年のアウグスブルク宗教和議以降、「領主の宗教が領土の宗教になる（cujus regio eius religio）」という原則によって、この世の君主が自国の宗教を決定し統括することになり、実質的には中世の司教に匹敵する役割を果たすようになってしまった。[(8)]

第三に、その地の宗教改革者たちが自分たちの為政者の務めである戦争にお墨付きを与え、その戦争に従事することを「正しい」としたために、従来は戦争への歯止めとして機能していた「正戦」という概念が、戦争を正当化するための根拠へと変わってしまったのではないか。[(9)] また、中世においては、たとい「正戦」であったとしても殺人は罪であるが故に懺悔の必要があったが、宗教改革によってそのシステムが廃止され、戦争の時期や場所にまつわるタブーも撤廃されたために何の歯止めも無くなってしまった。[10] 体制的宗教改革者全般がそうであるが、とりわけ改革派と呼ばれるグループは、極めて「十字軍的（つまりは聖戦的）である」と、この分野についての古典的な書物を著したベイントンも述べている。[11]

しかし、これらの評価は、果たして正しいのか。一六世紀というヨーロッパ近代の幕開けの時代に、大きな社会的変動が生じたことは言うまでもない。戦争もまた例外ではなかろう。しかし、それと宗教改革者たち自身の「正戦」理解とを混同してはならない。本稿は、いわゆる体制的宗教改革者とりわけジャン・カルヴァンに光をあてて、激動の時代の中で彼が戦争と平和について何を考えていたのかを明らかにし、その上でヨーダーの批判を検討してみたい。

1　「正戦」思想とは何か

1・1　古典的「正戦」思想

さて、「正義の戦争」というキリスト教思想における重要な概念を考察するにあたって、我々はまずギリシャ・ローマ時代の古典的「正戦」思想を概観する必要がある。後のキリスト教的「正戦」理解は、これに基づいているからである。

「正義の戦争」という概念は、用語としてはアリストテレス（前三八四―三二二年）が最初だと言われる。[12] しかし、後々キリスト教的「正戦」理解の重要な土台となったのは、ローマの思想家キケロ

（前一〇六―四三年）である。キケロは、『国家について』や『義務について』という書物においてそれを論じているが、とりわけ国の諸々の公職につく者たちの務めについて論じた後者は、アンブロシウス（三四〇?―三九七年）やアウグスティヌス（三五四―四三〇年）、さらにはカルヴァンが「正戦」について論じる際に用いた書物として重要である。

キケロはその議論の中で、国家が国民を守るために戦争をすることは不可避であるが、その戦争にも正義がなければならないと論じる。(13) 戦争は、まず平和を求めるための交渉がなされ、その決着がつかない場合のみ、あくまでも平和（秩序回復）を目的としてなされるものである。(14) 開戦の際には必ず予告をしなくてはいけない、(15) また、戦いの最中でも信義が守られなくてはいけない、人々の安全が守られなくてはいけない、(16) と。

ただし、ここで注意しておきたいのは、このような古典的「正戦」思想は基本的にはギリシャのポリス間の争いのような身内の戦いであって、異民族の侵入に対する戦争について述べているわけでは必ずしもなく、身内の戦いであるが故に戦いの中にも礼儀があるという理屈が基本だという点である。

1・2　キリスト教「正戦」思想の形成Ⅰ――アンブロシウスの場合

キリスト教の歴史において「正戦」が語られるようになるのは、紀元三一三年にミラノ勅令によってキリスト教がローマ帝国で公認され、やがては国教になっていくという移行期においてである。すなわち、国家権力によって迫害される側から、国を治める側にキリスト教が変わるという大きな変化の中で現れた概念である。

とりわけ、アンブロシウスとアウグスティヌスの二人が重要である。なぜ、アンブロシウスなのか。一つには、彼が元々ローマ（ミラノ）の優れた官僚だったことによる。未だ洗礼も受けていない時にミラノの教会員たちが「アンブロシウスを司教に！」と叫んで実現したという伝説的な逸話が残っているほど人徳のあったローマ帝国の執政官が、教会の統治者となった。その際、今や国教にまでなろうとしていたキリスト教会の統治者として、政治的な問題さえも霊的指導者としての神学的判断を迫られた。とりわけ、戦争のような困難な問題について、アンブロシウスは、おそらく回心前にローマの政治家として持っていた思想をキリスト教化して取り込んだのではないかと思われる。

司教になって彼が記した『聖職者の務めについて』という文書は、先のキケロの『義務について』という書物を下敷きにしていると考えられる書物である。キリスト教版キケロと言うこともできるかもしれない。それによれば、アンブロシウスは、キリスト教国家においても平和を守るためには戦争は不可避である。[17]しかし、その戦争には正義がなくてはいけないと、司教としていっそう力を込めて論じている。[18]

ただし、アンブロシウスが語る戦争の合法性は、あくまでもこの世のしかもキリスト教為政者による統治下という文脈においてであり、また聖職者自身はその務めの性格上戦ってはならないと言われる。[19]つまり、彼の正戦論は、ローマの政治家としての良識と、古代教会が培ってきた平和主義[20]とを融合させた、いわば〝キリスト教的〟正戦理解とも言うべきものである。

このアンブロシウスの正戦論が、決して言葉の上だけではなかったことは、三九〇年に時の皇帝テオドシウスが怒りに任せてテサロニケの住民を虐殺した時に、アンブロシウスが皇帝を破門して公の謝罪を求めたことによく現れている。

1・3　キリスト教「正戦」思想の形成Ⅱ――アウグスティヌスの場合

アンブロシウスの「正戦」理解を引き継ぎ、さらに十分に展開したのが、アウグスティヌスである。しかし、アウグスティヌスの正戦思想は必ずしも一箇所で論じられているわけではなく様々な所に断片的に出てくるために、どの主張を重んじるかで微妙に理解が変わる。まずは何よりも『神の国』という書物の中で、彼が戦争をどのように神学的に論じているかを理解しておくことが重要であろう。

地上の国と神の国を区別して論じるアウグスティヌスは、戦争という事柄をあくまでも地上の国に属する事柄とする。神の国でも戦争はあるがそれは霊的な戦いであると。その意味で、そしてその限りにおいて、アウグスティヌスは、戦争は地上の国の為政者が必要と認めた場合に合法的に行われうると認める。(21) しかしながら、地上の国の戦争はあくまでも人間の罪の結果であって、たとえ正義の戦争と呼ばれたとしてもそれは悲惨なものだと論ずる。(22) 人間には普遍的な平和への欲求があるが、(23) 地上的な平和は結局のところ調和以上のものではなく一時的なものに過ぎない。(24) 未だ地上の国と神の国の二つが混在しているこの世にあってはキリスト者もまた「バビロンの平和（地上的な平和）」を用いて――それがたとい不十分な罪にまみれたものであったとしても――生きて行かざるをえない。(25) したがって、戦争の問題もまた地上の国の極めて限定的な状況に即して論じられるものであり、普遍的に妥当するような答えはないということになる。

こうして、戦争を、壮大なスケールの神の救済史における地上の国の必要悪として相対化したアウグスティヌスは、他方において、信徒の悩みに答える牧会的書簡において、とりわけ実際に兵役について戦わねばならない人々に対しては、むしろそのように働くことで神に仕える道もあるのだと励ます。(26) しかしまた、戦争はあくまでも国家の（特にキリスト者の）為政者たちが国民を守る必要に迫られて最後の手段として為されるものであって、(27) 私的な状況において敵を殺すことは、たとい正当防衛だとしても（愛敵の教えに基づいて）禁止している。(28)

アウグスティヌスの正戦思想において重要なもう一つのことは、聖書解釈の問題である。とりわけ旧約聖書に頻出する戦争の記述をキリスト者としてどのように解釈すべきか、また新約聖書のイエスの愛敵の教えとどう関係するのかという問題である。(29) アウグスティヌスによれば、旧約の聖徒たちにとっては（戦争をしたということよりも）神の命令に服したという点が重要である。(30) また、旧約の記述は救済史的に考える必要があり、何より戦争における悪とは人間自身の中にある欲望であるから、キリスト者にとってはそれらに打ち勝つ霊的な戦いこそが重要であり、戦争のただ中にあっても正義を保たなくてはいけない。また、この世の戦争とは基本的に為政者たちによるもので、信仰者の個人的な姿勢を教える愛敵の教えと矛盾するものではないと述べている。(31)

以上概観したアンブロシウスやアウグスティヌスの「正戦」思想は、あくまでも地上的かつ暫定的な平和確保の営みに過ぎないという極めて消極的な理解に基づいていること、たとい戦争が生じた時にも目的と方法において正義が保持されねばならないという一種の歯止めのための論理であること。また、公権力による正義の保持とは、少なくとも彼らの場合、キリスト教国家における公的・合法的な力の使用であって、[32]その点でギリシャ・ローマの哲学者たちとは違うことに留意したい。[33]

2 一六世紀の戦争（正戦）観——三つの側面

カルヴァンの戦争理解の考察に進む前に、もう一つのことを確認する必要がある。それは、一六世紀において戦争（正戦）がどのように理解されていたかということである。[34]三つの側面から概観しておきたい。

2・1 人文主義的側面——エラスムス

宗教改革が始まった一五一七年は、人文主義者エラスムスが『平和の訴え』を出版した年でもある。[35]エラスムスはキリスト教世界における争い——キリスト者同士が争っていること——の愚かさに対して、擬人化させた「平和」自身が今の世界には自分の居場所がないと嘆き、自己の存在アピールをするという巧みな手法を使って書物にした。キリスト教的見地のみならずギリシャの哲学・文学などの知識を縦横無尽に駆使して文明批評的に「平和」を論じる本書は、小著ながら人文主義者エラスムスの面目躍如とした作品と言えよう[36]（しかし、内容が不敬瀆神的とされ一五二五年に禁書処分）。

本書においてエラスムスは、キリスト教は本来「平和」をひたすら願う宗教なのだということを実に軽妙かつ説得的に論じている。[37]彼は「正戦」という概念を真正面から取り上げることはしないが、人間による「正義」に斜めから疑問を投げかけている書物でもある。[38]その意味で、エラスムスのそれは、人文主義者の視点による時代批評的戦争観と言えるであろう。

2・2　神学的側面――マルティン・ルター

二つ目は、神学的側面である。宗教改革者たちは、単なる時代の批評家ではなかった。神の言葉の力によって時代と社会を切り開いていく、その矢面に立たされた人々である。その上で、良くも悪しくも、それぞれが置かれた政治的状況の中に巻き込まれて行った人々である。それ故、宗教改革者たちの戦争観を考える際には、まず彼らが神の言葉に即してどのように戦争を神学的に理解したのかということと、それぞれの状況においてどのように実際に行動をしたのかを区別して考える必要がある。

ヨーダーの批判を検証するためには、再洗礼派の理解をひとまず脇に置き、いわゆる体制的宗教改革者たちを取り上げねばならない。我々は誰よりもまずマルティン・ルター（一四八三―一五四六年）を扱わねばならないが、幸い野々瀬浩司氏による優れた先行研究『ルターの戦争観と現代』があるので、それに即して見てみたい。

まずルターは彼の二王国論に立って、この世の統治とキリストによる統治の二つを区別する。そして、戦争は国家為政者が悪の抑制と秩序維持のために行うものだと位置づける（それ故、聖職者が戦争を主導すべきでない）[39]。戦争が許容されるのは、あくまでも明白な侵略に対する自衛戦争という悪の抑制と秩序の維持という必要に迫られた時のみである（それ故、領土拡大などの侵略戦争は否定）[40]。他方で、戦争が現実世界における不正への対抗手段である以上、それは神の愛の業・怒りの杖であるとの宗教的側面も否定しない[41][42]。

キリスト者の兵士は、上記のような目的のために為政者に服従して戦うのであり、個人的感情とは別に軍務（公務）として敵に立ち向かわねばならない。それはより大きな平和のためであり、大きな不幸を防ぐための手段である。[43]

以上のように、ルターは二王国論の見地から戦争を世俗化し、聖書ではなく世俗法（自然法）に基づいて為されるべきものとし、教皇の命令による聖戦としての十字軍参戦と贖罪との連関を断固否定した。[44]野々瀬氏によれば、このようなルターの戦争観は、カトリック教会から財政的・軍事的影響力を奪う根拠を提供し、結果として領邦国家の権限増大に寄与したとのことである。それはまた、近代的主権国家形成の思想的基盤の一つとさえ評価されている。[45]

しかし、純粋に神学的見地からすれば、ルターの戦争観そのものは、中世の「十字軍的聖戦」思想から脱却する一方で、その基本的理解はアウグスティヌスの「正戦」伝統をほとんど踏襲（と言うよりも、そこへ回帰）しているように思われる。

また、興味深いことに、為政者たちが正しいと判断して始めた戦争であったとしても明白に不正な戦争と考えられる場合には兵役に服す義務はない――拒否することができる――という、後の良心的兵役拒否思想につながる言説もあることを付言しておく。[46]

2・3　法的側面――フランシスコ・デ・ビトリア

一六世紀の戦争観を考える際の、もう一つの重要な視点が法的側面である。この面で顕著な貢献をしたのが、フランシスコ・デ・ビトリア（一四九二？―一五四六年）というスペインのカトリック神学者・哲学者・法学者である。彼は、母国が南アメリカ・ペルーのインカ帝国を略奪した戦争に対して（ラス・カサスなどの報告に基づき[47]）大きな疑義を表明した人物で、一五三九年に、スペインのサラマンカ大学でインディオ（先住民）問題についての二つの特別講義「インディオについて」と「戦争の法について」を行った[48]。これが、後々国際法の形成に大きな影響を与えることになったと言われる講義である。

最初の講義において、ビトリアは、トマス・アクィナスの自然法的理解に立ち、インディオたちに同じ人間としての権利を認める（それ故、宗教の強制は許されない）が、支配・被支配という関係が生まれることは合法であると論じる。また、二つ目の講義においては、戦争についても、アウグスティヌスとトマス以来の「正戦」理解に立ち、君主が戦争を起こすことは合法であると認める一方で（スペインによる先住民虐殺を念頭に置きつつ）「正義の戦争」の「正義」とは何かを詳細に検討する[49]。戦争の正当性は誰が判断するのか、正当な原因が疑わしい時にどうするか、敵味方双方が正当性を主張する時はどうか、不正な戦争に参加する義務はあるか、無辜の者を殺すことは許されるか、捕虜についてはどうか等々。そして、その結語において、ビトリアは、君主による正戦の権利を認めつつも、君主が為すべきは戦争の機会や原因を探すことではなくすべての人との平和を望むことだと、権威者が暴走する可能性に釘を刺している。

ついでではあるが、この「戦争の法について」の講義の冒頭で、ビトリアはルターについて次のような興味深い言及をしている。

カトリック信者のあいだではこれ〔正義の戦争〕に関してじゅうぶんな意見の一致をみているが、しかしすべてに悪影響を与えているルターは、たとえ相手がトルコ人であっても、キリスト教徒が武器をとることは許されないとしている。彼が根拠としているのは、先に引用した聖書の言葉〔愛敵の教え〕であり、また彼自身の言葉を借りれば、『もしトルコ人がキリスト教世界を侵略するなら、それこそ逆らうことの許されない神のご意思』だからである。しかし彼は、彼の他の教説〔例えば信仰義認〕の場合のようには、いつでも戦う気でいるドイツ人たちにこの見解を押しつけることはできなかった。(50)

おそらくは講義を聴く学生たちの興味を引くための導入と思われるが、ここから二、三の事実を指摘できよう。一つは、当時のカトリック教会の神学者・法学者が、アウグスティヌス以来の「正戦」伝統をしっかりと継承していたこと。第二に、少なくともビトリアの目から見ると（実際にルターの文書をどれほど正確に読んだのかは不明であるが）ルターは古代キリスト教と同様の平和主義の立場であると見られていたということ。第三に、そのような平和主義は、たとい聖書に基づくルターの教えだとしてもドイツ人の現実を変えるには至らなかったということである。ルターが、決して平和主義の立場ではなかったことは先に述べたとおりであるが、当時のカトリック側からの興味深いルター批判の証言として記しておく。

さて、以上のような歴史的文脈を念頭に、本稿の主題である「カルヴァンにおける戦争と平和」を次に考察しよう。

3　カルヴァンにおける戦争と平和

3・1　神学的文書

（一）『キリスト教綱要』（一五三六年／四三年）

カルヴァンの神学的見解を学ぶ際にまず参照されるのは、彼の代表的な神学的著作『キリスト教綱要』であろう。実際、カルヴァンは同書の中で「正義の戦争」について正面から論じている箇所がある。[51] しかし、注意しなければならないことは、その議論のほとんどは彼の一五三六年の『綱要』の初版の文章のままだということである。[52] つまり、カルヴァンが（『綱要』初版執筆時）若干二六歳で書いた文章が一五五九年の最終版まで残されており、彼は基本的にその考えを修正しなかったのである。

それでは、その初版『綱要』において、カルヴァンがどのように「正戦」について論じているかと言えば、大よそ以下のとおりである。まず、戦争とは、キリストの霊的王国とは区別された市民的政体の為政者たちが、必要に応じて為す務めの一つであるということ。この世の行政官は万人共通の幸福と平和を希求しなくてはいけないが、同時に彼らには武器を取ることが認められており、戦争は為政者の権能によって用いられる一つの手段、とりわけ侵略に対抗して国民を守るための手段であること。ただし、戦争をするかどうかを判断する行政官は、自分の個人的な感情にとらわれることなくただ公的な感覚によって判断し、それを実行に移す際にも敵に対する憐れみの心を持たなければならないこと。[53] 何よりも戦争は最後の手段であって、そこに至るまでにあらゆる手段を講じなくてはいけないこと。[54] 他方で、正しい動機と目的に基づいて合法的に戦争が行われる場合、防衛や軍事目的の施設

を築いたり同盟を結んだりすることは合法であること、等である。(55)

このカルヴァンの『綱要』初版における基本的な「正戦」論に唯一加えられるのが、一五四三年の『綱要』第三版における付加である。これは、キリスト者は戦争に従事すべきではなく武器も取るべきではないと強く主張していた「再洗礼派」と呼ばれた人々への弁証として付け加えられた。『綱要』第三版における加筆部分において、再洗礼派が重んじる聖書の証拠を挙げつつ、カルヴァンが論じているのは、為政者による戦争は合法であること。新約聖書における戦争記述不在と隣人愛・愛敵の教えの強調(56)は、使徒たちが専らキリストの霊的王国について教えているためであること。それ故、旧約に教えられているこの世の為政者による戦争という理解を変更したものではなく、その点については新約時代もまったく同じであって変わることはないこと(57)、である。

（二）『再洗礼派駁論』（一五四四年）

さらにカルヴァンは、再洗礼派による信仰告白的文書『シュライトハイム信仰告白』の一つ一つの主張を論駁する『再洗礼派駁論』(58)において、一方ではキリストの福音がこの世に完全な平和をもたらし、「剣を変えて鋤とせよ」という預言が完全に実現していたならば何とすばらしいことかと再洗礼派の主張の根幹を認めている。しかし、現実はそうではなく、未だ終末の完成に至っていない状態では、国民を守るべく神に立てられた為政者には「剣の権能」が与えられており、それは神への奉仕なのだと主張している。(59)

（三）『躓きについて』（一五五〇年）

もう一つ、信仰の躓きとなりうる数々の事柄を取り上げて論じる『躓きについて』[60]の著作において、プロテスタントによって宗教戦争が引き起こされたという批判を扱っている。すなわち、カトリック側は平和の愛好者であるが、プロテスタント側は好戦的であるという批判である。これについては、先述のビトリアが全く逆のことを明言しているのでそもそも批判自体が成り立たない（少なくとも一般化できない）ことを我々は知っているが、カルヴァン自身はこのような批判に対して、教皇主義者たちが言うところの「平和」は「仮面の平和」にすぎないと平和愛好家を装う批判者たちの欺瞞性を指摘し、それを口実にキリストの御名を濫用することは本末転倒していると論じている[61]。

大よそ以上が、「正戦」をめぐるカルヴァンの神学的理解または枠組みである。すでに明らかなように、ここに述べられた「正戦」理解もまた基本的にはアウグスティヌス以来の伝統的な「正戦」理解そのものである。実際、カルヴァンはキケロやアウグスティヌスに言及しつつ「正戦」について論じている。その意味で、基本的な理解に関する限り、カルヴァンには何も新しいことはないとさえ言えるであろう。

3・2　聖書注解・説教

さて、しかし、カルヴァンにおける戦争と平和についての言説は、これのみではない。彼の多様な戦争観・平和観は、むしろその聖書注解や説教においてこそ現れる。為政者による戦争を合法と捉える原理原則は聖書注解でも説教でも変わることはない。しかし、とりわけ聖書に描かれる現実の戦争についてのカルヴァンの見解、またテキストの解釈から導き出される戦争観・平和観は、『綱要』などで論じられているそれと必ずしも同じではないのである。

（二）聖書注解[62]

為政者たちの役割と、キリストによる霊的王国との関係について、カルヴァンは、例えば『ヨハネ福音書注解』（一五五三年）において次のように述べている。

付随的に王侯たちが、キリストの国を維持し、防御することをさまたげるものではない。かれらが外面的な規律を定め、確立する時、また、心のよこしまなひとたちに対抗して、教会にかれらの保護と防備とを貸し与える時である。しかし、要するに、世の邪悪さのためには、キリストの国は、武力によるより以上に、殉教者たちの血によって強固にされ、確立されるものである。[63]

地上の為政者が法を定めまたそれに従った剣の権能（警察権）によって、一般市民と同様にキリストの国を間接的に保護することはあったとしても、キリストの王国そのものは本質的には武力によって守られるものではなく「殉教者たちの血によって強固にされ、確立される」ものであると。このような言わば仮の宿りである地上的生の幸福は、カルヴァンにとっても何にもまして平和であることであった。[64] 地上の為政者が戦争をやむを得ず行うこと自体を（再洗礼派のように）否定しないが、それはあくまでも平和を目的とする場合に限られる。[65] 申命記二〇章の注解において、カルヴァンは合法的戦争についてキケロ（『義務について』一・一一―一三）を引用しつつ、そのような戦争においても流血は避けられねばならないこと、正義の戦争は必ず布告されるべきこと、[66] さらに非武装の市民を殺してはならないこと、[67] 等を論じている。

それ故、単なる略奪目的や、まして敵を殺すという獰猛さによる戦争は、カルヴァンにとって論外であった。[68] しかし、現実世界における戦争の実態がいかなるものであるか、また人間社会をいかに損なうものであるかについて、カルヴァンは最後（一五六四年）の聖書講義である『エゼキエル書講義』で次のように述べている。

我々は、戦争がいかに多くの悲惨に満ちているかを知っている。ひとたび、人間が武器を取れば、盗みや略奪、放火や殺人、放蕩やあらゆる暴力に扉が開かれる。戦争においては、すべての人間性（humanitas）と公正さ（aequitas）が葬り去られるのである。[69]

カルヴァンの死後出版された『ヨシュア記注解』においては、旧約聖書における戦争（とりわけエリコ攻略）記述を根拠に自らの戦争を正当化しようとする試みに対してカルヴァンは明確に否を唱え、それらの記述において学ぶべきは（アウグスティヌスと同様に）各人がどのように主からの召しに従うかであって、[70] 単純にヨシュアを真似ること（自らの戦争を聖戦とすること）は神の僕の為すことではなく「狂気と残忍さに他ならない」と述べている。[71]

この最後の点については、カルヴァンと共にジュネーヴで働いた後にローザンヌに移ったピエール

・ヴィレ（一五一一―一五七一年）もまた、特にフランスにおける宗教戦争を旧約聖書に根拠づけることに反対している。自分たちはイスラエルの民と同じ状況にはいないのであり、神に直接選ばれて立てられた（ヨシュアのような）指導者もいなければ、教皇主義者たちを殺せとの命令もない。むしろ今日行われている戦争の実態は、宗教を利用した非宗教的な動因――武器商人たちや為政者たちの貪欲と野望――によるものだと、ヴィレは厳しく批判する。[72]

(二) 説教

説教におけるカルヴァンの戦争を巡る発言は、より注目に値する。彼の論点は、むしろその限界性にあるからである。ここでは、特に約束の地における戦争の問題を扱う申命記の説教（一五五五年）[73]、またダビデやサウルたちを巡る陰謀渦巻く戦いが記されるサムエル記の説教（一五六二年）[74]を中心に見てみよう。

戦争は「正しい理由」がなければ、すべきではない。[75] その場合の正当な理由とは、人々の安全と神の栄誉のためである。[76] ところが、実際の戦争は人間の欲望をかき立て、しかも人間の欲望には限度がないのだから極めて危険である。[77] 事実、君主たちが発動する戦争の原因の大半は、彼らの復讐心と野望であり、哀れな国民に対する何の配慮もない。[78] さらに、神の僕（宗教的指導者）たちが誤って導かれる時には悪は倍増するので、可能な限り宗教に基づく戦争や争いを嫌悪し避けねばならない。[79] こうして、戦争は間違った動機で為されることもあるのだから、たとい軍務についたとしても自らがキリスト者でありイエス・キリストの僕であることを忘れることなく、自制と人道的な姿勢を保たねばならない。[80] そのためにこそ我々には神の律法が与えられているのだと。[81]

合法的な戦争の目的は「平和」である。[82] しかし、教皇主義者たちが唱える「平和」は欺瞞であり、[83] 最も残虐な人間が自分の欲望を果たし得ないと思うや途端に偽善者となり、綺麗ごとをならべて平和愛好家として振る舞うものだと、鋭く批判する。[84] 一言で言えば、いかなる戦争も（たとい合法的な戦争であっても）人を殺すことは手を血で汚すことであって、決して無垢な戦争などありえない。[85] そして、戦争における殺人は、根本的には「神の像」という人間の尊厳を破壊する行為なのである。[86]

以上のようなカルヴァンの聖書注解や説教に見られる戦争や平和を巡る言説を見ると、『綱要』などから得られる極めて伝統的・形式的な「正戦」理解とはかなり異なる印象を受けるのではないか。カルヴァンにとって、戦争は、たといこの世において合法（すなわち不可避）であったとしても、それは決して簡単に承認を与えたり「正義」の戦争と呼んだりすることさえできないものであることを、改めて認識させられる。少なくとも信徒たちに対する説教において、彼はそのように教えていたのである。しかも、それをしばしば好戦的と見なされる旧約聖書のテキストから述べている点が重要である。

カール・バルトが『カルヴァンの神学』の中で、カルヴァンの戦争観について「神の権威によって戦争の権利を擁護することと、戦争権によって神の権威を例証することとは、別のことである。カルヴァンの場合は、後者だ」と述べていることは、[87] 全く正しいと筆者には思われる。すなわち、カルヴァンが主張する地上における戦争の「合法性」とは、決して為政者たちに無条件に戦争する権利を付与することではなく、その権利の源泉が神であること、別言すれば、彼らは地上の国々を導く神の僕にすぎないことの例証にほかならないということである。

3・3　〝革命家〟カルヴァン？

カルヴァンは、既成秩序に対する〝革命家〟と揶揄された。[88] 実は、カルヴァン自身、ある意味でそれを認めさえしている。もし神に対して誠実であり続けようとしたダビデがサウル王国に対する革命家と呼ばれるのであれば、我々がそのようにレッテルを貼られてもしかたがない、と。しかしながら、カルヴァンは「サウルとダビデとどちらが神に喜ばれたか、あなたたちは知っているであろう」と問いかけるのである。

確かに、福音主義信仰が国境を超えて前進するためにあらゆる可能性をカルヴァンが模索し、実行しようとしたことは事実である。[89] 一般庶民がそのために旧体制に対するクーデターや革命を起こすことにカルヴァンは断固反対したが、他方において下級行政官のような公的地位にある人々が国や宗教を変えていく（福音主義進展のために政治的行動を起こす）ことには賛成し、時にこれを支持した。[90] カルヴァンはまた、ヨーロッパの片隅にある小さなジュネーヴを守るために、あらゆる国際的ネットワークを構築する労を惜しまなかった。その意味で、カルヴァンは決して聖書を講じるだけの学者や説教者に留まった人物ではない。福音のための霊的戦いに勝利するために、自らが関わり得る範囲を守りつつも、しかし積極的にこの世の戦いにも身を投じたのであった。

3・4　平和の幻

最後に、イザヤ書の有名な「剣を鋤に」（二・四）という一節について、ルターの注解と比較しつつカルヴァンの特徴を簡単に紹介しておきたい。

ルターは、このイザヤ書のテキストを比喩的な婉曲表現と解し、国々がキリストにより調和と平和へともたらされることを指し示しているとする。この世では絶えざる戦争があるが、それは自らを義とする者たちが自分の義のために争うからに他ならない。かくして偽キリスト者たちは肉的であり分裂を扇動する者である。しかし、真のキリスト者は、キリストのためにすべてを捨てる覚悟があるから美しい一致のうちにあると述べ、キリスト者の霊性の特質についての言葉をここに読み取る。[91]

それに対してカルヴァンは、[92]四節に先立つ部分で、イザヤが語る「終わり」（二節）とは、キリストの王国であること、キリストは来られたのだから我々はすでに「終わり」にいること、信仰者は滅びではなく幻を見ることによって生きる。そして、このような福音の宣教のために主は人をお用いになるのであり、宣教者は座して人を動かすのではなく人々と共に歩むことによって福音に招く（三節）。主の言葉は思弁ではなく人の生きる道だからである、と述べる。

そうして四節の注解では、平和に優るものはないと述べた後に、人間の欲望によって社会は混乱に陥れられるが、イエス・キリストの福音こそが和解をもたらす福音だから、これによってのみ人々はまず神と和解し、そうして人々の間にも和解を造り出すことができる。キリスト者は柔和で、平和を造り出す者だからである。この預言の成就をキリスト誕生のローマ帝国時代の平和に結びつける注解者もいるが、この預言は根源的に（いつの時代にもあてはまる）キリストによる神と人間との和解の実現を語っている。その福音の宣教によって、破壊的な戦争は終わり、争いがなくなるのみならず、人々はすべての人の益のために（鋤や鎌によって）互いに助け合うようになるとの幻をここに見る。

このテキストを根拠に為政者たちの「剣の権能」を禁じる再洗礼派の人たちは誤っている。預言者はキリストの王国（霊的統治）を比喩的に述べているからである。確かにキリストが我らを完全に治めてくださることを切望するものであるが、未だ完全な平和的統治からほど遠く、むしろキリストの王国は始まったばかりなのだから、前進し続けることを我々は考えるべきであって、その完全な実現を地上に求めてはならないと、カルヴァンは戒める。

ルターが本預言をよりキリスト論的または救済論的に解釈しているのに対して、カルヴァンはより救済史的（漸進的）または終末論的にテキストを読んでいるところに、その特徴が表れていると言えよう。[93]

終わりに――宗教改革は〝闇の後の光〟となったか？

以上、不十分ではあるが、カルヴァンにおける戦争と平和の理解を考察してきた。これらを踏まえて、最初に紹介したヨーダーの批判と照らし合わせつつ、いくつかにまとめてみたい。

第一に、宗教改革者たちの「正戦」理解は、基本的にはキケロやアウグスティヌス以来の伝統的理解を継承している。そして、この点においてはプロテスタントとカトリックとの違いはほとんどないと言ってよい。カトリックのビトリアが整然と論じている「正戦」論を読んでも、その主要点はルターやカルヴァンの主張とほとんど変わりがない。それをヨーダーがプロテスタントによる正戦伝統の〝変質〟と言っているのは誤解を招く。ルター以前から始まっていた戦争によるヨーロッパの分裂、戦術などの変化に伴う軍事的革新に宗教的要因が加わり、戦争を巡る政治状況が極めて多様かつ複雑化する中で戦争の在り方もまた中世のそれとは大きく変わって行ったことは事実である。しかし、その変化にどれほど改革者たちの主張や働きが影響を与えたのかは、さらなる研究を要する。ヨーダー自身が、改革者たちの意図とは別に、無意識的に、あるいは結果としてと述べていたように、多分に戦争を取り巻く時代的社会的状況の変化に基づくものであって、改革者たちの「正戦」理解の変化ではないことに留意したい。これら二つを混同してはいけない。

第二に、カルヴァンの「正戦」理解に関して言えば、『キリスト教綱要』に述べられた（初版からついぞ修正されなかった）叙述のみならず、とりわけ晩年のカルヴァンが旧約聖書に基づく注解や説教に述べている戦争理解が非常に重要である。そこに表明されたカルヴァンの戦争観は、決して安易な戦争容認でもなければ、「正義」の戦争と言うことさえ躊躇される現実の戦争の罪とその悲惨さであった。

第三に、むしろ理論的にはアウグスティヌス主義を継承したと言える宗教改革者たちの「正戦」理解は、その本来の理解——つまり、戦争はこの世の地上の国に属する事柄であるという理解——を取り戻したと言えるのではないか。そうすることで教会が主導していた戦争を非神話化し、神のための戦争という「聖戦」理解から現実の戦争そのものを問う在り方へとシフトさせたのではなかったか。それ故にこそ、ルターにせよカルヴァンにせよヴィレにせよ、あるいはカトリックのビトリアにせよ、一方で「正戦」を認めながら、他方で現実に行われる戦争の「正義」に大きな疑問符を付けた。その意味で、この時代は、古典的な「正戦」理解から、より近代的な戦争理解へとシフトしていく時代と言うこともできよう（実際には、さらにフランスの宗教戦争や三十年戦争という悲惨をいくつも経なくてはならなかったが）。

最後に、宗教改革が生み出した幾つもの信条文書に「正義の（合法的）戦争」という文言を導入したために、[94]まるで為政者が「正義の戦争」を為し得るかのようなお墨付きを与えてしまったのではないかという、ヨーダーの批判を取り上げたい。[95]この主題は本稿が扱う範囲を超えるものではあるが、改革者たちが生み出した伝統に連なる教会が信条文書における「正義の戦争」という言葉の意味を十分に理解しないまま、言葉だけが一人歩きしてしまったのではないか。それが、後々、プロテスタントの戦争理解に大きな影を落とすことになったのではないか。宗教改革者たち自身は、現実の戦争に対して極めて消極的ないし懐疑的な理解を持っていたにもかかわらず、その後の教会は（ヨーダーが批判したように）むしろ戦争を肯定的に捉えるような誤解さえも抱いてしまったのではないか。

宗教改革は、しばしば〝闇の後の光〟と称される。しかし、それは本当に闇の後の〝光〟であり続けたのだろうか。ひょっとすると、闇の後にさらに大きな闇を招来してしまったのかもしれない。少なくとも戦争という問題については、そんな危惧を抱かずにはおれないのである。

我々はむしろ、一六世紀という激動の時代の片隅を生きたカルヴァンという一人の改革者が、戦争という人間の現実の悲惨を嘆きつつも、なお終末に訪れる完全な平和の幻を見据えて前進し続けていた勧めの言葉に心を合わせて、本稿を閉じることにしよう。

あらゆる逆境の中にあっても忍耐強く、互いに平和に穏やかでいられますように。
しかし、主のために戦わねばならない時は勇敢でありますように。
何にもまして、サタンとあらゆる悪と戦うために霊的な武器を身に付けましょう。
そして、私たちが真実な願いをもってこのことを願うならば、
　主は私たちを守り、少しずつ強めてくださることを疑わないようにしましょう。
主がやがて私たちのあらゆる戦いを終わらせてくださり、
　御自分の永遠の安息に私たちを招き入れてくださる時まで。(96)

注

（1）Wikipediaで「Military history of France」「Military history of Switzerland」「List of conflicts in Europe」などを検索。

（2）なお、一六世紀における戦術の変化については、Mallett, 535-562を参照。Mallett によれば「一六世紀は軍事的変化・革新の世紀」とのことである（五三五頁）。

（3）Yoder, 一頁。

（4）「正戦伝統が「戦争の」白紙委任から守っていた抑制力は「プロテスタント宗教改革によって」損なわれた。この変化は、意図的に為されたものではなかった。改革者たちの関心は別の所にあったからである……。にもかかわらず、彼らがもたらした変化は、広範に影響を与えた」（Yoder, 二〇頁）。

（5）Yoder, 一一頁。
（6）Yoder, 一三頁。中世まで一部地域で一部の人間によって為されていた戦争が、市民をも巻き込む国家間（または宗教間）の戦いとなった。
（7）Yoder, 一六頁。
（8）Yoder, 九―一〇頁。他方、改革者たちは自らの国において、あらゆる戦争の道義性を判断する立場になった（ベイントン、一七五頁以下参照）。
（9）Yoder, 二〇―二一頁。
（10）Yoder, 一四頁。
（11）ベイントン、一八四頁以下。
（12）アリストテレス『政治学』一・一二五六b。
（13）キケロ『国家について』三・二二―二三。
（14）キケロ『義務について』一・三四―四一。
（15）キケロ『国家について』三・二二―二三。
（16）キケロ『義務について』三・一〇七。
（17）アンブロシウス『皇帝テオドシウスへの書簡』。
（18）アンブロシウス『聖職者の務め』一・二九。
（19）アンブロシウス『聖職者の務め』一・三五。
（20）古代教会の平和主義については、例えば、木寺廉太『古代キリスト教と平和主義』参照。
（21）特に支配欲故の侵略は不正義（『神の国』四・一五、一五・四。『マニ教徒ファウストゥス駁論』二二・七四参照）。
（22）『神の国』一九・七。
（23）「すべての人は戦争をなすことによって平和を求めるが、しかしだれも平和であることによって戦争を求めはしない」（『神の国』一九・一二）。「何らの戦争もないある種の平和はあるが、ある平和なしに戦争はありえない」（一九・一三・一）。
(24)『神の国』一九・一二六。
(25)『神の国』一九・一二六。それ故、アウグスティヌス自身はあまり「平和」という用語を好んでいないように思われる。神の国における「平和」を論じる時には、むしろ神との永続的な平和状態を指す言葉として「永遠の命」という表現を用いる。『神の国』一九・一一。
(26) 軍団司令官でキリスト者となったボニファティウスに対して、兵役につく者たちは神を喜ばせることができないと考えるなと勧め、ダビデや百人隊長やコルネリオの例を挙げる（『書簡』一八九・四―五）。さらに、戦争の目的は平和であること、敵を殺すのはあなたの意志ではなく同胞を守る必要性のためであり、戦いの最中でも平和を造り出すことを考えよと勧める（同一八九・六、『ファウストゥス』二二・七五参照）。
(27) アウグスティヌスが武力の行使を積極的に肯定するように読める所（特に書簡）は、ほとんどの場合、目前にある教会や信徒たちに対する暴力的な状況にいかに対処するかという極めて具体的な状況に対する司教としての判断が問われている場合である。暴力的分離主義者による暴動や迫りくる蛮族侵入という目前の危機的状況において、教会と町を守るためにはやむなしという発言であって、一般的論述ではない（『書簡』八七・八、一三八・二・一四、等）。アウグスティヌスはまた（特に分離主義者への強制力の行使について）矯正のための力の使用と単なる暴力とを区別し、不義による迫害と訓練のための戒規は違うと論じる（『書簡』九三・二・六―八。『ドナティストのペティリアヌス書簡駁論』二・一九・四三、八九・一九五も参照）。
(28)『書簡』四七・五。まして聖職者となった者は戦ってはならない（『ファウストゥス』二二・七〇参照）。
(29) この問題について、アウグスティヌスは、特にマニ教徒ファウストゥスへの駁論において（『ファウストゥス』二二・六九―七八）、また山上の説教についての講解（『主の山上のことば』一・二〇・六三以下）の中で、詳細に論じている。
(30) アウグスティヌス『六書の諸問題』四・四四、六・一〇。戦争の目的は統治者による平和と国の保持のためなのだから、まして神に従うことは望ましい（『ファウストゥス』二二・七五）。

(31)『主の山上のことば』一・二〇・六三以下。

(32)それ故に、より正義に基づいた戦い方がありうるのではないかと、ある期待を寄せているように見える（『ファウストゥス』二二・七六参照）。この点において、やむを得ないこととは言え、国教となったことへの期待が大きすぎるようにも思われる。

(33)以上の見解からも推測できるように、アウグスティヌスは当然キケロを知っている。例えば次のような箇所には、明確にそれがうかがえる。「正義の戦争とは、通常、不正行為に対する報復、すなわち攻撃されかかっている国や町が民の不正な行為への懲罰または不正に奪われたものの奪還に失敗した際に、為されるものと定義される」（『六書の諸問題』六・一〇）。他方で、しかし、神が命じる種類の戦いは疑いなく正しいと、続けて述べられる（同）。

(34)再洗礼派による絶対平和主義の考察は、それ自体非常に重要なテーマであるが、本稿の目的を大きく超えてしまうために、ここでは省略する。なお、戦争とキリスト者をめぐる再洗礼派の見解については、『宗教改革著作集』第八巻（教文館）所収の諸文書における以下の箇所を参照。ミヒャエル・ザトラー『神の子らの兄弟の一致（シュライトハイム信仰告白）』（一五二七年）出村彰訳、第四項（隔離について）・第六項（剣について）、バルタザール・フープマイア『剣について』（一五二七年）出村彰訳、ペーター・ヴァルポット『剣について』（一五七七年）出村彰訳、特に八八・九四。当該問題についても、決して再洗礼派を一括りにできないことは、出村彰氏による同書「解説」（特に五〇二頁）を参照。

(35)エラスムス『平和の訴え』箕輪三郎訳（岩波文庫）と、二宮敬による解説参照。「（戦争を画策する君主たちと平和を願う民衆たちの）このような事態に心の憤懣やる方なく、私はいたるところで辱められている平和の訴えを書くことに決心いたしました」（ユトレヒトのフィリップ司教への献呈文）。その他、『キリスト者の君主の教育』（『宗教改革著作集』第二巻（教文館、一九八九年）所収）も参照。

(36)「古典的主題とキリスト教的主題のみごとな混淆」（ベイントン、一七三頁）。

(37)「旧約聖書にせよ新約聖書にせよ、聖典全体が語っていることは、ただひとえに平和と一致協力のことだけです」（二七）。

(38)「およそいかなる平和も、たとえそれがどんなに正しくないものであろうと、最も正しいとされる戦争よりは良いものなのです」(四七)「これほど正しいものはないと思える理由も的外れ、ということが珍しくないのですから」(六四)。
(39) 野々瀬、一三五頁。
(40) 野々瀬、一三九頁。
(41) 野々瀬、一四〇頁。
(42) 野々瀬、一四一頁。
(43) 野々瀬、一三九頁。
(44) 野々瀬、一四一頁。トルコ人への戦争は、正義の戦争たりうる。しかし、それは平和目的のためであって、まして教皇の発動によるものではない(一五二八年「トルコ人への戦争について」)。
(45) 野々瀬、一四一―一四二頁。
(46) Yoder, 一七―一八頁参照。
(47) ラス・カサス『インディアスの破壊についての簡潔な報告』(染田秀藤訳)、岩波文庫、参照。
(48) ビトリア『人類共通の法を求めて』(佐々木孝訳)、岩波書店、一九九三年、所収。なお、同書の解説をも参照。
(49) ビトリア「戦争の法について」第四問(前半・後半)を参照。
(50) 第一問の1(邦訳一七〇頁)。
(51)『キリスト教綱要』初版(OSI:266-267/最終版 IV:20:11-12)。久米あつみ訳(『宗教改革著作集』第九巻、教文館)、三五四―三五六頁。
(52)『キリスト教綱要』諸版の変遷については、例えば、Richard A. Muller, *The Unaccommodated Calvin: Studies in the Foundation of a Theological Tradition* (Oxford, 2000), ch.2を参照。
(53) アウグスティヌスの引用による議論。剣は為政者のみで、個人ではない(マタ二六・五二注解も参照)。
(54) キケロ『義務について』を引用している。

（55）カルヴァンの法概念には、彼の法学者としての（とりわけローマ法の）知識と訓練が大きな影響を与えていることについては、Irena Backus, "Calvin's Concept of Natural and Roman Law," *Calvin Theological Journal* 38, 2003, pp. 7-26を見よ。

（56）キリストの福音による隣人愛と平和については、例えば、『綱要』二・八・五五「（隣人とは誰かという問いに対して）わたしはいう。全人類が、ひとりの例外もなく、ひとつなる愛の感情によって受けいれられなければならない。ここには野蛮人とギリシャ人、価値ある人と価値なき人、友人と敵の区別はない。なぜなら、この人たちはそのものにおいてでなく、神において考察されなければならないからである」。使徒一七・六注解「（福音は人々を相戦わせるためでなく）人々をして神と和らがせたあとで、彼らに平和を保たせるためなのだ」。マタイ五・四三―四四注解も参照。

（57）例えば、救いを求めた兵士たちは武器を捨てるようには言われなかった（ルカ三・一四）。

（58）『再洗礼派の分派の過ちからすべての良き信仰者たちを守るための簡潔な教え（*Briève instructon pour armer tous bons fidèles contre les erreurs de la secte commune des anabaptistes*）』（CO7:45-142）は、前記『シュライトハイム信仰告白』（一五二七年）に対する弁証。英訳は、*John Calvin: Treatises Against the Anabaptists and Against the Libertines*, tr. Benjamin Wirt Farley (Grand Rapids: Baker Book House, 1982)。戦争の問題は、英訳七三頁（CO7:78-79）。

（59）コルネリウスの例（使徒一〇・一、七注解）参照。

（60）*De scandalis quibus hodie plerique absterrentur, nonnulli etiam alienantur a pura evangelii dootrina* (CO8:1-84)。

（61）『躓きについて』六・一。

（62）カルヴァンの聖書注解については、W・デ・グレーフ『ジャン・カルヴァン――その働きと著作』（菊地信光訳）、一麦出版社、二二〇頁以下を参照。旧約預言書については（イザヤ書を除いて）正確には講義録である。以下の本文・注における引用は、邦訳がある場合にはそれを重んじ、必要に応じて修正を加えた。

（63）ヨハネ一八・三六注解（CO47:404）。マタイ二六・五二注解も参照。

（64）詩編七二・七注解（CO31:667）「幸福な生の頂点として、平和（pace）よりも望ましいものは何ひとつとして存しない。戦争の騒乱と破壊の中にあっては、持ち物の豊かさは、何の役にも立たないばかりか、損失を蒙り、滅び去るだけである」。イザヤ九・六、ルカ二・一四注解も参照。
(65) イザヤ三・四注解（CO36:83）「戦争は合法であるが、ただ平和を獲得するための企てであるべきである」。
(66) 二〇・一〇（CO24:632）。
(67) 二〇・一二（CO24:632）。
(68) イザヤ一三・一七注解（CO36:267）「例えば、今日のスペイン人は、略奪を戦争における主要な目的としているものの、人の命を救うことにやぶさかではなく、敵を殺すこと以外考えないドイツ人やイギリス人ほど血に飢えてはいない」参照。
(69) エゼキエル六・一一講義（CO40:149）。
(70) ヨシュア六・二〇注解（CO25:468-469）。
(71) ヨシュア一一・一二注解（CO25:509）。
(72) Robert D. Linder, "Pierre Viret on War and Peace." 同 "Pierre Viret's Concept of A Just War" を参照。
(73) CO25:537-29:232（英訳は、*Sermons on Deuteronomy*, tr. Arthur Golding, 1583 / The Banner of Truth Trust, 1987）。
(74) SC1（英訳は、*Sermons on 2 Samuel*: Chapters 1-13, tr. Douglas Kelly, Edinburgh, 1992）。
(75) 第二サムエル説教五（SC1:43、英訳七四―七五頁）参照。
(76) 第二サムエル説教三〇（SC1:267、英訳四五七頁）。
(77) 申命記説教二・一―七（CO26:14、英訳六四頁右）、第二サムエル説教三〇（SC1:267、英訳四五八頁）参照。「犬や猫のようだ」（ミカ四・二―三説教、SC5:118、英訳二一〇頁）など。
(78) 第二サムエル説教三〇（SC1:267、英訳四五八頁）。同六（SC1:50、英訳八五頁）「（戦争の悲惨の中に置かれた人々はむしろ一思いに殺してあげた方が親切だと述べた後で）なぜなら、彼らは苦しみ続け、死が最後の一撃を加えるまでにいわば何百回も死ぬのだから」参照。
(79) 第二サムエル説教五（SC1:42、英訳七二頁）。同六（SC1:50、英訳八五―八六頁）も参照。
(80) 申命記説教二・一―七（CO26:13、英訳六四頁左から右）、一九・一―七（CO27:543、英訳六八六頁

左）、第二サムエル説教六（SC1:51、英訳八八頁）参照。

（81）申命記説教一九・一―七（CO27:544、英訳六八六頁右―六八七頁左）参照。

（82）第二サムエル説教三〇（SC1:268、英訳四五九頁）。

（83）第二サムエル説教六（SC1:52、英訳九〇頁）参照。

（84）第二サムエル説教六（SC1:47、英訳八一―八二頁）。前記『躓きについて』参照。

（85）申命記説教一九・一―七（CO27:543、英訳六八六頁左）。申命記五・一七（第六戒 CO24:611-612）注解も参照。

（86）申命記説教一九・一―七（CO27:543、英訳六八六頁左）、第二サムエル説教五（SC1:42、英訳七二頁）、六（SC1:49、英訳八五頁）、三（SC1:21、三六頁）参照。

（87）Barth, 二八八頁（英訳二一三頁）。

（88）第二サムエル説教二・八―一七（SC1:37、英訳六四頁）。

（89）特に一五五五年以降、ジュネーヴから宣教師をフランスに派遣して地下教会を支持（レジスタンス運動に酷似）。Robert M Kingdon, *Geneva and the coming of the wars of religion in France, 1555-1563*, Genève, 1956を参照。このような文脈において、カルヴァンにとっての武力は安全確保のための必要な警察力であった。それは、強大なカトリック諸勢力に囲まれていた少数派としての抵抗手段である。ベイントンは、神の栄光のための戦いでは「人道に顧慮をはらっている余裕はない」とカルヴァンが考えたと述べている（ベイントン、一八七頁、注15）が、証拠として挙げられている箇所は COVIII:476（セルヴェトスの異端について）、XXIV:360（同胞における偶像崇拝の禁止《申命一八・九以下》）、XLIV:346（偽預言者が生みの親から刺し貫かれること《ゼカリヤ一三・三》であって、決して戦争一般について述べている箇所ではない。

（90）下級行政官（ブルボン家のコンデ）によるカトリック転覆計画を支持。Jon Balserak は、このようなカルヴァンの活動を「現代のオサマ・ビン・ラディン」と呼んでいる。一六一頁。

（91）WA31/2, 22-23.

（92）『イザヤ書注解』（CO36:59-66）。

(93) 預言書注解に表れたカルヴァンの終末論については、拙著『カルヴァンの終末論』第七章を参照。

(94)『アウグスブルク信仰告白』（一五三〇年）第一六条、『英国三十九箇条』第三六／三七条（一五六三年ラテン語版。ただし、一五七一年英語版では"just"を省略している）、『第二スイス信仰告白』（一五六六年）第三〇条、『ウエストミンスター信仰告白』（一六四七年）二三章二節、等。

(95) 正義の戦争を信仰箇条に組み入れることは、アウグスティヌスもトマスもしていない。これによって、それ以外の選択肢への自由が著しく狭まった（異端とされた）。必要悪として歯止めをかけるための理論であったものが、基準となった。これはもちろん、再洗礼派に対する措置だが、古代教会以来中世までにおいては一つの選択肢としてあった絶対平和主義が失われた（Yoder, 一二一―一二三頁）。

(96) 第二サムエル説教五（SC1:44、英訳七六頁）。

文献表（主な二次文献のみ）

安念潤司「平和という困難――古代キリスト教の平和主義・再訪」、『中央ロー・ジャーナル』一四／三（二〇一七年）、五五―八六頁（http://ir.c.chuo-u.ac.jp/repository/search/binary/p/11088/s/10060/）。

ベイントン、ローランド・H『戦争・平和・キリスト者』（中村妙子訳）、新教出版社、一九六三年。

木寺廉太『古代キリスト教と平和主義――教父たちの戦争・軍隊・平和観』立教大学出版会、二〇〇四年。

野々瀬浩司「ルターの戦争観と現代」、日本キリスト教文化協会編『宗教改革の現代的意義――宗教改革50 0年記念講演集』教文館、二〇一八年、一一九―一六〇頁。

ペレス、フランシスコ「アウグスティヌスの戦争論」、『中世思想研究』二七（一九八五年）、二五―五一頁（http://jsmp.jpn.org/jsmp_wp/wp-content/uploads/smt/vol27/25-51_perez.pdf#search=%27%E3%82%A2%E3%82%A6%E3%82%B0%E3%82%B9%E3%83%86%E3%82%A3%E3%83%8C%E3%82%B9+%E3%83%95%E3%82%A1%E3%82%A6%E3%82%B9%E3%83%88%E3%82%B9%27）。

吉田隆『カルヴァンの終末論』教文館、二〇一七年。

Balserak, Jon. "Examining the myth of Calvin as a lover of order" in *The Myth of the Reformation*, ed. P. Opitz.

Goettingen, 2013, pp.160-175.

Barth, Karl. *Die Theologie Calvins*, Theologischer Verlag Zürich, 1922（英訳 *The Theology of John Calvin*, tr. Geoffrey W. Bromiley, William B. Eerdmans Publishing Company, 1995).

Beutler, Johannes. 'Peace (New Testament)' in *Anchor Bible Dictionary*.

Harnack, Adolf von. *Militia Christi : die christliche Religion und der Soldatenstand in den ersten drei Jahrhunderten*, 1905. (https://archive.org/details/militiachristidi00harn/page/n4)

Holmes, Arthur F., ed. *War and Christian Ethics: Classic and Contemporary Readings on the Morality of War*. 2nd ed. Grand Rapids, 2005.

Linder, Robert D. "Pierre Viret on War and Peace," *Calvin Theological Journal* 48, 2013, pp.122-130.

____________. "Pierre Viret's Concept of A Just War." (https://digitalcommons.andrews.edu/cgi/viewcontent.cgi?article=1658&context=auss)

Mallett, Michael E. "The art of war" in *Handbook of European History 1400-1600: Late Middle Ages, Renaissance, and Reformation* (vol.1: Structures and Assertions), ed. Thomas A. Brady Jr., Heiko A. Oberman, and James D. Tracy. Grand Rapids, Michigan, 1994.

McKim, Donald K. "War and peace in Calvin's theology" in *Peace, War and God's Justice: Essays prepared for the theological committee of the Caribbean and North American Area Council of the World Alliance of Reformed Churches*, ed. Thomas D. Parker and Brian J. Fraser, Toronto, 1989, pp.53-69.

Pellerin, Daniel. "Calvin: militant or man of peace," *The Review of Politics 65*/ 1, 2003, pp.35-59.

Russell, Frederick H. 'War' in *Augustine Through the Ages: An Encyclopedia*, ed. Allan Fitzgerald and John Cavadini, 1999.

Yoder, John H. "The reception of the just war tradition by the Magisterial Reformers," *History of European Ideas* 9/1, 1988, pp.1-23.

第二章 「殺戮時代」の後期カベナンター（契約派）に見る《苦難と救済》
――一七世紀スコットランドの「契約」における霊的独立の戦い

原田浩司

はじめに

スコットランドの首都エジンバラは風光明媚な自然に囲まれた歴史ある街で、一九九五年にはユネスコ世界遺産に登録されて、日本からも多くの人が訪れる観光地である。街の中心地にそびえ建つエジンバラ城の南側の麓には「グラスマーケット」と呼ばれる広場があり、その一角に殉教者たちを悼む記念碑が設置されている（次頁写真上）。そこはかつて絞首台が置かれ、大勢の人々が処刑された場所だ。近づくと、円状の記念碑の外縁に「この場所でプロテスタント信仰のために大勢の殉教者やカベナンター（契約派）が亡くなった（On this spot many martyrs and Covenanters died for the Protestant Faith）」と刻まれているのが分かる（写真真ん中）。その記念碑を囲む柵にはそこで殉教した人々の氏名と、処刑が執行された日付の一覧が鉄板に刻まれている。[1] しかも、その日付は一七世紀のとある一定の期間に集中している。

一七世紀のスコットランドには私たち日本人があまり知らない歴史の一面がある。それは、清教徒革命を経て復権した国王チャールズ二世の治世下で繰り広げられた「殺戮時代（the Killing time）[2]」と呼ばれる、おもに「長老派（プレスビテリアン）」に対する弾圧と迫害の歴史だ。この期間、大勢の長老派の人々が次々に殺戮された。特に迫害の標的となったのが国王による教会への介入や暴政に激しく抵抗した「後期カベナンター（契約派）」と呼ばれる人々だった。本書を貫く「苦難と救済」の主

殉教者たちを悼む記念碑

記念碑の外縁に刻まれた文字

グラスマーケットの絞首刑台

題を念頭に、スコットランド教会史を紐解く時、一七世紀を生きたカベナンター、わけても殺戮時代を生きた後期カベナンターが被った苦難は、宗教改革の延長線上に生じた出来事として看過できない。

本章では、一七世紀のスコットランドにおける二つの「カベナント（契約）」に着目しながら「教会と国家」との緊張関係を時系列的に整理していく。そして、その緊張関係の頂点として生じた「殺戮時代」に殉教した後期カベナンターたち、特に当時、その指導者の一人として最も著名だったリチャード・キャメロンに照明を当て、彼らが守るために戦い、あるいは勝ち取るために戦った「霊的独立（spiritual independence）」の意義、またそのために彼らが被った苦難の意義を考察する。

1　一七世紀前半のスコットランドの教会と二つの「カベナント（契約）」

1・1　「同君連合」による苦難の幕開け

本節では、一七世紀のスコットランドの教会史を理解する鍵となる「カベナント」に注目しつつ、「殺戮時代」の序章となる「教会と国家の対立」の構造がどのようにして生じたのかを整理しておく。

スコットランド史上「悲劇の女王」として知られるメアリ・スチュアートの一人息子ジェームズが、母の退位に伴い王位を継承したのは一五六七年、彼がまだ一歳になったばかりのことだった。成長したジェームズ六世は、イングランドの女王エリザベスが世継ぎを残さずに死去したのに伴い「女王との最も近しい血縁者として」(3)一六〇三年にイングランド国王ジェームズ一世に即位した。こうして一人の人物が、スコットランドとイングランドという敵国同士の二つの国の国王となり、両国は

「同君連合」として歴史的な歩みをはじめた。一七世紀のスコットランドの教会史は、この「同君連合」による様々な影響を被ることになっていく。

スコットランド王でありながら、同時にイングランド王となったジェームズ六世はエジンバラを離れ、おもにジェームズ一世としてイングランドの首都ロンドンを自らの生活と政治の拠点に移した。両国の国王として、彼は積極的に両国の「統一」に向けて舵を切った。最初に取り組んだのが、政治面での統一だった。彼はイングランド議会とスコットランド議会を一つに統合しようと試みたものの、これは実現には至らなかった。(4) 続いて、彼が試みたのが教会の統一だった。

ジェームズ１世

イングランドではヘンリー八世の宗教改革により、国王を教会の「首長」と定め、イングランドにおけるローマ系のキリスト教の発祥地であるカンタベリーを大司教座とし、各地方の主要都市に司教座を配置する「司教制度」を敷いていた。大陸の宗教改革とは異なるイングランド独自の宗教改革の帰結として、それは今日「アングリカン（聖公会）」として知られている。これに対し、スコットランドでは、ノックスによる『第一規律の書』（一五六〇―六一年）や、第二次世代のアンドリュー・メルヴィルらによる『第二規律の書』（一五七八年）によって、長い年月をかけて確立されたプロテスタント教会は「長老制度（プレスビテリアン）」だった。同君連合以前の両国はそれぞれの宗教改革運動により、異なる制度を採用していた。

ジェームズ王にとって特に重要なのが教会における国王の位置づけだった。ヘンリー八世やエリザベス女王の時代に「首長令」が重ねて発布され、イングランドの教会で国王は教会の「最高統治者」と位置づけられ、その至上権を教会においても行使できた。他方、長老制度のスコットランドの教会では、国王の権威と教会の権威は明確に区別され、教会の意志決定の判断は「各個教会、地域長老会（プレスビテリー）、地方総会（シノッド）、教会全体総会（ジェネラル・アッセンブリー）」の四段階から成る、それぞれ教会の代表者たちによって構成される「教会会議」に託されていた。それゆえ、ジェームズ王が試みた教会の統一は、スコットランドの教会を「司教制度によるアングリカン」化することによる統一だった。

ジェームズ王はそのために次々と画策した。代表的な事例は、一六一〇年の長老派の同意によらない司教の任命である。[5] さらには長老派の弱体化を謀り、有力な指導者らを次々に追放し、その中には長老主義の代表的な指導者アンドリュー・メルヴィルも含まれた。[6] さらに一六一八年には「パースの五箇条」を教会全体総会で通過させるよう働きかけた。特にこの第五条は、聖餐を受領する際に、跪いてこれに与ることを規定していた。この点についてはすでに宗教改革者ノックスが厳しく批判していた点でもあり、この五箇条はいわば、宗教改革以前の教会へと回帰することを狙ったものとも言える。しかし、これはスコットランド教会の多くの人々の抵抗に遭い、これを強制するには至らなかっ

セント・アンドリュースの教会で生じた
ロードの式文導入に対する抗議

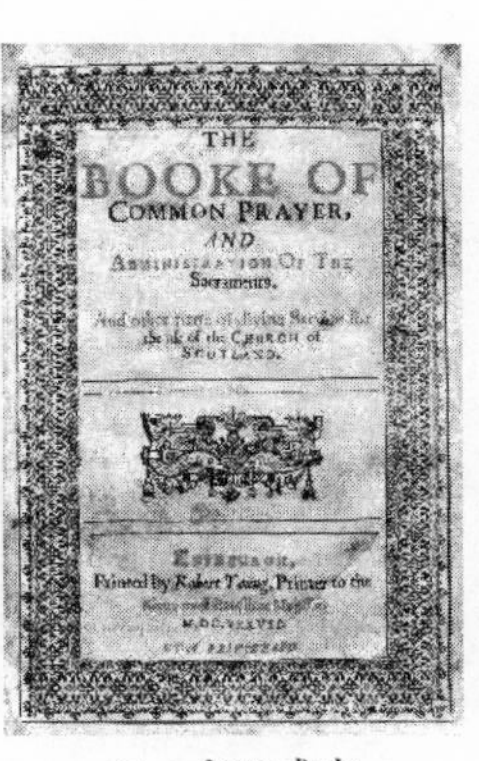

ロードの式文

た。こうしたスコットランドの教会をアングリカンにすることによる統一の方針はジェームズの後を継いだチャールズにも引き継がれた。

一六二五年に父の死去に伴って国王に即位したチャールズ一世は父に倣い、スコットランドの教会をアングリカンにしようと試みた。まず、一六三三年にスコットランドの国王としてロンドンからエジンバラに来た彼は、ジョン・ノックスが牧師を務め、宗教改革の象徴でもあるセント・ジャイルズ教会を「司教座教会」にする命令を下した。その際、カンタベリー大司教ウィリアム・ロードを同伴させたことで、セント・ジャイルズがカンタベリーの傘下に置かれたことを強く印象づけた。さらに、一六三七年にはそのロード大司教が整備した礼拝式文、いわゆる「ロードの式文」をセント・ジャイルズ教会の公式の礼拝式文として導入するよう命じた。

こうした、歴代の国王らによる度重なる教会への介入に対し、スコットランドの長老派は激しく抵抗し、「ロードの式文」がセント・ジャイルズ教会の礼拝で実際に初めて使用された際には暴動が生じ、(7)騒動は瞬く間に全国各地に飛び火した。

こうした反動を無視して、チャールズ王が「ロードの式文」の使用を厳格化すると、一六三八年二月二八日に、これに猛反対する人々によって団結のための決起集会がエジンバラで行われることになった。その際、アレクサンダー・ヘンダーソンとウォリストンのジョンストンの二人によって起草された文章が、その集会で提示された。それが「国民契約（ナショナル・カベナント）」である。

1・2　「国民契約」（一六三八年）

この文章は、まず一五八一年にジェームズ六世が署名した「否定信条（Negative Confession）[8]」の全文が引用され、次に議会で通過し合法化された数々の反ローマ・カトリックおよび親長老派の数々の法律が引用される。そして、それらを踏まえて、国王としての務めが、信仰告白に表明された、改革された「真の宗教」を保持することの再確認と、いわばそれを前提とした王権への敬意と恭順が穏健に表明されている。そして終盤部分は、自分たちが求めていることは神の栄誉が犯されることでも、国王の権威を侵害することでもなく、スコットランドにおいて、改革された真の宗教と自由と法が遵守され、保持されることにあるとの宣言と共に、最後の審判が行われる裁きの日にイエス・キリストに証言していただけるよう、自分たちがこれに署名し、一

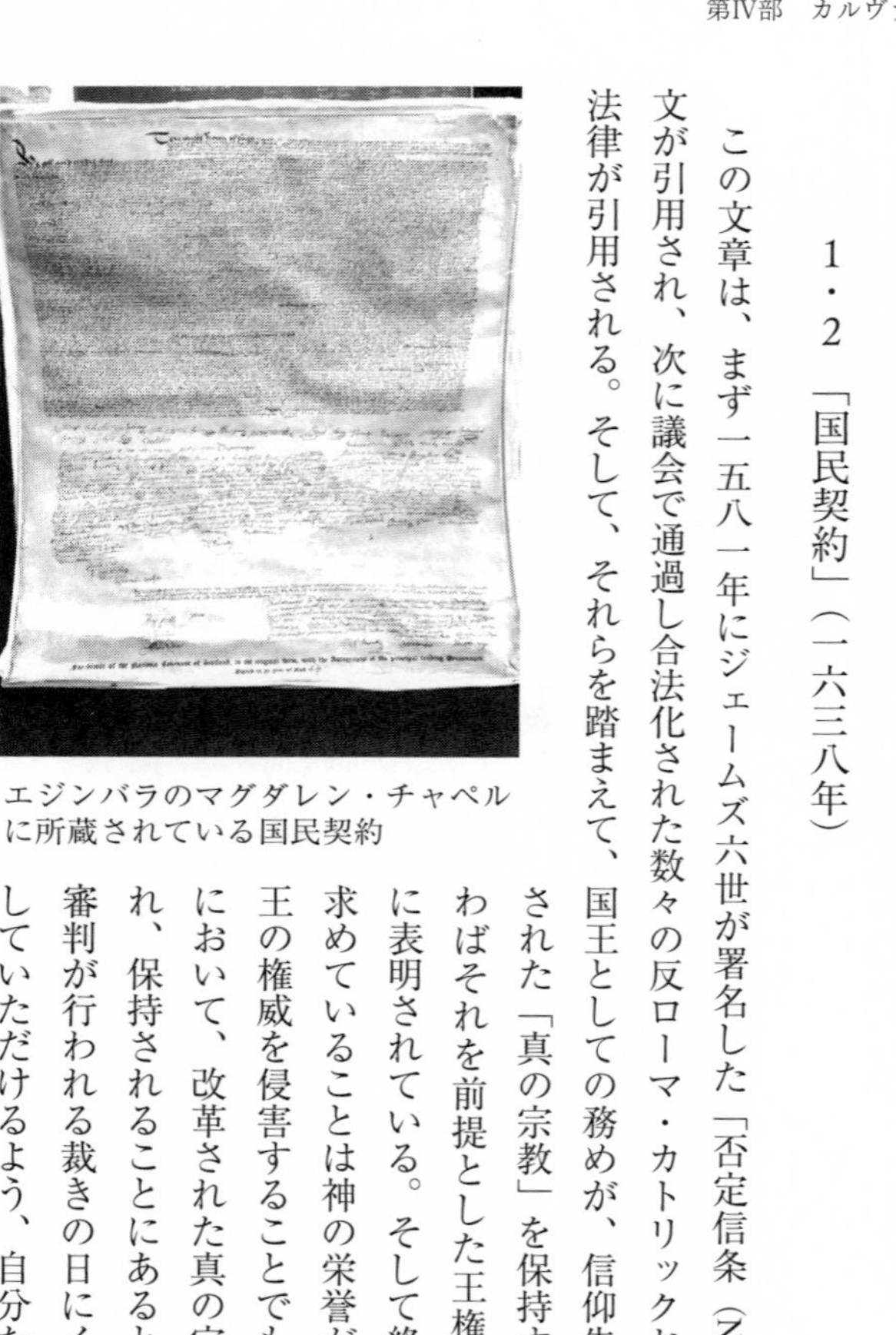
エジンバラのマグダレン・チャペルに所蔵されている国民契約

グレイフライヤーズ教会の庭での国民契約への署名

致団結するとの宣言が記されている(9)。

その日、集会場となったグレイフライヤーズ教会の庭に集結した人々は次々に国民契約に署名し、署名は数日かけて行われた。その後、国民契約はスコットンランドの各地であらゆる階級の人々によって署名され、キレーンによれば、署名した人数は三〇万人以上にも及んだ(10)。

スコットランド全土に広まった国民契約に関する知らせはロンドンのチャールズ王を狼狽えさせた。王はロードの式文の使用をこれ以上強制することはスコットランド国民の怒りの火に油を注ぎかねないと判断したと思われ、この式文の使用命令を撤回した。しかし一方で、王は勅令に対する抵抗を口実に「反逆者たちの征伐」の大義名分を掲げて、一六三九年にスコットランドへの軍事侵攻を開始した。いわゆる「主教戦争」である。イングランド軍は、第一次、第二次と、次々にスコットランドに進撃したものの敗戦を重ね、逆に、スコットランド軍によって返り討ちにされ、イングランドの北部が制圧される事態となった。多額の戦費を費やし、また多くの犠牲者を生み、この戦いを企てた張本人であるチャールズ王は、当然ながら、イングランドで厳しい批判の矢面に立たされ、王の権威は失墜した。敗戦国としてスコットランドに賠償金を支払うための徴税が必要となり、王は議会を召集せざるを得なくなり、遂に一六四〇年に議会が召集された。この議会は国王に批判的な貴族たち、特に教会のさらなる改革を望む人々が多くを占め、王と議会は激しく対立し、イングランドで内戦が勃発した。この議会は、後に「長期議会」と呼ばれ、この議会ではイングランド教会のさらなる改革を検討すべく「神学者会議召集のための条例」が審議され、決議された。こうして開催されたのが「ウェストミンスター神学者会議」だった。

1・3　「厳粛な同盟と契約」（一六四三年）

チャールズ王側とイングランドの議会側との内戦は、徐々に議会側が劣勢に立たされた。ここで議会側が投じた局面の打開のための切り札が、スコットランドへの正式な援軍要請だった。議会側への軍事支援のため、この議会の代理人とスコットランド側の代表者との間で交わされた合意書が「厳粛な同盟と契約（カベナント）」である。

この文書は、先の「国民契約」（一六三八年）の起草者の一人、アレクサンダー・ヘンダーソンが原案を起草し、イングランドの議会の代表者との交渉の末、若干部の修正を経て合意され、署名された。前文の後、六項目に関する共同の誓約事項が記されているが、ここでは合意した第一、第二の項目だけを確認しておく。

第一項：われらは、われらの共通の敵どもに対して、教理、礼拝、規律、政治の点で、スコットランド教会の改革された宗教を保持すること、イングランド、アイルランド両王国の宗教を、神の御言葉と最良の改革派諸教会の模範に従って、教理、礼拝、規律、政治の点で改革することに、それぞれの場所と召命において、神の恵みにより、心から、真実に、絶えず努める。またわれらは、われらとわれらののちの子孫とが、兄弟として信仰と愛のうちに生き、主がわれらのただ中に住むことをよしとし給うために、三王国の神の教会を、宗教、信仰告白、教会政治の形態、礼拝と教理問答教育の指針において、できる限り近づけ、統一することに努める。

第二項：われらは、他の人々の罪に加わり、それによって彼らの受くべき罰を被る危険を冒さぬよう、また三王国において主は一つ、主の名は一つと言えるようにするために、教皇制、司教制（すなわち、大司教、司教、司教区尚書役、司教代理、聖堂参事会長、大執事、およびかかる位階制に依拠せる他のすべての役職者による教会政治）、迷信、異端、分裂、冒瀆、および健全な教理と敬神の力に反することが明らかなすべてのものを根絶することに、いちように、人間を顧慮せずに努める。(11)

確認すると、第一項では、一方で「スコットランド教会の改革された宗教を保持」し、他方で、イングランドの教会については「神の御言葉と最良の改革派諸教会の模範に従って、教理、礼拝、規律、政治の点で改革する」ことが明示されている。しかも「三王国の神の教会を、宗教、信仰告白、教会政治の形態、礼拝と教理問答教育の指針において、できる限り近づけ、統一することに努める」と締めくくられる。続く第二項ではイングランドの教会が採用する「司教制度」については「根絶する」とまで謳われている。これらはいみじくも、同君連合の成立以降、ジェームズ六世（イングランドでは一世）、チャールズ一世が目指した「長老制度のスコットランド教会」を「司教制度のアングリカン」化することによる教会の統一ではなく、むしろその真逆で、イングランドの教会を「長老制度で」両国のキリスト教会を統一することが謳われたのだ。イングランド議会はこの「カベナント（契約）」に合意し、スコットランドとの同盟を締結した。こうして、スコットランドは議会派を支援すべく約二万人から成る援軍をイングランドに派遣した。支援を得た議会の攻勢は、最終的に「清教徒革命」という形で結実することになる。

この「カベナント（契約）」に即して、ロンドンのウェストミンスター大聖堂を会場に、アイルランドを含め、イングランドとスコットランドの教会の統一を目指し、スコットランドからは四名の特命委員が代表者として派遣されて「神学者たちによる会議」が開催された。これが「ウェストミンスター神学者会議」である。派遣された彼らを含め、この会議では真摯な議論が展開された。会議の議事録（抄）に目を通す限り、派遣された四名、すなわちアレクサンダー・ヘンダーソン、サムエル・ラザフォード、ジョージ・ギレスピー、ロバート・ベイリーらは、会議の「客品」ではなく、むしろ、議論を先導する重要な役割を担っていたことがはっきりと窺える。(12) 結果として、この会議はウェストミンスター信仰告白や小教理問答、大教理問答などの多くの成果を残し、またそれと共に、後世に「二重予定論」をめぐる多くの論争の火種をも残すことになった。

１・４　清教徒革命とスコットランドの教会内部の分裂

歴史の流れはここまで順調にスコットランドにとって最善の筋書き通りに着々と進んでいるかに思われたが、それは幻想にすぎなかった。時代の潮目が一気に変わろうとしていた。スコットランドには、チャールズ王に抗してイングランド議会側を支援する勢力だけでなく、あくまでも王への忠誠を果たそうとする強力な勢力（王党派）も存在した。第五代モントローズ公ジェームズ・グラハムがその代表者である。[13] 国内のカベナンターの勢力に対して王党派が武装蜂起し、スコットランドも内戦状態となった。しかも、王党派の勢力がハイランドの戦いで勝利を収めるなど、次第にカベナンターの勢力がそがれていった。

イングランドではスコットランドから派遣された約二万人の軍勢に目立った戦果が見られず、議会ではオリバー・クロムウェルを筆頭に急速に清教徒（ピューリタン）ら「独立派」が勢力を増していった。こうして、議会側にとってスコットランドに援軍を要請した当初の状況から流れは大きく変わり、今や「独立派」が優勢となった議会側は、かつてのようにスコットランドの援軍の必要性が薄れ、援軍の前提だった「厳粛な同盟と契約」が履行される現実味は一気に萎んでいった。

こうした潮目の変化から「三王国の教会が長老制度において一つになる」という期待は一気に冷めざるをえなかった。しかしながら、伝統的なキリスト教的儀式を踏まえ、公に交わされた「カベナント（契約）」の聖書的意義を重視する人々は、あくまでも「契約」を履行する立場に立った。こうして「カベナンター（契約派）」という表現が、「国民契約」（一六三八年）と「厳粛な同盟と契約」

チャールズ１世

（一六四三年）という二つの「カベナント（契約）」を重視し、その成就を徹底して主張する立場の人々を示す呼称となった。

一六四五年五月、チャールズ王は遂にスコットランドが派遣した軍隊に投降し、後に身柄はイングランド軍に引き渡された。カベナンターの中には、現実的に「厳粛な同盟と契約」が履行される可能性は低いとみて、スコットランドが望む体制の実現のため、今度は危機に瀕した王との間で「新しい契約」を交わそうと、ハミルトン公を中心に一部の人々が動き出した。彼らは一六四七年に、イングランドの南海のワイト島に身を逃れていた王に接見し、イングランドで三年間、スコットランドと同じ長老制度を試験的に導入することを条件に、王のために援軍を派遣するという交換条件を提示し、王はこれを了承した。この時交わされた密約は「契約（カベナント）」とは呼ばず「約定（エンゲージメント）」と呼ばれ、この動きを支持した人々が「約定派」と呼ばれ、契約派の内部で分裂が生じた。この約定に従い、約定派はチャールズ王の支援のため、一六四八年にイングランド領地に進軍したものの、プレストンでクロムウェルが率いる軍勢に敗北し、ハミルトン公も身柄を捕らえられた。一六四九年一月三〇日、チャールズ王は遂に、大勢の観衆が見守る中、ホワイトホール宮殿のバンケティング・ハウス前で斬首刑に処せられ

クロムウェル

チャールズ１世の処刑

た。また、スコットランドでは、独自の行動を取り、事態を悪化させた約定派は、一六四九年に立法化された「等級法」によって、すべての公職から追放されることとなった。

チャールズ王の処刑は大きな波紋をもたらした。なぜなら、チャールズ王はスコットランドの歴代王家スチュワート出身の正統なスコットランド王であり、スコットランドにとっては、自国の王が自国に何の通達もなく他国であるイングランドの一存によって処刑されたからだ。スコットランド議会は、一六四九年一月三〇日、処刑された王の息子を直ちにチャールズ二世として国王への即位を宣言し、新国王は議会から「国民契約」と「厳粛な同盟と契約」に署名を迫られ、新王はこれらに署名した。また、イングランド議会に対しては、チャールズ王の処刑を厳しく批判すると共に「厳粛な同盟と契約」の履行を強く訴えた。こうしたスコットランドの強気な姿勢に対するクロムウェルの応答は、スコットランドを完全に武力制圧し、イングランドに「併合」することだった。一六五一年九月のダンバーの戦いは両国の総力戦の様相を呈し、結果的に、スコットランド軍は敗北し、チャールズ二世は母ヘンリエッタ・マリアの祖国フランスへと亡命した。その後、クロムウェルは護国卿となり、イングランドとスコットランドの事実上の「支配者」となった。

クロムウェルによるスコットランド進軍は、結果的に、スコットランドの教会に想定外のダメージをもたらした。即位したチャールズ二世は、スコットランドの国内のあらゆる立場や階層から軍事協力を得るため、教会に対し「公的決議」を提案した。これは一六四九年の等級法によって公職から追放されていた約定派の人々の復権を目論むもので、王は約定派の有力者たちの協力も得ようとしたのだった。教会は一六五〇年七月の全体総会でこの公的決議を了承し、決議した。だが、この決議の妥当性をめぐって、等級法の厳格な適用を求めて約定派の復権に抗議する「抗議派」と、あくまでも全体総会の決議を尊重すべきとする「決議派」に分裂し、国民契約（カベナント）が結ばれた当初は、教会のほとんどが「カベナンター」であったかのように堅く結束していたスコットランドの教会内部は、次第にその結束の綻びが浮き彫りになっていった。

2　王政復古（一六六〇年）と「殺戮時代」の後期カベナンター

本節では「殺戮時代」を生きた信仰者たち、特にカベナンターの末裔である後期カベナンターが被った苦難を念頭に、歴史の流れを追いながら、後期カベナンターの指導者たちの中で最も有名な人物、リチャード・キャメロンに照明を当て、当時の状況の中で国王への抵抗権を掲げた彼らの信念を紐解いていく。

２・１　チャールズ二世の宗教政策

一六五八年九月三日、クロムウェルの死去により、歴史の潮目が再び大きく変わり出した。一六六〇年、チャールズ二世がイングランド王に即位し、王政が復活した。これはスコットランドにとって、この王政復古は「殺戮時代」と呼ばれる暗黒期の幕開けだった。亡命という辛酸を嘗めさせられた国王は激しい揺り返しを行っていった。

イングランドでの地盤を固めたチャールズ二世は、一六六一年一月にスコットランドを訪れると、議会を召集し、イングランドの教会と同様に教会における最高権威者としての国王の地位を定める「至上令」を議決させ、亡き父チャールズ一世が命じた、宗教改革以前の司教制度の復活を議会政府に了承させた。同年一一月には司教の任職式が執り行われ、セント・アンドリュースの大司教にジェームズ・シャープが任職された。スコットランドの教会は再び「アングリカン」化の危機に陥った。

チャールズ２世

一六六二年には、一六三三年以降に教会が取り組んできた改革（第二次宗教改革）をすべて破棄する「廃棄令」を命じ、「国民契約」と「厳粛な同盟と契約」、またその成果をすべて破棄するという国王の命令に対し、当然ながら、長老制度のスコットランドの教会には動揺と反発が広がった。チャールズ二世の宗教政策に抵抗する教会に、政府は容赦なく圧力をかけ、同年一一月一日に、一六四九年以降に任職されたすべての牧師に、司教制度に服従する意志表明の文書の提出を義務づけ、これに応じない牧師はすべて、聖職禄を剝奪し、教会の講壇から説教をすることを禁じた(14)。これを断固として拒否した牧師は全体の約四分の一にも及び、彼らは皆、牧師職から追われ、住居も収入も失うことになった。教会という活動拠点を失った彼らはゲリラ的に「野外集会」を開き、聖書から自国の危機を説き続けた。

こうしたチャールズ二世の弾圧に激しく抵抗した人々の中で、とりわけ「国民契約」と「厳粛な同盟と契約」の履行に徹底的に固執し続けた人々が「後期カベナンター」である。「厳粛な同盟と契約」で謳われた、長老制度による三国の教会の統一など、もはや現実的には不可能という状況を何とか打開するため、また一方においては、スコットランドでの即位の際にこれらの契約に一旦は同意し、署名した国王の翻意に対する強烈な憤りをもって、彼らは王の宗教政策に激しく抵抗した。その抵抗運動の中には、時に武装集団を編成する団体も登場し、一六七九年五月三日、セント・アンドリュース大司教ジェームズ・シャープがエジンバラからセント・アンドリュースへ向かう途上で、武装した後期カベナンターの一団によって暗殺された。彼らはさらに政府軍に対し、同年六月二二日にボズウェル橋を挟んで戦いを挑むも、彼らの命は戦場に虚しく散っていった。

大司教シャープを暗殺した武装集団の登場により「後期カベナンター」全体への弾圧は過酷さを増し、これまでとは全く別次元の様相を呈していった。こうして「殺戮時代」と呼ばれる虐殺の嵐がスコットランドを席巻し、ブラウンが「野外集会の説教を聞いたことがあるというだけで、人は死刑に処せられた[15]」と記すように各地で処刑が常態化し、この時代を通して殺害された人数はおよそ「一万八千人」にも及んだとされる。[16]

追放されたカベナンターの牧師たちによる野外集会

ジェームズ・シャープ大司教の暗殺（1679）

2・2　リチャード・キャメロン

この殺戮時代の弾圧に激しく抵抗した指導者たちの中で「カベナントの獅子（The Lion of the Covenant）」の異名を持つのがリチャード・キャメロンであり、当時の彼は「カベナンターたちの中で最も有名な指導者」[17]だった。彼はどのような人物なのか。その概要をグラントによる解説[18]を土台に、簡単に整理しておく。

リチャード・キャメロンは一六四八年頃、ファイフ州フォークランドで生まれ、後にセント・アンドリュース大学に進学した。卒業後の数年間は故郷のフォークランドで学校の教員として働いていた。また、この間、教会では礼拝における詩編歌の先唱者（プリセンター）を務めていた。

ここまでは安定していた彼の生活に転機が訪れた。それは一六七五年、迫害を受けた野外説教者たちの話を聞いた時、彼は全身全霊が揺さぶられ、彼らと行動を共にすることこそ自分がなすべき行動であると確信したのだった。この時、キャメロンの心を突き動かしたのはジョン・ウェルシュ牧師だったと考えられている[19]。こうして、故郷のフォークランドを離れ、彼らと行動を共にすることを選んだキャメロンは、南部のボーダー地方のハーデンでスコット家の家庭教師となり、この地で生活している間、ウェルシュの指導の下に聖書の研鑽を重ねた。一六七六年に彼は説教者として認められて、彼に説教の免許状が交付された。それから数か月間、キャメロンはウェルシュやその仲間の説教者たちと行動を共にしたが、社会の様々な問題に対して決して妥協を許さない強硬な厳しい姿勢から、彼は次第に同行する仲間たちの間で孤立していった。そして、一六七八年の年末までに、この一団から離脱し、彼は信仰上の霊的な問題だけでなく、スコットランドの政治上の問題をも批判する、新しい一団を結成すると決意したようである。そうして彼は、一六七八年末に一団を離脱してオランダへ渡り、一六七九年の春にロバート・マクワードとジョン・ブラウンによって、牧師としての按手礼を受領した。彼は同年一〇月にスコットランドに帰国し、野外集会の開催を試みたが、同年六月のボズウェル橋の乱の後に施行された法律により、全国での野外集会の開催、および野外説教が禁じられていたため、彼は自分の考えの同調者を獲得することに難渋した。そのため、彼はオランダから帰国したドナルド・カーギルと行動を共にしながら、政府の目がゆき届かないような、最も交通の便の悪い田舎の地方で、違法とされた野外集会を開催し始めた。すると、一六八〇年の夏の数か月間で、彼の集会には数千もの人々が集まるまでに大規模になった。

リチャード・キャメロン

キャメロンはこれまで熟成してきた自分自身の主張を公に宣明する必要性を覚え、一六八〇年六月二二日に革命的な「サンクアー宣言（The Sanquhar Declaration）」を発表した。この宣言によって、彼は政府から反逆者とされ、彼の首には銀貨五千枚もの高額の懸賞金がかけられた。その宣言からわずか一か月後、エア州のミーアカック近郊のエアスモスで、キャメロンと彼の仲間の一団は、力も数も圧倒的に勝る政府軍に襲撃され、彼と八人の仲間が殺害され、彼の頭と腕はエジンバラに運ばれ、その後、それはロイヤルマイルのネザーバウの門上に晒され、見世物にされた。

以上が、彼の生涯の概要であるが、三二年という短いながらも華々しく散った人生のゆえか、「後期カベナンター」の殉教者たちの中でも「彼は最も祝福された者だったのかもしれない」[20]とグラントはキャメロンの人生を語っている。他方で、キャメロンとその仲間たちについては否定的な表現で評価する者も少なくない。例えば、トレヴェリアンは「狂信的な反抗」[21]と表現し、ドナルドソンは何度も「狂気」[22]の言葉を繰り返す等、歴史家たちはキャメロンを否定的に捉える傾向がある。

2・3 「サンクアー宣言」（一六八〇年）

次に、キャメロンが一六八〇年六月二二日、二〇人の武装した男らを伴い、スコットランドの南西部にある小さな村、サンクアーの公共広場で村人らを前に演説した「サンクアー宣言」の内容を確認しておく[23]。その主要な箇所は次のとおりである。

……彼（チャールズ二世）はこれまで、教会に関わる問題では嘘や搾取によって、また全土で知られているとおり、市民政治に関わる問題では暴政によって、彼は本来あるべき王からは遠くかけ離れている。われらに対する主の大いなるお叱りの一つは、われらの主とその王冠に対する敵対者として、われらが彼の権威を否定してこなかったことである、とわれらには信じるだけの全うな理性がある。…（中略）…

したがって、［われらが］神の言葉やこれまでのわれらのカベナンツ（諸契約）［のためにあるのと］同様に、われらは政府および為政者たちのためにあるものの、だがそれでも、われらは自分たち自身のため、またわれらに従うすべての人たちのために、真の長老教会と契約したスコットランド国の代表者として、もはや彼のそうした罪の下に潜む重大な危険を憂慮し、こうした現状のゆえに、ここ数年、ブリテン島の王に君臨し、暴政を振るい、すでにスコットランド王またはその為政者の権利と称号を所持する、あるいは、それに関心を寄せているチャールズ・スチュアートの権威を、神と神の教会と交わしたカベナンツ（諸契約）に対する、ここ数年の彼の偽証と違反のゆえに、また、彼の王位と王家の特権の略奪、および教会に関する諸問題における他の多くの不履行、さらに政治に関する諸問題における暴政と政治の基本的な事柄の不履行のゆえに、否認する。こうした理由から、彼は数年で、王、支配者、または為政者、あるいは法の権限の所持者であることから斥けられるべき、とわれらは宣言する。救い主なるキリストの模範に照らしつつ、われらの主イエス・キリストの敵として、またこのお方の目標とカベナンツ（諸契約）の敵として、こうした暴君であり略奪者に対し、また彼の言いなりの者たちすべてに対し、さらに、彼を支持し、彼に味方するすべての者に対し、戦いを宣言する。(24)（以下略）

キャメロンによるこの「サンクアー宣言」は、チャールズ二世を、政治的には「暴君であり略奪者」と断じ、その王権を明確に否認すると共に、信仰の文脈においては「われらの主イエス・キリストの敵」と宣明し、王に対する「宣戦布告」の文書だった。ただし、忘れてならないのは、この宣言が殺戮時代の只中で表明されたという、その歴史の文脈である。革命の宣言であるため、この発表以降、後期カベナンターに対する迫害はさらに厳しさを増していった。この文章の歴史的な価値は、名誉革命へと帰結するスチュアート王朝の終焉を誰よりもいち早く公に予言した文書であるという点だ。

チャールズ二世の治世は彼の死によって一六八五年二月六日に終わりを迎えた[25]。その後、彼の弟のジェームズが王位を継承するが、彼はローマ・カトリック教徒であることを公言し、彼は宗教改革を反故にし、カトリック化政策を推し進めていった。だが、これが結果的には彼を自滅へ追い込んだ。イングランド議会は一六八八年にジェームズ二世の退位と、プロテスタントである彼の娘メアリと娘婿であるオランダ総督のウィレムに王位継承を決定し、こうして「名誉革命」が成立した。スコットランドでは、イングランドに遅れて一六八九年に二人を共同統治者として王位に定め、ウィレムとメアリがエジンバラで召集した議会において、司教制度の廃止と共に長老制度による「長老教会」の復活が決議された[26]。ただし、一七世紀のスコットランドを運命づけた二つの「カベナント（契約）」について更新は行われなかった。それ以後、一七〇七年の合同法によって、両国の合同が正式に決まった後も、スコットランドで「長老主義による三国間の教会の一致」の幻を口にする者はいなくなった。

3　一七世紀スコットランドのカベナンター（契約派）に見る「苦難と救済」

スコットランドの信仰者たちが多くの苦難を強いられた一七世紀の時代は、果たして何だったのか。これまで整理してきたように、一七世紀の時代を生きた人々の信仰上の意思決定に大きな影響をもたらしたのが二つの「カベナント（契約）」だった。それゆえ、それを支持する人々を示す「カベナンター」の語が生まれた。

3・1　スコットランドの教会における「国王」

サンクアー宣言によって、国王への宣戦布告を明示した、熱心な、または「熱狂的」、「狂気的」とも揶揄される後期カベナンターらにとって、スコットランドの長老主義の文脈において、国王とはそもそもどのような存在なのか。宗教改革以降、スコットランド人の間で一〇〇年にわたり受け継がれてきたスコットランド信仰告白を確認してみる。

スコットランド信仰告白　第二四条　国家の為政者（抜粋）
諸国の王たちは……神ご自身の栄光が現れるため、また、すべての人の福利のために、神の聖なる定めによって規定されている、とわたしたちは告白し、承認します。…（略）…彼らは神の代理者であり、神ご自身が、彼らの会議に同席し、裁きを行うからです。彼らは、善人たちをたたえ、擁護するために、そして、公然と邪悪を行う者たちを罰するために、神から剣を授かった裁判官たちであり、諸侯たちです。さらに、宗教の保全、および浄化は、とりわけ、諸王たち……の義務である、とわたしたちは言明します。彼らは、ただ国家の政治のためだけでなく、真の宗教を保持するため、また、あらゆる偶像礼拝や迷信を抑制するためにも任命されています。(27)

カベナンターにとって、ここに示されている国王が、スコットランドの教会人が定義する、あるいは期待する国王の姿だったが、サンクアー宣言で表明されたジェームズ二世はこの限りではなかった。彼らにとって、王は「邪悪を行う者たちを罰する」のでなく、自ら邪悪を行う者であり、彼らが被る苦難の元凶に他ならなかった。

3・2　後期カベナンターの「苦難」の真相

ブラウンによる『スコットランドにおける教会と国家』（松谷好明訳）はキリスト教の文脈からこの時代のスコットランドについて理解する上で必読書と言えよう。本章で照明を当てたカベナンター、および後期カベナンターについて、彼がどのように理解し、どう解説しているのかを見ておく。

……それは、教会の唯一の頭なるキリストと、キリストに直接由来する信仰上の自由と権威を持つ教会のための闘争でした。……司教制に抵抗する契約派［カベナンター］は、あくまでも政治的、市民的自由獲得を目指していました。……ノックスおよび他の長老派指導者たちは、スコットランド国民に市民的自由と宗教的自由という偉大な原理を吹き込みました。……たしかに市民的自由は、わたしたちの父祖たちをあの闘争に乗りださせた、大いなる目的の一つであったのです(28)。

ここでブラウンが強調しているのは「自由」が彼らを突き動かした重要な目的だったという点だ。イングランドの教会が前提とする「エラストス主義」（教会における国王の至上性を主張する立場）に対し、スコットランドの教会は改革派の「長老主義」として、教会の権威と国王の権威を明確に分けて考える、いわゆる「二王国論」の立場に立つ。ウェストミンスター神学者会議でも、長老主義の立場に立つスコットランドの特命委員たちの論敵として立ちはだかったのは、独立派と共にエラストス主義の王党派の人々だった。教会の代表者たちによる会議における合意を重んじるスコットランドの教会にとって、国王の至上権を容認することは、「キリストに直接由来する信仰上の自由」、すなわち「霊的独立」が危機に瀕するため、不可能なことであった。ブラウンが指摘する通り、ノックスをはじめとする改革者たちによって一六世紀に確立したものの、国王たちの絶えざる介入によって脅かされた「自由」を確立することは、一七世紀に一貫した、長老主義のキリスト者たちの闘いだったと言えよう。

これに対し、歴史家トレヴェリアンは一七世紀スコットランドにおけるカベナンターを次のようにまとめている。

……政府がこれらの狂信的な反抗を挑発し、あるいはそれらを抑圧した際の残忍さは、スコットランド国民の脳裏に、そして彼らの心像に、一つの深い印象を刻み付けた。来るべきより多幸な時代に、「殺戮の時代」の物語や、あちこちの荒涼たる土地で撃ち殺されたり、「グラスマーケットの処刑場で義とされた」殉教者たちの墓石や伝説が、スコットランド全土にわたって長老主義に対し聖人伝や一群の物語（ロマンス）を提供し、国民的、宗教的自由の擁護者としてのその道義的立場を保証することになるであろう。しかしながら、盟約（カベナント）殉教者が擁護しようとしたのは自由ではなかったし、彼らが訴えようとしたのは後世の人々に対してではなくて、退廃の世において自分たちのみがその僕であると信ずる生ける神に対してであったのである。(29)

ここでトレヴェリアンはカベナンターたちについて、自分たちと異なるキリスト教徒の立場をキリスト者として認めない偏狭な一団であることを指摘すると共に、ブラウンが指摘するような、自分たちの「自由」を守ろうとしたことではないと明言する。だが彼がカベナンターをそう評価するのに、大なり小なり、彼が「アングリカン（聖公会）」であるという、彼自身の立ち位置も影響しているのではなかろうか。しかし、それでもカベナンターとして彼らが最も訴えようとしたのが「生ける神」に対してであると、カベナンターの視線の先に絶えずあったものが何だったのかは、彼も認めざるを得なかったと思われる。

この点に関連し、ブラウンもこう言及する。

……チャールズに教会は抵抗しました。そして、教会が抵抗したのは戦いがより神聖な利益に関わっていたからです。教会にとっては、信仰上の独立という偉大な原理、すなわち、教会がキリストのみをその唯一の頭としてもち、直接キリストに由来する信仰上の管轄権を有するという神聖な真理のみが、問題だったのです。……すべての根底には、彼らがキリスト御自身に対してい

> だいていた愛と忠誠心がありました。キリストの名誉に対する情熱が彼らの闘争を耐え抜かせ、死にいたるまで彼らを忠実たらしめたのです。（一五五頁）
>
> ……信仰上の独立という主張は、ほかならぬキリストへの忠誠心に由来していました。市民的自由という問題もそこから派生していました。スコットランドの歴史でも例を見ない危機の時代に、自由なる教会［すなわち、信仰上の事柄において国家から独立した教会］というこの偉大な原理はきわめて重大な役割を果たし、究極的には神の導きのもとでスコットランド教会とスコットランド国民の双方に、自由をもたらす決定的な影響力を行使したのでした。[30]

スコットランド人であり長老主義に立つブラウンは自分たちの信仰上の父祖であるカベナンターについて「キリストのみを唯一の頭」とするという基本原理に堅く立つがゆえに、彼らの抵抗が「キリストの名誉に対する情熱」、「キリストへの忠誠心」による戦いだったと、彼らの抵抗の意義を認めて、彼らを擁護する。またそれゆえに、彼らが被った苦難の真相が「霊的（信仰上の）独立」の問題だったと解釈する。カベナンターが掲げた「キリストの冠と契約のために（For Christ's Crown and Covenant）」という命題は今日の「改革長老教会」でも大切な御旗として掲げられている。彼らすべてとは言わぬまでも、少なくとも彼らの一定層は「己のため」に生きる以上に、この大義のために生きるこ

カベナンターのバンナー

とを決心し、その大義のために苦難を耐え、大義のために命を落とした。一七世紀のカベナンターの「苦難と救済」はその大義にかかってくる。「真の王であるキリストのため」、「契約のため」、「祖国スコットランドのため」、そして「自由のため」。こうした大義がカベナンターらを襲った試練を支え、彼らの受難は彼らの「愛国心と信仰」の結合ゆえに、ある一定の人々からは軽視されつつも、他の一定の人々からは今なお深い敬意が払われている。

まとめ　後期カベナンターにおける「救済」

一般的に、キリスト教の文脈から一七世紀が後代のスコットランドの教会にもたらしたものと言えば、先に挙げたウェストミンスター会議の結実であるウェストミンスター信仰告白や、小教理問答、大教理問答、礼拝指針などがすぐに脳裏に浮かぶ。それに対し、本章で照明を当てたカベナンターの苦難の歴史は、日本ではこれまでほとんど触れられてこなかったため、忘れられた歴史の一面だった。今回、そこに照明を当てたことで、今後の研究のさらなる進展を期待したい。特に、現在の日本の文脈から、彼らの信仰や生き方に思いを馳せれば、天皇の代替わりや「愛国心」の道徳教育化を促進する現内閣総理大臣の歴代最長の任職期間などが盛んに報道された昨今、改めて大義のために献身した人々の苦難の意義について思いを巡らせ、教会史の文脈から彼らの信仰と行動を公正に評価することは「歴史的評価」の中で彼らを救済することに繋がるだろう。しかしそれ以上に、彼らが真実に「キリストの冠と契約のため」に生涯を全うできたならば、十字架の受難を被った「救い主（メシア）」であり、「王の王」であるイエス・キリストから彼らに与えられる救いこそ、彼らの真の救済となる。エジンバラのグラスマーケットに設置された記念碑は、今日も無言のまま、その場所を行き交う人々に後期カベナンターが歩んだ苦難の歴史を伝えようとしている。

注

（１）記念碑は二〇〇八年までは写真のように壁と柵に囲われていたが、二〇〇九年のグラスマーケット全体のインフラ改修工事に伴い、それらは完全に撤去され、二〇二〇年現在、記念碑はむき出し状態となり、その傍らに殉教者たちの氏名と刑の執行日を記した鉄板が新たに設置されている。

（２）「殺戮時代」の始まりと終わりの年号は曖昧で、特に「始まり」については幾つもの異なる記述が散見される。①「一六六〇年から一六八八年」(D. Stevenson and D.C. Lachman, Killing Time, *The Dictionary of Scottish Church History & Theology*, 458)、②「一六七九年から一六八五年」（富田理恵「後期契約派」『スコットランド文化事典』三八五頁）、③「一六八〇年から一六八八年」（ウィキペディア英語版）、④「一六八四年から」（トマス・ブラウン、一四八頁）等である。なお、エジンバラのグラスマーケットの記念碑の傍らに記されている殉教者たちの処刑の日付は「一六八〇年から一六八五年」にかけて集中している。

（３）リチャード・キレーン（二〇〇二年）、一一三頁参照。

（４）同書、一一七頁を参照。

（５）ブラウン（一九八六年）、九八―九九頁を参照。

（６）同書、一〇〇―一〇三頁を参照。

（７）松谷好明（一九九二年）、一一五頁を参照。この暴動の発端となったエピソードとして、伝統的に「ジェニー・ゲッティス」という名の女性が、この祈禱書が読み上げられた途端に、叫び声をあげて、礼拝司式者に肘掛クッションを投げつけ、これを皮切りに礼拝堂の中は大混乱に陥り、騒乱がエジンバラ中に広がった、と言われている。

（8）「否定信条」（一五八一年）の全文は「第二スコットランド信仰告白」の名称で『改革派教会信仰告白集第三巻』（一麦出版社、二〇一一年）に大崎節郎訳によって確認することができる（三一九—三三二頁）。通常は、ジェームズ王が署名して公にされたことから「国王の信仰告白（the King's Confession）」とも呼ばれるが、「第二スコットランド信仰告白」という呼び方は稀に見るが、一般的（あるいは主流）ではない。

（9）John Lumsden (ed), *The Covenants of Scotland*, Paisley: Alexander Gardner, 1914, 226-240. および James Aikman, *An Historical Account of Covenanting in Scotland, from the First Band in Mearns, 1556, to the Signature of the Grand National Covenant, 1638*, Edinburgh: John Henderson and Co., 1848, 75-90. に全文が掲載されている。あいにく、まだ和訳はされていない。

（10）キレーン、前掲書、一一九頁を参照。

（11）松谷好明（一九九二年）、一八一—一八三頁の松谷訳による。ウィリアム・ベヴァリッジ（二〇〇五年）、一四七—一五一頁ではこれを若干修正したものが掲載されている。松谷訳を用いたが、筆者は訳文中の「主教」を「司教」に置き換えた。

（12）松谷好明『ウェストミンスター神学者会議議事録〈抄〉』（一麦出版社、一九九六年）よりも同著者『ウェストミンスター神学者会議——その構造化』（一麦出版社、二〇〇〇年）では、この会議全体を通じて、どのようなテーマで、誰がどのような発言をしたのかが詳細に記されており、特にスコットランドからの特命委員による発言が多いのがわかる。

（13）デイヴィド・スティヴンスン（一九九八年）、一一六頁参照。

（14）ドナルドソン（一九七二年）、三四六頁、およびブラウン（一九八六年）、一三三頁、さらに袴田（二〇一二年）二五頁を参照。

（15）ブラウン（一九八六年）、一五〇頁からの引用。

（16）D. Stevenson and D.C. Lachman, Killing Time, *The Dictionary of Scottish Church History & Theology*, 458.

（17）David S. Ross (2010) 149. 彼が当時最も著名な人物だったという点も本節で特に彼に照明を当てた理由ではあるが、動機はそれだけではない。彼の意思を継承する者たちは、彼の死後も「キャメロン派」としておもにスコットランドの南西部で活動を続け、後のスコットランドのプロテスタント教会史の中で「改革長老教会」を形成していった。この流れを汲むプロテスタント教会が、今日の日本でも「北米改革長老教会日本中会」として兵庫県の神戸市を中心に活動を続けている。また、かつて松谷好明は「いずこへ　長老主義教会政治論再考」（『季刊教会』第三九号、日本基督教団改革長老教会協議会教会研究所、二〇〇〇年）の中で、日本基督教団内で「改革長老教会」という表現が無自覚的に使われていると問題を提起し（三三頁）、その記事のことが脳裏にあり、あれからかなり時間が経過したが、この表現を最初に用いた教会のルーツとなった人物についていつか調べてみようと思ったからでもある。

（18）M. Grant, Cameron, Richard (c1648-1680), *The Dictionary of Scottish Church History & Theology*, 124-125.

（19）David S. Ross (2010), 119.

（20）Ibid., 124.

（21）トレヴェリアン、二〇五頁を参照。ただし、この表現はキャメロンだけに対する言及ではなく、後期カベナンターによる武装蜂起の出来事全体に対してこの表現が使われている。

（22）ドナルドソン（一九七二年）、三五二頁を参照。

（23）David S. Ross (2010), 148. 従来の定説ではリチャード・キャメロン本人が読んだとされているが、ここではキャメロンの兄弟の「ミカエル」が文章を読み上げたと記され、定説に挑戦しているが、その根拠は示されていない。また「サンクアー（Sanquhar）宣言」と表記したが、これまで飯島啓二や松谷好明は「サンカル宣言」と訳してきたもので、実際の発音として多少の違和感があり、まだ定訳としては定まっていないと考え、あえて「サンクアー」と表記したことを断っておく。またこの内容自体がこれまでに和訳されて紹介されたことはない。

（24）Maurice Grant (1997), 238-241に掲載されている宣言文からの私訳である。

（25）参考資料の文献中には、彼の死因を断定的に明示したものは見当たらないが、インターネット上では

「心臓発作」（ウィキペディア）や「美食と放蕩からくる痛風が原因の腎臓病」（Online ジャーニー）、「脳卒中」などを死因に記すものもある。
(26) トレヴェリアン、二〇五頁を参照。なお、インターネット上の複数のサイトで、彼は死の床で、フランスに亡命中のことと思われるが、カトリックに改宗していたことを告白して息を引き取ったことを伝える記事が確認される（ウィキペディア、等）。
(27) 「スコットランド信仰告白」（拙訳、二〇一四年）、一八一―一八二頁より引用。
(28) ブラウン（一九八六年）、一五三―一五四頁より抜粋。
(29) トレヴェリアン（一九七四年）、二〇五頁より引用。
(30) ブラウン（一九八六年）、一五六―一五七頁より抜粋。

主要な参考文献

袴田康裕『信仰告白と教会――スコットランド教会史におけるウェストミンスター信仰告白』新教出版社、二〇一二年。

松谷好明『ウェストミンスター神学者会議の成立』一麦出版社、一九九二年。

松谷好明『ウェストミンスター神学者会議議事録〈抄〉』一麦出版社、一九九六年。

松谷好明『ウェストミンスター神学者会議――その構造化』一麦出版社、二〇〇〇年。

『スコットランド文化事典』木村正俊・中尾正史編、原書房、二〇〇六年。

「スコットランド信仰告白（一五六〇）」（原田浩司訳）、関川泰寛・袴田康裕・三好明編『改革教会信仰告白集――基本信条から現代日本の信仰告白まで』教文館、二〇一四年。

ベヴァリッジ、ウィリアム『ウェストミンスター神学者会議の歴史』（袴田康裕訳）、一麦出版社、二〇〇五年。

ドナルドソン、ゴードン『スコットランドにおける絶対王政の展開』（飯島啓二訳）、未来社、一九七二年。

ブラウン、トマス『スコットランドにおける教会と国家』（松谷好明訳）、すぐ書房、一九八六年。

キレーン、リチャード『図説　スコットランドの歴史』（岩井淳・井藤早織訳）、彩流社、二〇〇二年。

トレヴェリアン、ジョージ・M『イギリス史２』（大野真弓監訳）、みすず書房、一九七四年。

スティヴンスン、デイヴィド「一七世紀スコットランド史――黄昏か暁闇か」、ロザリンド・ミチスン編『スコットランド史――その意義と可能性』（富田理恵・家入葉子訳）、未来社、一九九八年、一〇〇―一一八頁に収録。

Nigel M. de S. Cameron(Organizing Editor), David F. Wright, David C. Lachman, Donald E. Meek (General Editor), *The Dictionary of Scottish Church History & Theology*, IVP, 1993.

John Howie (W.H. Carslaw :ed), *The Scots Worthies*, Edinburgh and London: Oliphant, Anderson, & Ferrier, 1871.

T. Ratcliffe Barnett, *The Story of the Covenant: Fifty Years of Fighting Faith*, Edinburgh: Oliver & Boyd, 1928.

Alexander Smellie, *Men of the Covenant: The Story of the Scottish Church in the Years of the Persecution*, London and Edinburgh: Marshall, Morgan & Scott, LTD, 1924.,

John Lumsden (ed), *The Covenants of Scotland*, Paisley: Alexander Gardner, 1914.

Johannes G. Vos, *The Scottish Covenanters*, Blue Banner Productions, 1998 [First published 1940].

Maurice Grant, *The Liion of the Covenant: The Story of Richard Cameron*, Evangelical Press, 1997.

David S. Ross, *The Killing Time: Fanaticism, Liberty and the Birth of Britain*, Edinburgh: Luath Press Limited, 2010.

あとがき

本書は「はじめに」でも記したように、研究ブランディング事業の神学研究推進部門（部門長：吉田新）を中心にして開催された次のようなシンポジウム、及び講演会の内容を基にしている。

二〇一八年一〇月一三日、東北学院大学研究ブランディング事業シンポジウム「苦難と救済――パウロにおける苦しみの意義」【第Ⅱ部第二章、第三章、第四章】

二〇一九年五月一八日、文学部総合人文学科主催「苦難と救済――闇の後に光あり（post tenebras lux）」【第Ⅲ部第一章、第三章、第Ⅳ部第一章】

二〇一九年五月二〇日、文学部総合人文学科主催ファカルティ・フォーラム「苦難の学舎で神の愛を習う――キルケゴール、苦難を通して神と親しむ」【第Ⅲ部第二章】

二〇一九年七月六日、文学部総合人文学科主催公開講座「救いは苦しみの中に――聖書における苦難の意義」【第Ⅰ部第二章】

二〇一九年七月二〇日、キリスト教文化研究所主催学術講演会「詩編と福音書――主の僕を手がかりに」【第Ⅰ部第一章、第Ⅱ部第一章】

なお、第Ⅳ部第二章は書き下ろしの論考である。本書のために講演・執筆をして下さった方々に深く感謝申し上げたい。

シンポジウム、講演会には多くの聴衆が集まり、活発な議論と質疑応答がなされ、「苦難と救済」という課題に対する強い関心が感じられた。苦難の現実を前にしても、喜びの使信（福音）を語り続けることは、福音宣教に携わる者の使命であろう。それゆえ、「苦難と救済」という課題は一時的なものではなく、常に私たちの傍らにある。今後も引き続きそれぞれの場で学び続けていきたい。

様々な地域、国から、異なる研究領域を持つ者が仙台の地に集まり、与えられたテーマに関して意見を交換するだけではなく、豊かな交わりの機会が与えられた。とりわけ、この研究プロジェクトを通して、米国のランカスター神学校とドイツのアウクスブルク大学との間で国際交流協定が締結され、今後、学術的交わりを深める基盤を形成することができたことは大きな収穫である。

先の催事の一部、及び本書の出版は、学校法人東北学院共同研究助成金（研究代表者：吉田新）を受けることにより可能になった。前著『福音とは何か』に引き続いて、本書の出版に際しても多くの方々のお支えとご助言を頂いた。出版のための実務を担って下さった東北学院大学研究機関事務課の栗林野一氏、また、この書物の出版だけではなく、研究ブランディング事業の運営事務を担当して下さった大沼友行氏にお礼申し上げたい。大沼氏の献身的な働きがなければ同事業はここまで円滑に進まなかったであろう。深く感謝の意を示したい。そして、今回も教文館出版部の髙橋真人氏、編集の森本直樹氏に大変、お世話になった。心から感謝を申し上げたい。

二〇一九年一二月

吉田　新

吉田　隆（よしだ・たかし）［Ⅳ部１章］
1961年横浜生まれ。東北大学、神戸改革派神学校、プリンストン神学校（Th. M.）、カルヴィン神学校（Ph. D.）卒業。現在、神戸改革派神学校校長、日本キリスト改革派甲子園教会牧師。
著訳書：『ハイデルベルク信仰問答』（新教出版社、1999年）、L・D・ビエルマ他『『ハイデルベルク信仰問答』入門』（2013年）、同『『ハイデルベルク信仰問答』の神学』（2017年）、『カルヴァンの終末論』（2017年）、『ただ一つの慰め――『ハイデルベルク信仰問答』によるキリスト教入門』（以上、教文館、2019年）、『五つの“ソラ”から――「宗教改革」後を生きる』（2017年）、『キリスト教の“はじまり”――古代教会史入門』（以上、いのちのことば社、2019年）ほか。

原田浩司（はらだ・こうじ）［Ⅳ部２章］
1973年群馬県生まれ。東北学院大学教養学部卒業、東京神学大学大学院博士課程前期修了。日本基督教団富田林教会牧師（2001－2007年）を経て、英スコットランド自由教会大学留学、英グラスゴー大学より神学修士号（M.Th.）取得。現在、東北学院大学文学部総合人文学科准教授。
著訳書：『福音とは何か――聖書の福音から福音主義へ』（共著、2018年、教文館）、ドナルド・K・マッキム『長老教会の問い、長老教会の答え』（2006年）、同『長老教会の信仰』（2009年）、同『長老教会の問い、長老教会の答え２』（2013年）、同『宗教改革の問い、宗教改革の答え』（2017年）、デヴィッド・ディクソン『長老――そのつとめと実践』（共訳、2018年、以上、一麦出版社）ほか。

ペトラ・フォン・ゲミュンデン（Petra von Gemünden）［Ⅱ部2章］
1957年生まれ。ノイエンデッテルスアウ神学大学、モンペリエ大学、エアランゲン大学を経て、1989年ハイデルベルク大学にて神学博士号（Dr. theol.）取得。1989－1992年コーブルクにて牧師として働いた後、1992－1994年ベーテル神学大学助手、1994－2002年ジュネーヴ大学教授。現在、アウクスブルク大学哲学社会学部教授。専攻：新約聖書学。
著書：Vegetationsmetaphorik im Neuen Testament und seiner Umwelt. Eine Bildfeld-untersuchung, NTOA 18, Freiburg/CH, Göttingen 1993. Affekt und Glaube. Studien zur historischen Psychologie des Frühjudentums und Urchristentums, NTOA 73, Göttingen 2009ほか。

青野太潮（あおの・たしお）［Ⅱ部3章］
1942年静岡県生まれ。国際基督教大学人文科学科、東京大学大学院人文科学研究科修士課程、同博士課程（中退）を経て、スイス・チューリッヒ大学神学部に留学、1978年Dr.theol.（神学博士号）取得。同年西南学院大学神学部に奉職、2013年定年退職。現在、西南学院大学名誉教授、平尾バプテスト教会協力牧師。
著書：Die Entwicklung des paulinischen Gerichtsgedankens bei den Apostolischen Vätern, Verlag Peter Lang (Bern /Frankfurt a.M/Las Vegas), 1979,『「十字架の神学」の成立』（ヨルダン社、1989年）、『どう読むか、聖書』（朝日選書、1994年）、『「十字架につけられ給ひしままなるキリスト」』（コイノニア社、2004年）、『「十字架の神学」の展開』（新教出版社、2006年）、『「十字架の神学」をめぐって』（新教出版社、2011年）、『最初期キリスト教思想の軌跡 —— イエス・パウロ・その後』（新教出版社、2013年）、『パウロ —— 十字架の使徒』（岩波新書、2016年）ほか。

ランダル・C・ザッカマン（Randall C. Zachman）［Ⅲ部1章、2章］
イェール大学神学部卒業。シカゴ大学（Ph. D）。米国16世紀学会会長、米国カルヴァン学会会長を歴任。現在、米国ランカスター神学校講師、ノートルダム大学名誉教授。
著書：Reconsidering John Calvin (Cambridge, 2012), Image and Word in the Theology of John Calvin (Notre Dame, 2009), John Calvin as Teacher, Pastor and Theologian (Baker Academic, 2006) など、宗教改革、教会史、カルヴァンに関する著作、編著、論文など多数あり。

鐸木道剛（すずき・みちたか）［Ⅲ部2章訳］
1950年大阪府岸和田市生まれ。1974年東京大学文学部美術史学科卒業、1978年同大学院人文科学研究科美術史学科修了。1976－77年ユーゴスラビア国費留学生としてベオグラード大学哲学部美術史学科研究生。専門は西洋美術史。現在、東北学院大学文学部総合人文学科教授。
著書：『イコン —— ビザンティン世界からロシア、日本へ』（共著、毎日新聞社、1993年）、"Invisible Hibutsu (Hidden Buddha) and Visible Icon in Spatial icons", in Performativity in Byzantium and Medieval Russia (ed. by Alexei Lidov), Moscow, 2011.『山下りん研究』（岡山大学文学部研究叢書、2013年）、"Icons in Japan Painted by Rin Yamashita: Anonymity and Materiality", in Convivium, I/2, Brno, 2014.『福音とは何か —— 聖書の福音から福音主義へ』（共著、教文館、2018年）ほか。

《執筆者紹介》（執筆順）

石川　立（いしかわ・りつ）［Ⅰ部１章］

愛知県生まれ。東京大学文学部（哲学専修）卒業、テュービンゲン大学神学部留学を経て、同志社大学大学院神学研究科博士課程前期修了、日本基督教団倉敷教会担任教師（1986～90年）。同志社大学大学院神学研究科博士課程後期中退後、ミュンヘン大学にて神学博士号（Dr. theol.）取得。1996年より同志社大学神学部教員、現在、神学部・大学院神学研究科教授。専攻：聖書神学、聖書解釈学、言語哲学、教父学ほか。

著訳書：“Der Hymnus im Alten Testament und seine kritische Funktion” (Dissertationsdruck) München 1996、『聖書　語りの風景 ―― 創世記とマタイ福音書をひらいて』（共著、キリスト新聞社、2006年）、『近代精神と古典解釈 ―― 伝統の崩壊と再構築』（共著、国際高等研究所、2012年）、J. Boomgaarden (Hg.), “Kein Mensch, der der Verantwortung entgehen könnte”, Freiburg/ Basel/ Wien 2014（共著）、A・ワイザー『エレミヤ書 ―― 私訳と註解（下）』（訳、ATD・NTD 聖書註解刊行会、2005年）ほか。

田島　卓（たじま・たかし）［Ⅰ部２章］

1984年群馬県生まれ。国際基督教大学教養学部卒業。東京大学大学院人文社会系研究科基礎文化研究専攻倫理学専門分野博士後期課程修了。博士（文学）。現在、東北学院大学文学部総合人文学科講師。

著書：『エレミヤ書における罪責・復讐・赦免』（日本キリスト教団出版局、2018年）、「世界にあなたと言うこと ―― マルティン・ブーバーの応答責任論」『倫理学年報』第62集（日本倫理学会、2013年）、「赦しえぬものを赦す？ ―― エレミヤ書における悔い改めと赦し」『倫理学年報』第65集（日本倫理学会、2016年）、「哀歌の哲学的理解に向けて」『倫理学紀要』第25輯（東京大学大学院人文社会系研究科倫理学研究室、2018年）、「世界のための隔たり ―― ブーバーにおける原離隔概念」『京都ユダヤ思想』第７号（2）（京都ユダヤ思想学会、2019年）ほか。

廣石　望（ひろいし・のぞむ）［Ⅱ部１章］

1961年岡山県生まれ。1984年広島大学文学部史学科卒業、1995年東京大学大学院人文科学研究科西洋古典学専攻課程博士課程単位取得満期退学、2000年チューリヒ大学神学部卒業（Dr. theol.）。2001年フェリス女学院大学助教授、2014年立教大学文学部キリスト教学科教授。日本基督教団代々木上原教会主任代務。専攻：新約聖書学。

著書：『新版　総説新約聖書』（共著、日本基督教団出版局、2003年）、『説教集　イエス物語 ―― 福音書を読む』（コイノニア社、2008年）、『聖餐の豊かさを求めて』（共著、新教出版社、2008年）、『信仰と経験 ―― イエスと〈神の王国〉の福音』（新教出版社、2011年）、『新約聖書解釈の手引き』（共著、日本キリスト教団出版局、2016年）、『新約聖書のイエス ―― 福音書を読む（上・下）』（NHK 出版、2019年）ほか。

《編者紹介》

野村　信（のむら・しん）［編者、はじめに、Ⅲ部1章訳、Ⅲ部3章］
1954年生まれ。東京神学大学大学院卒業、ウェスタン神学大学大学院卒業。現在、東北学院大学文学部教授。アジア・カルヴァン学会日本支部代表。
著訳書：「カルヴァンにおける『ものとしるし』――聖書解釈における視座」『カルヴァン研究』所収（編集責任、共著、ヨベル社、2018年）、『福音とは何か――聖書の福音から福音主義へ』（共著、教文館、2018年）、「聖書解釈と説教」『新たな一歩を』所収（共著、キリスト新聞社、2009年）、カルヴァン説教『霊性の飢饉――まことの充足を求めて』（訳、教文館、2001年）、『カルヴァン・エフェソ書説教集』1巻、2巻（編集責任・共訳、キリスト新聞社、2006年、2010年）ほか。

吉田　新（よしだ・しん）［編者、はじめに、Ⅱ部2章訳、Ⅱ部4章、あとがき］
1978年静岡県生まれ。2005年立教大学大学院博士前期課程修了。2010年ハイデルベルク大学にて神学博士号（Dr. theol.）取得。現在、東北学院大学文学部総合人文学科准教授。専攻：新約聖書学。
著訳書：『バプテスマのヨハネ』（教文館、2012年）、Trauerarbeit im Urchristentum. Auferstehungsglaube, Heils- und Abendmahlslehre im Kontext urchristlicher Verarbeitung von Schuld und Trauer, Göttingen: V & R Unipress, 2013.『福音とは何か――聖書の福音から福音主義へ』（編著、教文館、2018年）、G・タイセン『聖書から聖餐へ――言葉と儀礼をめぐって』（訳、新教出版社、2010年）ほか。

苦難と救済――闇の後に光あり

2020年2月20日　初版発行

編　者　野村　信
　　　　吉田　新
発行者　渡部　満
発行所　株式会社　教文館
　　　　〒104-0061　東京都中央区銀座4-5-1
　　　　電話 03(3561)5549　FAX 03(5250)5107
　　　　URL http://www.kyobunkwan.co.jp/publishing/
デザイン　長尾　優
印刷所　株式会社　三秀舎

配給元　日キ販　〒162-0814　東京都新宿区新小川町9-1
　　　　電話 03(3260)5670　FAX 03(3260)5637

ISBN 978-4-7642-6146-4　Printed in Japan